# フランス料理店
# 支配人の教科書

NPO法人 日本ホテルレストラン経営研究所

理事長 **大谷 晃** 著

# はじめに

　日本の飲食業界は、1964年の東京オリンピックの開催を皮切りに発展してきました。特にフランス料理を始めイタリア、スペイン、ドイツ、ロシアなどの西洋料理や洋食の専門店が全国に広がっていき、お客様に支持されてきたことは喜ばしい限りです。特に料理人の皆さんが現地で研鑽を重ね、その知識と技能を持ち帰り、後輩を育成したことが、今日の発展に寄与したことは間違いありません。

　一方、お店の責任者である支配人や、サービススタッフはどうでしょうか。現地のレストランや教育機関で体系的に学んだことが今まであるのでしょうか。

　これから日本にも多くの外国人労働者が増え、共に働く立場になれば、日本人特有の「情」ではなく、合理的な考えで指導・育成しなければ、職場が経営できなくなるのは明らかです。
　支配人（経営者）が明確なビジョンを持ち、マーケティング戦略を練り上げ、それをスタッフと共にお客様に提供する。
　そのためには、マネジメントとの知識はもちろんのこと、調査、企画、宣伝を他人任せにする時代は終わりました。

　最新の食材や調理方法、飲料についても学ばなければなりません。インターネットの普及により、今やお客様の方が詳しい場面も多くなりました。私たちプロフェッショナルは、さらにサービスの知識や技能を高めていかなければ、時代に取り残されてしまいます。独りよがりのリーダーシップでは若い人はついてきません。飲食産業の現場では、きめ細かなケアが求められています。つまり、漫然と毎日の業務をただこなす人たちは、これからは生き残れないだろう、ということです。
　逆に言えば、学び続ける支配人には、責任のある素晴らしい仕事の道

が、次々に開けることでしょう。

支配人の役割は、
  ・お客様を幸せにする（感動を与えることにより、リピーターが増える）
  ・スタッフを幸せにする（職場環境を整え定着につなげる）
  ・取引先企業に喜んでもらう（最新情報や貴重な情報が得られる）
  ・お店に利益をもたらす（賃金アップや店舗出店が増える）

これらの好循環があって初めて、そのお店は社会的に認知されるのです。
　本書はフランス料理店の支配人をモデルに解説をしておりますが、西洋料理、日本料理、中国料理などの各支配人、料理長、ソムリエ、広報・企画、人事・教育、宴会セールス・サービス・ブライダル担当者、料飲部長、コンシェルジュ、取引先企業、総支配人、経営者の皆様が、お店の規模やご自身の立場を超えて、読んで参考にしていただける内容を目指しました。
　本書が、日本中の飲食店の今後の発展に、少しでも寄与できれば、望外の喜びです。


　　2022年2月吉日


　　　　　　　　　　　NPO法人 日本ホテルレストラン経営研究所
　　　　　　　　　　　　　理事長　　大谷　晃

# 目　次

# 第2章　支配人の条件

# 第3章　お客様対応の極意

# 第4章　繁盛店のマーケティング

# 第5章　料理と飲み物の基本

# 第6章　サービスのスキル

# 第7章　テーブルマナー

# 第1章

# お店の役割

本章では料理店として、より良い商品を、より高品質なサービスと共に提供できるようになるためには「何が必要なのか」に踏み込んでいきたいと思います。お店とは、どのように成り立っているのか。店を構成する要素を理解し、各要素がそれぞれに研鑽を積むことで、店はさらに洗練されてゆくのです。

## お店で活躍する人々

一口にフランス料理店、と言っても、さまざまでしょう。店の規模も違えば、そもそもの成り立ちが違うこともあります。ホテルの中にある、レストランもあれば、街場の小規模の店だってあります。支店がいくつもあって、会社組織として運営されている店もあるかもしれません。

ここでは、基本的な「店を構成する要素」について解説します。

### ■支配人

文字通り、支配する人。マネージャーとも言います（呼び方は店ごとに違うでしょう）。経営者と支配人が同一人物であることもありますが、経営者は一般にオーナーと呼ばれ、支配人とは別な人であることが多いです。一方、ごく小規模な、街のレストランの場合は、店主（経営者）＝シェフであり（オーナーシェフと言います）、当然支配人でもある、というケースもあります。

経営者でない場合は、大抵が支配人も会社員であるわけですが、当然、経営者の立場に立って利益を追求すること、より良い商品やサービスを提供できるように、店を成長させること、そして何より司令塔として、全スタッフをまとめ上げるという大切な責務を負います。

また、対外的にはお客様に対するサービス責任者であり、食材などを納入してくださる取引先企業にとっての渉外責任者でもあります。

支配人のことをマネージャーと呼ぶ場合もありますが、ホテルや各レストランによって呼称はいろいろでしょう。厳密に言うと『支配人』のほうが『マネージャー』より少し上位に位置するようです。

■調理場

　説明は不要でしょう。文字通り、フランス料理を調理する場であり、部門です。店の規模にもよりますが、大規模店舗では調理場で働く人数も多くなります。

★シェフ

一般にも使われるのでおなじみでしょう。もちろん、料理長のこと。一つの店舗にシェフは一人です。料理部門の最高責任者であり、食材の選定やメニューの開発から、皿の上の盛り付けデザインに至るまで、シェフの役割は多岐に渡ります。また、調理場全体のリーダーでもあるため、部下の育成や管理など、マネジメント能力も必要です。また、食材の仕入れにも関わるため、原価管理や売り上げへの意識など、経営的視点も求められます。

★スーシェフ

シェフを補佐する、副料理長のこと。シェフの代理を務めたり、大規模店では部門ごとにリーダーを設けるため、部門長の取りまとめ役になることもあります。シェフ同様、メニューの内容、調理方法、食材に通じていることが求められます。

★シェフ・ド・パルティ

部門シェフのこと。
以下に★のついた担当者は、各部門を担当するシェフです。

★ソーシェ

フランス料理の味わいを決める、ソースを担当する部門の部門長。ホテルによってはホットセクションとも呼ばれ、高い技術と知識を持った、トップレベルで誇り高き仕事です。

★ポワソニエ

ポワッソン（魚）を担当する部門長。魚の仕入れから下処理、調理全般を任されます。前述のソーシェが兼任することもあります。

★ロティシェール

焼き物、揚げ物、煮込み料理など、肉料理の加熱調理を主に担当し、料理によってはソースを作ることもあります。ロティシェールの中でグリル担当（グリヤーディン）、揚げ物担当（フリチュリエ）に分かれていることもあります。

★アントルメティエ

主に前菜を受け持ちますが、小規模な店では、野菜料理やスープを担当することもあります。大規模な店では、アントルメティエの中でスープ担当（ポタジェ）、野菜担当（レギュミエ）に分かれていることもあります。

★ガルドマンジェ

冷たい前菜＝パーティーやテリーヌなどを調理する担当です。ハムやソーセージなどの食肉加工品はシャルキュトリーという別の担当者が受け持つこともあります。

★ブーシェ

下ごしらえの担当者のこと。肉や魚を切り分けたり、野菜の下ごしらえなどをします。

★ブーランジェ

パン職人。店で出すパンを焼く担当です。ランチ営業のある店では、誰よりも早く店に入り、その日のパンを焼くことから始まります。

★パティシエ

デザートや菓子類を担当する職人です。ケーキ職人のイメージがありま

すが、フルーツなど含め、スィーツ全般を担当します。その中でもパンを担当する職人をブーランジェ、プティ　フール（小さなお菓子）を担当するコンフィズールなどに分担されます。

　そのほか、皿洗い（プロンジュール）、鍋洗い（マルミトン）など業務は細分化され、全体で一つのチームとして、フランス料理全体を支えています。

## デシャップという役割

　調理場では調理を行う人間以外に「デシャップ」という担当者を置きます。デシャップとは英語のDish Up（皿を仕上げる人）から来ていますが、日本語で言うならオーダー読み／伝票読みというところでしょうか。フランス語ではエクスペダイターやアボイエともいいます。

　デシャップは客席側（ホール）と調理場の橋渡しをする窓口業務担当者であり、実際に調理をしている人に対しどの料理をどのタイミングで作るかの指示を出すコントローラーでもあります。役割は多岐に渡り、仕込んだ食材を揃えて料理長の元に出したり、完成した料理を載せる食器類も用意をする、キッチンプリンターから出てくるオーダー伝票を読み上げて、各伝票を仕込み担当に渡すなど、調理場のコントロールを行う重要なポジションです。

　客席側にもデシャップを配置して、客席と調理場との緩衝地帯的な役割をします。調理場と客席の間にはパントリーがあり、そこにサービススタッフ側のキャプテン（責任者）を配置したり、客席側のデシャップがスタンバイします。

　レストラン営業の良し悪しは、調理場とホール、それぞれの担当者による連係プレーがカギを握っていると言っても過言ではありません。

　調理場は往々にして、同じ料理を一度に作りたがります。その方が効率的だからです。これを「範囲の経済性」と言い、同じ料理をまとめて作ることで光熱費の効率アップにつながるほか、調理スタッフの手間も

省力化。調理台の食材も一掃されて、効率よくスペースが空きます。

　しかし、サービス側では同じ料理ばかりを作られても、各テーブルのお客様の食事の進み具合が違うので困ることになります。放置すれば冷めてしまいますし、食べるのを急がせるようにどんどん出すわけにもいきません。そういう場合はストップをかけることになります。ホールサービス側のデシャップは、ある程度の権限と裁量をもって、仕事に取り組み、全体がスムーズに進行するよう努めます。

　デシャップはオーダー伝票や料理のやりとりが一段落したら、ホールをさっと見回ります。各テーブルの食事の進み具合をチェックしたり、料理と料理の間が空いていないかなどをチェック。状況を把握したらすぐに持ち場へ戻り、再びデシャップとしての仕事を再開して、スムーズにサービスが進められるようコントロールします。


●調理時間の把握がポイント

　デシャップになる人間は各料理の調理時間を把握しておくことが必要です。また、店の混み具合に応じて、ある程度時間を加算してオーダーを通す（調理場に伝える）などの技術も身につけておく必要があります。

　そのためには、お客様のオーダーをすべてシステムに打ち込むのではなく、食事の進み具合に応じてコントロールしながら、調理場へのオーダーを入力する。これには、技量が必要です。アラカルトだけではなくコース料理の場合でも、お客様の食べる速度を見計らいながら調理場に伝達する、重要な役割の一つで、調理場との連携には欠かせない存在です。逆に言えば、ホール側デシャップが、同じ料理をまとめて作らせるくらいの主導権を持てるようになれば、プロと呼べるでしょう。

　レストランの形態が、オープンキッチンであったり、カウンター形式の場合は、客席の気配が直接わかるため、こうしたデシャップを置かない店もあります。


■サービススタッフ

　調理場で整えられた料理をお客様のテーブルに運ぶだけでなく、食事

を楽しむ空間全体を、便利に居心地よく整えるのが、サービススタッフの役割です。そこには、単なるウェイター・ウェイトレスというだけではない、さまざまな役割があります。

**★メートル・ドテル**
フロアの給仕長のこと。サービススタッフ全体をとりまとめるリーダーです。フランス語の原義は「ホテルの主人」。格式高いレストランの接客面における、レストランの顔とも言える存在です。受け持つテーブルの責任者であると共に、お出迎えからお見送り迄の全般を担当します。

**★シェフ・ド・ラン**
メートル・ドテルの補佐です。接客実務に関わる業務全般、資材管理、清掃、店内環境の維持なども担当します。また、大規模なレストランで席数が多い場合や、宴会場などで、テーブル配膳全体の仕切りも担当します。

**★ギャルソン**
いわゆるウェイター、ウェイトレスのことです。調理場内外の雑用係、という意味もあります。

**★コミ・ド・ラン**
サービスの補佐的な仕事をする人。

**★シェフ・ソムリエ**
ワインなど飲み物全般の選定や仕入、貯蔵管理、接客業務を担当します。

**★ソムリエ**
シェフ・ソムリエの補佐です。

その他に受付、会計担当者がおります。

## お店は「チームワーク」が作る

　ここまで、お店を成り立たせている要素として、各担当を紹介しました。もちろん、その店ごとにさまざまな役割・担当者がいることでしょう。

　店ごとに個性は違えど、共通しているのは、そうした各部門・各担当の連携によって成り立っているということです。

　朝、出勤してきて職場がきれいに掃除され、清潔に保たれているとするなら、それは誰かがどこかのタイミングで掃除をしてくれているからです。サービススタッフがお客様のもとに料理を運べるのは、それを調理する人、盛り付ける人がいるからです。

　よりよいサービスを実現するためには、各自が自分の責任を果たすのはもちろん、自分以外にどんな仕事があって、互いにどう関係し合っているか・自分の仕事と関わり合いのある人と、どう連携すれば互いに気持ちよく、よりよい仕事ができるのかを考える必要があります。

　支配人の仕事に就く人は、どのスタッフよりも各ポジションに対する理解を深め、チームリーダーとして全体を適切にまとめ上げてゆく手腕が要求されます。お店は個人経営のオーナーシェフの店から、支店を持つような大きな組織に組み込まれているものまで、実にさまざまにあります。組織が大きくなるほど、支配人も人事異動で任命されるケースが少なくありません。まったくの異ジャンルから移動してきた人、実務経験が浅いまま、リーダーのポジションに立っている人もいます。

　そして、各スタッフは、熟練であるほど、それぞれの分野の専門家です。自分の技術に自信を持っていることも多く、支配人でありながら、周囲はすべて先輩ばかり、ということだってあり得るのです。

　自分よりも年長者や経験豊かな先輩方を動かす、というのは大変なことです。下手をするとそっぽを向かれかねませんし、努力の方向性が間違っていると、疎まれて徒労に終わることもあります。

　しかし、真摯に「理解しよう」と取り組む姿勢は、いずれ誰からも認められるはずです。支配人としての責任を自覚し、努力は謙虚に、責任

を引き受ける覚悟は明確に、仕事に取り組むことが、やがてよい仕事へとつながっているのだと思います。

## 部門ごとの「壁」を取り払おう

　同じ店の中にあっても、これまでホール（客席）と調理場は互いの領域に踏み込まないのが「暗黙のルール」でした。

　「サービススタッフが取ったオーダーを料理人が調理し、それをサービススタッフがお客様の席に運ぶ」、そうやって互いに自分の仕事をこなすだけ、だったのです。そのため両者は相手の仕事を知らないまま、また知ろうともしませんでした。しかし、それでは現状を維持することしかできません。そこには進歩が望めないのです。

　前項では、すべてのスタッフが互いを理解することが大切とご紹介しましたが、その最初の一歩は「ホール」と「調理場」の相互理解です。知ることで理解でき、理解できればより良くしよう・無駄は省こう、などのアイデアや意見が、双方から出るようになります。意見や立場が違っても、「より良くしよう」「よい店にしよう」という目的が同じなら、必ず落としどころは見つかるものです。

　例えば、支配人が調理場に入って、冷蔵庫の食材を見て考える。あるいは在庫を検討しながら料理長と共に原価計算をする。こうした努力は、必ず売り上げの向上にもつながります。

　そんな支配人の仕事ぶりを見て、不快に感じる料理人はまずいないでしょう。むしろ支配人が料理や調理について理解を深めようとしていることを好意的に受け取るはずです。新しい魚が入った、珍しい野菜が入荷した、などの情報は、ホールの中だけにいてはわかりません。調理場に入って初めてつかめるものです。支配人だけではありません。サービススタッフにもその話題が伝われば、お客様にも「さきほど届いたばかりの真鯛です」などと、サービスに実感のこもった一言を添えることができます。盛り付けを見ただけで、料理人がどれほど神経を使い、お客様が見た瞬間に「おいしそう！」と声を上げる一品を作ろうと努力して

いるかがわかります。

　もちろん、サービススタッフがいちいち調理場に出入りしていては、仕事の邪魔です。しかし支配人は積極的に調理場に立ち入り、彼らの仕事を理解し、理解したこと、知ったこと、調理場のニュース（食材のことなど）をサービススタッフに伝えましょう。サービススタッフは表に出られない料理人に代わって、料理に関することをお客様に伝えられる唯一の存在です。サービススタッフが料理人の仕事を知ることは、それだけお客様に喜んでいただける情報を持つことを意味します。

　もちろん「逆もまた真なり」です。調理スタッフは仕事中にホールをうろうろすることはできませんし、調理場にこもっていては、お客様の反応を知るすべがありません。そんなとき、サービススタッフからお客様がどう喜んでいたか、どんな感想が聞かれたか、ぜひ調理場にフィードバックしてあげてください。それが調理人のモチベーションにつながり、課題発見につながるはずです。

●料理長の役割
　なにもその責務は、すべて支配人のもの、というわけではありません。同じことは料理長にも言えます。前述のとおり、すべての調理スタッフがホールを見ることはできなくても、料理長がサービススタッフの動きを知ることで、自分たちが作った料理がお客様の元にどのように届けられるかを理解できます。そして、お客様の食が進んでいなかったり、料理が残りがちなようなら、その理由を、ホールの様子を見ながら考えることもできるでしょう。

　料理人は料理だけを作っていればいいわけではなく、サービススタッフも料理を運んでさえいればいいわけではない。ともに店を盛り立てていく、という意識を持つことが大切です。実際、料理人を養成する専門学校の中には、サービスを料理と同等に扱い、カリキュラムを組んで学ばせている所もあるほどです。

　そして、究極に自店の長所・短所を理解するためにお勧めの方法があります。それは、支配人や料理長が一人の客として、自腹で自店で食事

することです。

　完全にお客様の立場になれば、自然と見る目も厳しくなります。見慣れた風景も違ったものに見えてくるはずです。お客様はいつもこういう風にご覧になっているのだな、と周囲を見渡すことで、気づけることもあります。自腹を切ることで、その店で受けたサービスや料理が、それに値するものか＝納得感があるかどうか、も大切なポイントです。そしてそこから改善が生まれます。

　また、支配人や料理長がお客様として来店されているとわかれば、サービススタッフと料理人に緊張が走ります。評価を受けるチャンスでもありますので、いつも以上に頑張ろうと力を発揮する、それも目的の一つです。やればできることを実感すれば、マンネリになりがちな仕事もそうでなくなり、それがひいては店の発展へとつながります。

## 理解しておくべき「調理時間」

　支配人はもちろん、サービススタッフが理解しておくべきことの一つに、調理場の所要時間があります。

　料理によっては、オーダーを受けてからお出しするのに時間がかかるものもあります。店が混雑しているときは、通常よりお時間をいただくこともあります。その情報をお客様にお伝えせず、ただお待たせするようでは、サービススタッフとして失格です。あらゆるメニューの、通常かかる調理時間を把握しておくこと。お客様の食事の進み具合や店の混雑具合を見ながら提供できるよう、オーダーを通すタイミングを見計らうこと。季節ごとによく出る人気メニューが集中するような場合は、同じ料理をなるべくまとめて調理できるよう、ホール全体のオーダー内容を見ながら工夫するなど、能力のあるデシャップほど、高度な技術を身に付けているものです。

　もちろん、誰しも最初からそのような技が身に付けられるものではありません。調理場とホールが風通し良く、今店内で起きていること／調理場で起きていることを共有し、相談できる体制を作ることが大切です。

# お店の1日は「掃除」から始まる

　唐突に「掃除」の話？　と思われるかもしれません。しかし掃除の大切さは、調理場にもホールにも、設備全体に関わるテーマです。

　お店は非日常を提供する場所です。お客様は日常から切り離された心地良い時間と空間を味わうために来店されます。そのためには料理がおいしいこと、サービスがゆき届いていることはもちろんですが、同じくらい重要なのが『清潔であること』『掃除が行き届いていること』なのです。床が汚れていたり棚にホコリがたまっていたり、トイレが不衛生だったりしたら、お客様は「二度と来たくない」と思われるでしょう。清掃を専門業者に委託する店もありますが、ここではお店のスタッフによる掃除のポイントを挙げてみました。掃除に全スタッフが意識を向けることで、自店を隅々まで理解することにもつながります。誰かがいつの間にかやってくれているものではなく、当事者意識を持つ第一歩にもなるのです。


●床

ほうきや掃除機でゴミを取ったら、洗剤をつけてモップがけをします。水拭きの後、乾いたモップで仕上げます。カーペット床の場合はカーペット用洗剤を使用します。シミがある場合は、洗剤を吹きかけてブラシでこすり、除去してから布巾でよく拭き取ります。


●テーブルと椅子

感染症防止のために、新しいお客様を迎えるたびに除菌スプレーで椅子やテーブル、メニューなどをきれいにする習慣をつけましょう。テーブルを除菌する際は、ウイルスを拡散させないため、一方向への拭き方が望ましいとされています。取りにくい汚れは洗剤をスプレーしてかけ、水をかたく絞った布巾でしっかりと拭き取ります。椅子はデザインによってホコリがたまる箇所があったりするので、細部も念入りに掃除をします。

●壁面

下部などの汚れは、見えないようでも案外人目につきます。壁際に座った人の靴跡などもつきやすいものです。お客様の目線で見まわしてチェックし、水拭きしたり、汚れによっては洗剤を用います。

●玄関

足拭きマットは汚れが目立つものです。代わりを常時用意しておくことが必要です。また、ドアノブは多くの人が触る部分です。ウイルス感染を防ぐためにも、念入りに、かつこまめに拭き掃除をしましょう。

●レジ

レジはキーの間にホコリがたまりやすく見落としがちです。ハンディモップを使って除去しておきます。またキーについた指紋や手垢も布で丁寧に拭き取ります。また、レジ作業を行った後は、手を洗う・消毒をするのを忘れずに。お金やレジなど、多くの人の手が触れるものに接触した後は、食品に触れないようにすることも大切です。

●店の前

店内をいくらきれいにしても、入口に続く店の前が汚なければお客様はいやな気分になります。掃き掃除を怠らないようにします。特に路面店は、朝の掃除だけで終わらせず、時折外の様子をチェックします。風の強い日には落ち葉が吹き溜まったり、看板が倒れたり、物が飛んでくることもあるからです。

●窓ガラス

よく磨かれた窓ガラスは見ていて気持ちの良いものです。ガラス拭きの道具であるスクイジーとクリーナーなどを使って指紋や雨跡などを除去し、乾いた布で仕上げます。

●化粧室

　大勢のお客様が利用するため、時間を決めて小まめに掃除をするのが、ポイントです。換気に気をつけ、手袋をして専用の洗剤を使い、目立たない部分からブラシで便器を磨きます。温水洗浄便座の場合は、ノズルも洗います。次に壁や床を拭き、トイレットペーパーや備品の補充をします。最後に洗面台周りの水のしずくを拭き取り、鏡を磨いて終了です。

●エアコン

　他にも、毎日ではなくても、定期的にチェックしたいのがエアコンです。空気の循環を良くするためにも、吸入口と吹き出し口のホコリの除去は欠かせません。また、ごくまれにエアコンから水滴が落ちることもあります。湿度が高くなる夏の時期には目配りをして、少しでもおかしければ保守サービスを呼びましょう。

## 日々使う食器は磨き上げる

　店内や調理場の掃除に引けを取らないほど大切なのが、ツール類の清掃や手入れ、管理です。調理人であれば、鍋や包丁、オーブンやガス台などの道具を大切にしますが、サービススタッフが丁寧に手入れし、管理すべきなのは食器類です。

　料理長が腕を振るった料理を載せる皿は、美しい盛り付けのキャンバスでもあります。フォークやスプーンなどのさまざまなカトラリーは、直接お客様の口に触れるものです。ワインなどの飲み物を楽しむグラス類も、くもりのないよう、磨き上げておきましょう。

### チャイナ・ウェア（陶磁器類）

　コース料理はもちろん、アラカルトの料理提供でも、食器はさまざまに、数もたくさんあります。ほとんどがチャイナウェア（陶磁器）ですが、破損しやすい上に比較的高価なものでもあります。お客様の前に差

し出す時はもちろん、下膳するときにも細心の注意が必要です。

　日本料理と違って、食べる人が手に取り上げて扱うことはありませんが、それでも万一の傷やチップ（欠け）、汚れのないように管理したいものです。

【取り扱い上の注意】
・持ち運ぶ際には、表面に指紋をつけないように注意する
・一度にたくさんの皿を持とうとしない。大量の皿を扱うときはワゴンやオーバルサービストレー等を使う
・洗浄後に水気を拭き取る際は、繊維の残りにくいリネン類を使うこと
・使用前に汚れやくもり、チップなどないか確認すること

## グラス・ウェア（グラス類）

　クリスタルガラスなど、高価なものほど薄くできているのがグラス類。特にワインなどに使用する脚付きグラスは非常に繊細で、ぞんざいに扱うと破損しやすいものです。背が高いものはサービスの際、ひっかけて倒すリスクもあります。皿類と違って、直接口をつける食器でもあるので、清潔に管理しましょう。

【取り扱い上の注意】
・ステム（脚）のあるものはステム部分を、そうでないものは底を持つ
・特にお客様が口をつける部分には触らない
・下げるとき、グラスの内部に指を入れたり、縁に指をかけたりしない
・持ち運びにはトレーを使う
・透明なだけに汚れが目立つので、お湯で入念に洗浄後は、温かいうちに専用リネンで拭き上げる
・セットする前に、一つずつ汚れやチップなどがないか確認すること

## シルバー・ウェア（銀器）

　銀製のものも、ステンレスなどその他金属のものも含め、銀色の什器類のカトラリー類をシルバーと呼びます。銀食器はお客様の口に直接触れるものが多く、特に清潔に保つことが大切です。高級な銀製品は、使用するうちに表面が酸化して黒ずんでくるので、定期的に磨くなどのメンテナンスが必要です。長期間使用しない銀製品は、ラップフィルムなどで密閉して、酸素を遮断して保管します。

・傷つきやすいので、洗浄する際、銀器同士ぶつからないよう注意する
・プラターの上でナイフを使うときは、皿に傷をつけないようにする
・洗浄後は熱いうちにリネンで水分を拭き取る

## その他の備品

　各種調味料入れ・楊子入れ等の中身の確認と補充、容器磨きをする。

# 「ワンチーム」によるミーティング

　開店の準備が済むと、スタッフ全員が集まってミーティングが行われます。その目的は、お客様を迎えるにあたってスタッフ全員が情報を共有することにあります。仕事は『ワンチーム』で行うものです。
　たとえ支配人がすべてを把握していても、実際に動くサービススタッフや料理人たちが情報を理解していなければ、物事はスムーズに運びません。かつてのような、ホールはホール、調理場は調理場、という時代は終わりました。また、料理店では派遣社員やアルバイトスタッフなど、さまざまな立場の人も加わります。立場や役割は違えど、ワンチームとして心地よく、機能的に働けるようにするために、ミーティングはとても大切な業務なのです。
　さて、ミーティングを仕切るのは支配人かそれに準じるスタッフです

が、忙しい時間帯に行うこともあり、要点をおさえて手短かに行うことが大切です。全体で3分以内を目安にするのがよいでしょう。また、その時に出た情報をグループメールやLINEのグループメッセージでも発信しておけば、仮にミーティング時に聞き逃してもスタッフは後から確認できて安心です。特に若い世代はこのような情報ツールに通じているので、積極的に活用するのも効果的です。

　ミーティングで共有すべき情報はどのようなものでしょうか。

　予約では、どのようなお客様が何名みえるか。個室利用の予定はあるか。その他、苦手な食材やアレルギーがあるお客様の有無、お祝いやビジネス会合など目的のある会食が予定されているかどうかも、共有します。また、お客様からサンクスレター（お礼状）などで感謝の言葉をいただいたらその報告を。反対にクレームがあった場合は、どんな内容で、どういう解決法をとったかなどを伝え、再発を防ぐ努力をします。改善できることはなるべく早く改善し、それを全員で共有する。ミーティングの最大の目的はそこにあります。


　もちろん、注意すべきこともあります。何かのことで一人のスタッフをみんなの前で叱るのは避けましょう。そのような場合は、あとで個別に呼んで話すべきです。同様に、元気のないスタッフを励ますのも、個別のほうがよいでしょう。人前で励まされることをストレスに感じる人もいますし、ごく内密に、元気のない理由を聞きます。チームで動く以上、一人でも問題を抱えていれば、店にとってマイナスです。また、他のスタッフの士気にも関わりますので、なるべく早く、しかし個別に対処するのが正解です。

　また、ミーティングでは業界用語のような特殊な言葉や言い回しを使ったりせず、アルバイトのスタッフでもわかる簡単な言葉で伝えるようにしましょう。


　お店におけるミーティングには、
●朝礼、夕礼としてのオープン前のミーティング（約3分）

・スタッフに対する伝達事項、本日の予約状況および顧客情報や宴席の注意事項
・本日のお勧め料理や特別な食材の情報共有
・スタッフ全員の身だしなみ（グルーミング）チェック

●アイドルタイムを利用したキャプテン（黒服）ミーティング（約30分）
・支配人（マネージャー）会議の伝達事項（本社会議のフィードバック）
・各キャプテンの業務分担の報告（顧客係・メニュー係・什器備品係・出庫係・統計係・労務係・シフト係・衛生管理係・リネン係などの分担ごとの責任者の情報共有）
・営業上の問題点の共有、トラブルやクレームの対処、サービスの技能向上対策、売上計画、予算の進捗状況など経営にまつわること

などがあります。


## シフト編成の考え方

　お店全体でワンチームであることは間違いないのですが、営業運営上では業務はさまざまに分担されます。各キャプテン（部門長）をリーダーとして、その係にウエイター・ウエイトレスが配置され、一年サイクルで業務を担います。具体的には顧客係・メニュー係・什器備品係・出庫係・統計係・労務係・シフト係・衛生管理係・リネン係……といった具合です。チームごとに仕事は多岐に渡るため、ワンチーム内でもふたつ以上の業務を兼任することも珍しくありません。

　また、毎日の営業上での人割、月間シフトに基づいて、その日の出勤者も変わります。サービスフロアも個室があったりテラスがあったりと、営業エリア別に、その日だけのチーム編成がなされることもあります。

　毎日同じ持ち場に同じスタッフの顔ぶれではない場合、当日の人割担当黒服（キャプテン以上アシスタントマネージャーを含む）は、予約状況・個室の利用状況・ＶＩＰの利用・イベント状況・混雑予想等に応じ

て、キャプテン及びウエイター・ウエイトレスのベテラン・中堅・新人の配置を考え、チームを編成します。一般席とは違って個室宴会は利用目的（誕生会・結納・接待・法事・同窓会など）がそれぞれ異なるので、必ず経験豊富なベテランを配置します。力量があるベテランスタッフの場合、個室を複数担当させたり、場合によっては個室担当と同時に一般ホール席のサービスにもあたってもらうこともあります。

　スポーツのワンチームと違って、毎日チームのメンバーが入れ替わるのが特色ですが、メンバーの目標は皆同じであり、最重要ミッションは「お客様の幸せ」であることにかわりはありません。

## 「賄い」はコミュニケーションの場

　料理人が調理場スタッフやサービススタッフのために、あり合わせの材料で作る料理を「賄い」と言います。最近ではごくカジュアルな店で『まかない料理』と称して、手の込んだ裏メニューとして扱い、販売促進に活用している店もあるようです。

　実際は、経験浅い調理スタッフに担当させることでトレーニングにもなり、調理技術の向上のために行う側面もあったようです。

　一方、アイドルタイムにスタッフが一緒に食事をすることで、ミーティングとは違うコミュニケーションが生まれる可能性もあります。

　食事しながらの会話は緊張感もほぐれ、プライベートな話題を口にしたり、人間関係を円滑にする効果もあります。支配人はスタッフの体調や精神面のケアができるチャンスでもあります。

## お店にとって最も大切なこととは

　お店にとって、何よりも優先されるべきは何でしょうか。もちろん、おいしさや便利さも店の魅力の一つですが、何よりも優先されるべきは『安全性の担保』です。それはフランス料理店に限らない話であり、支配人の立場に立つ者が、どのような責任を負わねばならないか、確認し

ておきたいと思います。

　そしてここからご紹介する『安全性の担保』は、お客様はもちろん、すべてのスタッフ、取引先においても適用されるべきだということも、覚えておきましょう。

## 衛生管理の目的

　WHO（世界保健機関）では、食品衛生について、「食品の生育、生産、製造を経て、最終消費に到るまでの全過程に渡って、その安全性、健全性、衛生性を保証するために必要なすべての手段」と定義しています。つまり、
・食品は材料の段階から、消費者の口に入るまで、すべての段階で安全でなくてはならない。
・食は人間の健康や命に直接影響するものであり、あらゆる手段を使って、その安全性を確保しなくてはならない。
ということです。

　日本にも「食品衛生法」という法律がありますが、その適応対象は食品（すべての飲食物）だけでなく、食品添加物や調理に使用する器具、容器包装、玩具、洗剤なども含みます。

　日本の憲法では「国はすべての生活場面について、社会福祉・社会保障及び公衆衛生の向上及び増進につとめなければならない」としていて、食品衛生法はその精神をさらに具体的に定めたものと言えるでしょう。その法律の目的は「飲食に起因する衛生上の危害の発生を防止する」ことにあります。過去には食品の表示偽装の問題や異物混入など、食を取り巻く事件の数々もあり、食の安全には消費者の注目が集まっています。

　ここからは具体的に、衛生管理の実際について解説しましょう。

■環境を整える
●施設の衛生管理の基本
料理を作り、提供するための作業に必要な施設は、定められた作業区分

によって分けられます。具体的には、原料／食材／梱包資材／前処理／調理加工／計量／調整／盛り付け／包装／保管…などさまざまな区分がありますが、それぞれの場所で扱う食品や器具、計器類、什器や備品の整理・整頓をすること、清潔に保つこと。これらは食品を扱う人間としての基本的な条件です。

● 作業動線と広さ

作業場の広さと、そこで働く人の動きはとても重要です。人の動き（動線）と物の動き（物流線）が複雑で集中しやすい場所では、どうしても品物の扱いが乱雑になったり、不衛生になりがちです。それぞれの作業場には什器や器具類、容器などがありますし、仕掛り品（作りかけの物）を一時的に置いておくスペースなども必要です。もちろん、各人が作業するために必要なスペースも確保されなければなりません。各区分のスペースが十分に確保され、人と物の動きが円滑に作用する場所であること、そしてその場が清潔に管理されていることが大切です。

■ 環境整備のために支配人がするべきこと

整理整頓は、各人が心がけて行うものです。そのため、スタッフ全員に対する衛生教育をいかに徹底させるかが、責任者である支配人の大切な課題です。ことに感染症が重大な社会問題になっている昨今、安全衛生の基本を厳守することが大切です。

　重要なポイントは以下の5つの項目です。

　　1．整理　　2．整頓　　3．清掃　　4．清潔　　5．習慣

具体的に見てみましょう。

・調理場の床、ガス台周り、周囲の壁、排水溝の洗浄を徹底すること（かつては調理場の床は水を流すのが主流でしたが、現在では洗浄の後、モップなどで床を拭き取り、足を滑らせることのないように、安全性が重視されています）

・冷凍庫・冷蔵庫は食材を種類ごとに収納。定期的に庫内の霜取りや洗

浄を行うこと
・瓶や缶、生ゴミ、プラスチックなど、廃棄物を分別し、決められた場
　所に整理しておくこと
・害虫駆除は定期的に実施。ネズミやハエ、ゴキブリなどの害獣や害虫
　が入り込まないように施設に目を配り、問題点を改善する
・調理場に隣接する場所に、洗剤やガス缶、ガスボンベを置かないこと
・食器やグラスのラックを床に直接置かないこと
・労働衛生保護具（マスク、手袋、ヘアネット、帽子など）の着用を徹
　底させること
・小さなゴミも、見つけたらすぐ拾って処理する習慣をつけること
・食品を容器に移し換えた場合は、必ず内容物を明記する習慣をつける
　こと
・スタッフは定期的な健康診断（検便を含む）を受けること
・常に整理整頓、後始末を完璧に行うこと、それを習慣づけること
などが挙げられます。


　ただ「片づけろ」「整理整頓しろ」「清潔にしろ」とだけ言い続けても、
なかなかその意識は浸透しないかもしれません。衛生教育とは、それを
怠った結果、どんな危害が引き起こされるかを自覚させ、有効な対策を
とるように指導することが大切なのです。


■衛生管理の不備が引き起こす危害
●食中毒
　不衛生から引き起こされるトラブルといえば、真っ先に思い浮かぶの
が食中毒ではないでしょうか。食中毒とは、食中毒を起こす微生物が食
品に付着、または増殖した飲食物が人の体内に入ることで引き起こされ
ます。また、有害物質（自然毒を含む化学物質）を含んだ飲食物を摂取
しても引き起こされます。
　微生物によって起こる食中毒の場合、その微生物の量が問題になりま
す。大人か子どもか、あるいは個人差もありますが、一般に食中毒を引

き起こす菌数を超えると、発生します。そして菌が増殖するためには、栄養・温度・水分の三つの条件が必要になります。

　食中毒には細菌性のものとウイルス性のものがあります。

■細菌性食中毒
細菌性食中毒は、発生のメカニズムによって、感染型（組織侵入型）と毒素型に分けられます。

●感染型
原因菌が下部消化器官（小腸や大腸）に侵入して増殖し、さまざまな腸炎症状を起こします。菌が増殖するまでに一定の時間がかかるため、毒素型よりも潜伏期間が長く、菌の侵入から発症まで6〜8時間かかります。

●毒素型
体内に侵入した細菌が毒素を産生し、その毒素が消化器官などに作用して起こります。食品そのものに菌が付着・増殖して、そこに発生した毒素を食べてしまう場合と、細菌が腸管に入ってそこで増殖、毒素を産生する場合とがあります。感染型に比べて潜伏期間が短く、症状はおう吐や腹痛がみられますが、あまり発熱しないのも特徴です。

【細菌性食中毒の代表的なもの】
●サルモネラ食中毒（感染型）
原因となるサルモネラ菌は熱に弱く、低温には強いという性質があります。食品を長期に渡って冷凍保存しておくと、菌がそれだけ長生きすることになるため、菌の増殖を防ぐには、調理後は速やかに食べてしまうことです。
　発生多発時期：夏期
　潜伏期間：8〜48時間
　主な症状：おう吐、腹痛、発熱（38度前後）
　　　　　　1〜2日、高熱が続く場合は注意が必要

予防策：・卵は購入後、すぐに冷蔵保管。生食する場合は表示期限以
　　　　　内に使う
　　　　・卵を割ったら、すぐに調理し、早めに使い、割り置きは絶
　　　　　対にしない
　　　　・肉類は低温で扱うこと
　　　　・調理の際の加熱は十分に行う
　　　　・ネズミ・ハエ・ゴキブリの駆除を徹底する


●腸炎ビブリオ菌食中毒（感染型）
腸炎ビブリオ菌は海水と同じ、３％程の濃度の食塩水の中で最もよく生
育する好塩菌で、その増殖速度は他の菌に比べて速いのが特徴です。好
塩性のため、真水には弱く、耐熱性もありません。60℃で15分加熱、ま
たは100℃での加熱ならば数分で、ほぼ死滅します。また、５℃以下の
低温では増殖しません。生鮮魚介類が原因になる場合と、魚介類の細菌
がまな板やふきん、包丁などを介して他の食材に移って原因となる場合
があります。

　発生多発時期：夏期
　潜伏期間：８～15時間
　主な症状：強烈な腹痛、下痢、脱水症状
　予防策：・調理場の清潔維持
　　　　　・まな板など、調理道具の熱湯による滅菌処理
　　　　　・魚介類は調理前に水道水でよく洗う
　　　　　・魚介類に使用した調理器具類はよく洗浄、消毒して２次汚
　　　　　　染を防ぐ
　　　　　・まな板やふきんは魚介類専用の物を使う
　　　　　・菌の増殖を抑えるため、わずかな時間でも冷蔵庫に保管する
　　　　　・生食用の魚介類は10℃以下（品質上問題なければ４℃以下）
　　　　　　で保存
　　　　　・加熱調理は十分に（60℃で４～５分を最低とする）

●黄色ブドウ球菌食中毒（毒素型）

黄色ブドウ球菌が食品中で増殖する際にエンテロトキシン（耐熱性毒素）を放出し、それを食べることで食中毒が発症します。黄色ブドウ球菌そのものは自然界に広く分布し、80℃で30分ほど加熱すれば死んでしまいますがエンテロトキシンは100℃で30分加熱しても生きているほど強いものです。食品に触れる人の手などに傷がある場合、黄色ブドウ球菌が食品に移り、感染を引き起こすことがあります。

　　発生多発時期：通年

　　潜伏期間：3時間程度

　　主な症状：腹痛、発熱、激しいおう吐、下痢

　　予防策：・手指に切り傷や化膿傷のある人は食品に触れない・調理を
　　　　　　　しない

　　　　　　・手指の洗浄・消毒の徹底

　　　　　　・食品は10℃以下で保存する

　　　　　　・調理にあたっては、帽子やマスクを着用する


●ボツリヌス菌食中毒（毒素型）

ボツリヌス菌は人や動物の腸管の中や土の中に棲みついていて、そこから産生される毒素にはA型からG型まであります。このうち人が食中毒を引き起こすのは、A、B、E、Fの4種類と言われていますが、この毒性は熱に弱く、100℃で4分加熱することでほとんど不活性化されます。かつて、1984年（昭和59年）、真空パックされていた辛子れんこんを食べた人が食中毒を起こし、発症した36人中11人が死亡したという事件がありました。

　　・辛子には殺菌作用があると思われていた

　　・真空パックは安全な食品保存の方法だと思われていた

という点から、この事件のショックは大きなものとなりました。

調査の結果、

★ボツリヌス菌は嫌気性（空気を嫌う性質）のため、真空パックで空気
　を遮断したのが逆効果となった。

★辛子の殺菌作用は揮発性の性質によるものなのに、真空パックにしたことで揮発せず、殺菌効果が半減したことがわかりました。

発生多発時期：通年

潜伏期間：8〜36時間

主な症状：おう吐、視力障害、言語障害などの神経障害。重症化すると呼吸麻痺が起き、死亡することもある

予防策：・真空パックや缶詰の食品は、容器が膨張していたり、食品に異臭がある場合は決して食べない

　　　　・真空パックの食品は表示を確かめる。「容器包装詰加圧加熱殺菌（レトルトパウチ）」や大部分の缶詰は120℃で４分以上加熱されているが真空包装しただけの物もあり注意する

　　　　・缶詰、瓶詰、真空包装食品などの保存食品を調理する場合は清潔で衛生的な原材料を使用する


●腸管出血性大腸菌食中毒（O-157）（毒素型）

近年、よく取り上げられる食中毒です。原因菌はO-157H７型という大腸菌の一種。産生される毒素はベロ毒素と呼ばれ、腎臓や脳に重篤な障害をきたす可能性があるほどの強い毒素です。菌の感染力は赤痢並に強いとも言われ、原因の究明も難しいというやっかいな食中毒です。

発生多発時期：通年

潜伏期間：4〜8日　比較的長いため、原因がわかりにくい

主な症状：初期症状は腹痛を伴う水溶性の下痢が続く。悪化すると腸壁がただれ、出血により血性下痢になったりもする。体力の弱い乳幼児や基礎疾患のある老人などは重症化することもある。また、溶血性尿毒症候群を併発する場合もある。腎臓への影響で尿が排出されにくくなり、やがては脳や神経にも作用し、意識障害を引き起こし、短期間で死に至る場合もある

予防策：・生野菜はよく洗い、食肉類は中心部まで十分に加熱する

　　　　・調理器具は十分に洗浄、熱湯または塩素系消毒剤で消毒する

・水道管直結以外の水を飲用あるいは調理に使用しない

・使用する場合は必ず年 1 回以上の水質検査を受ける

・ビルなどの貯水槽の清掃、点検を定期的に行う

・発症した患者がいる家では、2 次感染予防のため、糞便や吐しゃ物に汚染された衣類などの取り扱いに注意する

備考：特に牛の腸内部に菌が生息していることが多く、牛肉のユッケなど、生、あるいは加熱不足による食中毒が発生しています。O-157 のほかにも、O-26、O-111 などの細菌があり、同様の症状を呈します。腸壁からの出血により血性下痢を起こしますが、胃潰瘍などによる血便（胃からの出血）が黒ずんでいるのに対し、腸壁からの出血で、この食中毒による下痢は鮮血です。

【ウイルス性食中毒の主なもの】

●ノロウイルス

ノロウイルスと細菌の違いは、

・ノロウイルスは食品の中では増殖はせず、人の腸管内でのみ増殖する

・通年、発生する可能性があり、特に冬場が多い

・細菌と違って電子顕微鏡や PCR 法でなければ検出されないため、日常的に手軽にチェックできない

などがあります。ノロウイルスは特に冬場、生牡蠣（かき）による食中毒の原因として知られていますが、それ以外にも、感染した人からの 2 次感染が多く、非常に感染力が強いことでも知られています。2 次感染とは、感染した人の糞便や吐しゃ物に触れることによる感染を言います。下痢やおう吐の後処理をした人に感染してしまうことが多いのです。そうした糞便や吐しゃ物が乾燥したことでウイルスが空気中に漂い、直接触れていなくても、それを吸い込んだ人が感染した、という例もあります。

発生多発時期：通年だが冬期に多い

潜伏期間：24〜48時間

主な症状：激しいおう吐、下痢、腹痛、発熱、頭痛、筋肉痛、脱水症
　　　　　状を伴う場合もある
予防策：・吐しゃ物や糞便の処理にあたっては、消毒を徹底する
　　　　・カーペットなどにおう吐した場合は、加熱と次亜塩素酸ナ
　　　　　トリウムによる消毒を行う
　　　　・吐しゃ物の処理にあたる人はガウンを着用し、着衣にウイ
　　　　　ルスが付着するのを防ぐ
　　　　・使い捨てマスクと手袋を着用して2次感染を防ぎ、清掃に
　　　　　使用したペーパータオルやマスク、手袋などは、ビニール
　　　　　袋に密閉して処分する


【自然毒による食中毒】
毒を持った食品を食べることで引き起こされる食中毒です。有名なところでは、フグ、毒キノコなどがあります。自然毒は大きく分けると三つあります。


●動物性自然毒
・ある時期・期間に限って毒を持つ動物性食品・・・フグ
・特異な環境で毒を持つことがある動物性食品・・・アサリ、牡蠣
・その動物の特性として、常に毒を持つ動物性食品・・・ドクカマス


●植物性自然毒
・毒が特定の部位に限られている植物性食品・・・ジャガイモの芽
・特定の時期に毒を持つ植物性食品・・・青梅
・その植物の特性として、常に毒を持つ植物性食品・・・毒キノコ


●マイコトキシン中毒
・農作物、特に穀類に寄生するカビによって産生される毒
　　　　　　　　　　　　　　　　・・・黄変米、麦角など

【化学毒による食中毒】

有害な化学物質による食中毒もあります。原因物質の種類も多く、発生のしくみも日常的な食品による急性症状もあれば、公害病として社会問題になるような広範囲のものもあります。

●誤用、誤飲による食中毒

メチルアルコール、農薬、害虫駆除剤などの劇物の誤飲、誤用。

●飲食に伴う器具や包装材による食中毒

鉛・銅・亜鉛などの金属やホルムアルデヒドなどの有害物質が包装材などに含まれていて、それが溶出したり削られたりすることで食品に混入した場合など。

●有害添加物による食中毒

食品添加物は厚生労働省が指定した物を使用することになっていますが、指定以外の物を使ったり、規定を超える分量を使うと、食中毒を起こす可能性があります。

**食中毒者またはその疑いがある場合は、直ぐに保健所に連絡しなければなりません。では食中毒を防ぐにはどうしたらいいでしようか。**

■食品取り扱いの3原則

細菌性・ウイルス性食中毒は全体の9割を占めます。これら微生物による中毒を防ぐには次の三つの原則が重要です。

原則1．清潔を保つ

原因菌を食品につけなければ、微生物による食中毒は起きません。食品を扱う全員が、定期的な検査、検便を受け、身体、特に手指の清潔保持に努めること。白衣・ユニフォームを清潔に保ち、食品の取り扱いも徹底して衛生的に行うことです。

原則 2．微生物を増やさない

微量の微生物であっても、条件が揃えば増殖してしまいます。しかし、食材がもともと微生物を持っていたとしても、一定量を超えなければ、食中毒は発生しません。そうした微生物を増やさないためには、「迅速に調理」「迅速に冷却」することが大切です。具体的には、

・食材はできるだけ清潔で衛生的な店舗（業者）から求める

・手早く衛生的に処理し、調理する

・調理したら、なるべく早く提供する

・保存する場合は、速やかに、短時間で冷却（できれば 5 ℃以下）保存する。なお、生食用鮮魚類は 4 ℃以下とします

原則 3．十分な加熱で微生物を殺す

本来、加熱して食べる食材は十分な加熱を行うこと。また、すでに加熱した料理を後から提供する場合には、十分に再加熱すること。

【備考 1】

ウイルスによる食中毒は、食品内ではなく、人の腸内での増殖によって引き起こされるため、迅速な調理や迅速な冷却では防ぎ切れないことさえあります。そのためにも、原則 1．の清潔の保持、原則 3．の加熱の徹底が重要です。

【備考 2】

化学性食中毒を防ぐために、

・規格や使用基準がある食品添加物や食品、食器用洗剤などは、必ずそれを守る

・洗剤や消毒薬などは誤用防止のため、容器に必ず内容品名を明記し、添加物と区別する

・調理に必要のない害獣や害虫の駆除剤、その他化学薬品（漂白剤など）は、作業場内には置かない

などの徹底が必要です。

【備考3】

自然毒による食中毒を防ぐには、

・有毒部分を完全に除く（フグ、ジャガイモの芽など）

・有毒かどうか、見極めのつかない物は絶対に使わない、食べない（プロが獲ってきた物以外のキノコやフグなど）

【備考4】

その他、飲食による危害

・経口伝染病

　赤痢、コレラなどの伝染病は減りつつありますが狂牛病や鳥インフルエンザ、O-157（腸管出血性大腸菌）などの集団食中毒は今なお、発生しています。

・異物の混入

　直接有害ではなくても、異物が含まれた食品は、調理の現場が衛生的に保たれていなかったことの証拠です。異物混入にもいろいろありますが、食材の処理や調理の管理徹底が重要です。

# 支配人（経営者）の責任

　支配人は全体の責任者です。少なくとも、これから列記する内容については、支配人（経営者）に責任があるものとして、理解しておきましょう。

## ■食品衛生管理

食品衛生行政の中央機関としては、厚生労働省があります。その下には、各都道府県の衛生部（局）があります。そして、第一線の行政機関として、各自治体の保健所があります。実務はすべて、保健所の食品衛生監視員によって行われます。万一、事故が発生した場合には、検食（検体）として、1品あたり50g程度の原材料と、調理済み食品をマイナス20℃で2週間、保存することが1996（平成8）年に取り決められました。

## ■スタッフの管理

### ●スタッフの健康診断と検便

健康診断は年1回、検便は月1回。また各人の自己管理を促す。

### ●体調不良者の就業禁止

下痢や腹痛、発熱など、伝染病や食中毒症状はもちろん、手や指に傷がある、その他部位でも化膿性疾患があるスタッフは仕事をさせてはなりません。早急に医師の診断を受けさせましょう。また、新型コロナ感染問題が発生して以降は、食中毒に加え、感染予防にも気を遣わねばなりません。発熱はもちろん、咳やくしゃみなど、呼吸器疾患の症状があるスタッフも、店に立ち入らせてはなりません。

### ●清潔の保持

調理に携わる人はもちろん、サービススタッフも店舗管理や清掃に携わる人も、すべてのスタッフが、身体や服装を清潔に保つことが重要です。爪は短く切り揃えること、髪を整えること。調理場では専用の作業着、靴、帽子、マスクを着用。作業前には手を洗い、消毒を励行。汚れた器具や衣服が口や手に触れた場合も、その都度、手指の洗浄消毒をします。また、調理場内には関係者以外は立ち入り禁止。どうしても入らなければならない場合は、作業者と同レベルの清潔な衣類、帽子、マスクを着用してもらいます。

### ●調理場や調理器具の洗浄と消毒

調理場については調理長が責任を持ちますが、万一事故があった時には、調理長だけの責任とは言えません。調理加工に使用する調理器具や道具、また、保存に使用する冷蔵庫やワインセラーなども、すべてが清潔で衛生的であるよう、常に心がけましょう。

■社会に対する責任

あなたが働いている店が大企業の一部門であろうと、個人商店であろうと、規模の大小に関わりなく、社会的な役割や使命、そして責任を負っています。この場合、社会的と言われる対象は利害関係者（ステークホルダー）とされます。ステークホルダーとは、企業（店）が事業を行う上で配慮すべきすべての関係者のことを指します。具体的には、

- ・株主
- ・金融機関
- ・社員や従業員
- ・顧客
- ・官公庁など規制機関（保健所、税務署など）
- ・地域住民

などが含まれます。

こうした社会的責任の中で事業活動を行うにあたっては、法令や各種規制、社会的規範を含めたさまざまな決まりごとを、経営者はもちろん、社員、従業員が揃って守る必要があります。それが昨今、よく言われる「コンプライアンス＝法令遵守」です。

職場で働く人すべての安全と健康を確保するのは、事業主の責任です。ケガや事故による労働災害を防ぐためにも、労働衛生法や労働基準法を守ること。また、すべての施設利用者の安全を確保するための設備や施策、対応が求められます。

●労働災害とは

従業員の就業に関わる建設物、設備、原材料、ガス、蒸気、粉塵などによって、または、作業工程や行動、その他業務に起因する理由で従業員が負傷または疾病にかかったり、あるいは死亡すること。これを避けるためには安全衛生管理担当者を選任する必要があります（労働安全衛生法で義務付けられています）。

●総括安全衛生管理者

その事業所において、業務を実質的に統括管理する責任と権限のある人。総支配人や支配人がこれにあたります。その職務は、

- 従業員を危険、または健康障害から守るための適正な措置をとる
- 従業員の安全、衛生のために十分な教育、指導を行う
- 健康診断の実施、健康保持促進のための教育・広報を行う
- 労働災害の原因調査、再発防止策を講じる

などです。


●安全管理者

ホテルや旅館で従業員が50人以上の場合に選任し、所轄の労働基準監督署に報告する義務があります。安全管理者は総括安全衛生管理者の指示を受けて、次のような職務を行い、就業場所の巡回、危険防止のための措置・対策をとります。

- 設備、作業場所、作業方法に危険がある場合の応急処置や適正な防止措置
- 安全装置や保護具、その他危険防止のための設備・器具の定期点検
- 作業の安全のための教育、訓練の実施
- 発生した災害の原因調査と対策の検討
- 消防および避難の訓練
- 安全に関する資料収集および作成、重要事項の記録

などがあります。


●衛生管理者

従業員50人以上のすべての事業所では、衛生管理者を選任し、所轄の労働基準監督署に報告する義務があります。衛生管理者は各事業所の規模に応じて必要な人数が決められており、衛生管理にまつわる免許などの資格を持つ人が選任されなければなりません。

- 衛生管理者は少なくとも週1回の就業場所を巡回し、健康障害を防ぐ措置をとる

・健康に異常のある者の発見、および措置
・作業環境の衛生上の調査
・作業条件、施設などの衛生上の改善
・労働衛生保護具（マスクや手袋）、救急用具の点検と整備
・衛生教育、健康相談、その他従業員の健康維持に必要な事項
・従業員の負傷や疾病、それによる死亡や欠勤、異動に関する統計作成
・衛生日誌の記録など、業務上の記録整備

などですが、体制を整えるだけでは衛生管理は実現しません。職場に潜む危険性・有害性を見極めること。定期的な巡回はもちろん、個々人のミスや経験を隠さず共有し、改善に向けて問題を把握し、対応することが大切です。


■安全衛生の基本「5S」
整理・整頓・清掃・清潔・習慣これらのイニシャルをとって、5Sと言います。以降店舗のチェックリストとして利用してください。


1．調理場の床、レンジ周り、周囲の壁、排水溝などに適切な洗剤を使用して日常的に洗浄する
2．冷蔵庫は食材・飲材料を種類別に収納し、定期的に庫内の霜取りや洗浄を実施。適温を保ち、毎日、温度を記録して管理する
3．普段の清掃以外にも、害獣・害虫の駆除や防除を定期的に行う
4．空き缶や空き瓶、その他廃棄物は分類し、適正に処理する
5．油脂や汚汁など、床や周囲を汚染する恐れのある物は、ビニール袋などに入れ、露出・飛散しないように処理する
6．調理場に隣接する食品庫や食器棚には、洗剤や火気厳禁のガス類などを絶対に置かない
7．食品など、納入された時の容器から小出しの容器に移し換えて収納する場合は、必ず小容器に内容を明記する。また、見た目に紛らわしい物をそばに置かない
8．食器やグラスのラックを床に直接置かない

■個人情報の保護

負うべき責任は個人情報の保護にもおよびます。インターネットでの予約や情報交換が当たり前になった昨今こそ、個人情報の大切さ、保護の重要性は安全対策の一つとして重視されています。サービス業にとって、顧客の情報は多岐に渡ります。本書の中でも、いかに顧客の情報を上手に集め、業務に活用するかについて紹介しますが、それは確実に情報を管理し、保護した上であることが大前提です。


# お身体の不自由なお客様への対応

〔出典：一般社団法人 日本ユニバーサルマナー協会〕

　接客・サービスという目に見えない商品で顧客満足を追求する私達ですが、その内容にはこれまで以上の奥行きが求められています。

　その背景の一つに超高齢社会が挙げられます。現在日本では65歳以上の高齢者が3,000万人暮らしていて、人口の約24％を占めています。2030年には30％に達する見込みです。

　高齢者は視覚障害・聴覚障害・肢体不自由・内臓障害が複合的に起こることが珍しくありません。バリアフリー新法の制定により、多くの建物が誰でも利用しやすい環境になりつつあり、高齢者も外出しやすくなりました。しかし、すべての建物や施設がバリアフリーではありません。たとえそうであっても、適切なフォローをスタッフができない場合もあります。


●あらゆる障害に対するスキルを身につける

　高齢者の障害が複合的になることを考えれば、あらゆる障害に対するスキルを得ることは、高齢者への正確な対応にもつながります。

　高齢者にも障害者にも、フォローをするご家族や友人がいます。そう考えると正しいサービスを求める人数は無尽蔵です。

　加えて、2021年には東京オリンピック・パラリンピックが開催されま

した。コロナ禍の影響で数はかなり制限されたものの、多くの障害者と
その関係者が来日したはずです。この世界的イベントは日本のサービス
産業にとっても大きな転換点であり、今後も適切な知識の下、高齢者や
障害者に歩み寄ることのできる多数の人材が求められていることに変わ
りはありません。

　このような状況下、注目されるスキルとして「ユニバーサルマナー」
があります。ユニバーサルマナーとは高齢者や障害者への適切なサポー
トやコミュニケーション方法です。それは特別な知識や高度な技術を要
するものではなく、身につけていて当然のマナーの領域です。

　とはいえ100点満点でなくていいのです。何より大切なのは「常に歩
み寄っていく姿勢」と、「現状を少しでもより良くしようとする姿勢」
です。


●「無関心」と「過剰反応」
　障害者は周りの人の「無関心」と「過剰反応」に困惑することが多い
ようです。「無関心」の背景には、「どうしたらいいかわからない」こと
から生じる迷いや遠慮が含まれているのでしょう。

　ユニバーサルマナー協会の調査結果を見ると、57％の人が「わからな
い」＝「できない」と思って二の足を踏んでいるのです。それを察する
と障害者の方達は申し訳ない気持ちになるのだそうです。

　逆に「○○してあげなきゃ！」という気負った思い込みは、とてもあ
りがたい一方で、時には負担に感じるそうです。

　求められているのは「さりげない配慮」です。まずは「何かお手伝い
できることはありませんか？」という声がけです。もしかしたら「大丈
夫です」と、断られるかもしれませんが「見守ること」もおもてなしで
す。いつでも駆け寄れるようにあたたかい眼差しで注意深く見守ってあ
げましょう。

## 肢体障害の方への対応

　肢体障害には、いくつかの種類があります。「上肢不自由」は、食事や上着着脱のフォローが必要です。「下肢不自由」は、車椅子や杖の使用が必要となります。また下半身の体温調節が困難であるという側面があります。「体幹・脊柱不自由」は、体を支える・バランスを取る・立ち上がる・座るなどの動作において、困難を伴います。

　さてここで、問題です。

　お店に、車椅子に乗った高齢のお客様がいらっしゃいました。適切でないサービスはどれでしょうか。

　1．笑顔で立礼する

　2．さりげなく車椅子を押す

　3．テーブルの椅子を一つ外して、そこにご案内する

　4．親愛を込めて車椅子に手をかけながら、話しかける

　実はこれらはすべて、適切とは言い切れません。答え合わせをしてみましょう。


●車椅子の方と目線の高さを合わせましたか？

上から話しかけられると相手は威圧感を感じがちです。また高齢者の多くがかかる白内障の場合、視野の上部は特に不鮮明です。


●車椅子を押した方がいいのか、事前に確認しましたか？

自分で車椅子を操作することを望む人もいます。また自分のペースよりも早いスピードで押されると不安を感じます。


●車椅子のままがいいのか、お店の椅子に座り直したいのか確認しましたか？

腰が痛いから体勢を変えたい、下半身が冷えたから血行を良くしたい、視野の高さを変えたいなど、お店の椅子を希望する場合もあります。

●車椅子に触ることを事前に断りましたか？

特に長期間日常的に使っている方は、車椅子を自分の身体の一部だと感じている場合が少なくありません。たとえ善意の行動であっても、無断で身体に触られているような不快感を持たれる恐れがあります。

このように来店からテーブルへのご案内の間だけでも通常の業務とは違った細やかな配慮が必要になります。すべてにおいて言えることは、必ず相手の意向を確認すること。サービス側の勝手なひとり判断での行動は慎みましょう。

## 視覚障害の方への対応

視覚障害は二つに大別されます。「視力障害」と「視野障害」です。

視力（見る力）の障害は、全盲（両眼での矯正視力が0.05未満）と弱視（両眼での矯正視力が0.05〜0.3未満）に分かれます。

視野（見える範囲）の障害は、狭窄（視野が全体的に狭い）、欠損（視野の一部が見えない）、暗点（視野の中央部分が見えない）に分かれます。

弱視や視野障害の方は、外見では見えているように思われがちですが、実は危険を察知しづらいということに留意しておくことが必要です。例えば、弱視の方は、同系色の障害物などを認識しづらい傾向があります。視野障害のある方は、見えづらい方向から迫る危険を察知することができません。また高齢者には白内障で視野がかすんでいる人も多くいます。

以下は全盲の方への対応を中心に説明します。

■お声がけの方法

①何よりも大切なのは、歩み寄る勇気。「腕や服に軽く触れながら」声をかけます。そうでないと自分に話しかけられているのか判断が難しいからです。

②そして名前と所属を伝えます。相手がホテルやお店の人だとわかれば、

より具体的な内容を頼めるようになります。

③必ず「なにかお手伝いいたしましょうか？」と、サポートの必要性を
うかがいましょう。


■移動時のサポート

①自分の腕、肩、手首などを相手の要望に合わせて持ってもらいます。
相手の背中を押す、手をひく、白杖を持つなどは、相手のペースを乱
してしまうのでNGです。右手左手のいずれが持ちやすいのかも確か
めましょう。

②そして相手の「斜め一歩前」を歩きます。そうすることで自分が危険
防止のために急に立ち止まった時に、相手が先に行くことを防げます。

③段差や通路の幅など「周囲の状況を伝えながら」ゆっくりと歩きます。
立ち止まる場合や待つ場合には、その理由も丁寧に伝えましょう。


■段差や階段でのサポート

①上りなのか下りなのかも含めて段差や階段があることを伝えます。

②段数が少なければ、「３段の下り階段があります」と具体的に伝える
と安心してもらえます。

③手すりがある場合は、「手すりを使いますか？」と、確認します。大
切なことは、段差に向かって「正面から進む」ことです。斜めから進
むと足を踏み外す危険性が増しますので注意しましょう。

④目的地に着くまでに「３、２、１」とカウントダウンしがちですが、
実はその感覚は人それぞれ。その場に着いた時に「○階に着きました」
と伝えましょう。

⑤１段先に歩くか、横に並んで歩くかは、相手の要望に合わせます。歩
くスピードも同様です。

⑥以前、私が駅で電車の乗り換えのサポートを申し出た方はエスカレー
ターを望まれました。「階段とエスカレーター、エレベーターのいず
れが安心なのか」も要確認です。

■椅子への案内

①テーブルに着いたら、椅子の形状や周りの状況（前方にテーブルがあることや、隣に人が座っていることなど）を説明します。

②全盲の方の場合は、その後「手をお借りしてよろしいでしょうか？」と声をかけて、椅子の背もたれや座面に手を導いて、確認してもらいます。

■メニューの案内

①「メニューをお読みいたしましょうか？」とお尋ねし、ご要望があったら対応します。まずは今日のお食事のご希望やお好みなどをうかがい、それに沿って料理やドリンクの説明をします。ちなみに点字が読める視覚障害者は全体の約10％にすぎないと言われています。

②また料理によっては、「お切りいたしましょうか？」とお尋ねし、ご要望があったら対応します。

■化粧室への案内

①化粧室へは可能な限り「同性が誘導」します。

②化粧室の便器、トイレットペーパー、水洗ボタン、くず入れ、鍵、洗面所の場所などの「情報を説明」します。

③その後は「少し離れた場所で待機」しましょう。

　身体が不自由な方のフォローをすることは、人として当然のことでもあります。しかし私たちはその上を目指さなければなりません。なぜならサービスの目的は、すべてのお客様に楽しんでいただくことだからです。障害のあるお客様にも、その場に居合わせた他のお客様にも心地よくすごしていただかなければなりません。そのためには「介助という域を超えたさりげない対応」でその場の雰囲気を壊さないことが必要となります。

## 聴覚障害・言語障害の方への対応

　聴覚障害とは、外耳・中耳・内耳、あるいは脳のどこかに障害が生じて、音を正確に聞き分けられなくなる状態をいいます。全ろう（まったく聞こえない状態）、難聴（聴力が低下して聞こえにくい状態）など、程度の差があります。また、障害がいつ発生したかによって、先天性失聴と中途失聴（言語を覚えた後に聞こえなくなった状態）に分かれます。

　言語障害は言葉の発生や理解する過程で、どこかの器官が正しく機能していない状態です。言語障害にも先天性の場合と、脳出血や脳梗塞などで大脳の言語中枢機関が損傷を受けて支障をきたして発生する場合などがあります。

　このようなお客様へのサポートは次のことを心にとめておきましょう。

・サポートする際は、ジェスチャーなどを交え、自然な振る舞いで歩み寄ります
・コミュニケーションは筆談、読唇術、手話、指文字、携帯電話のメール機能などで行います

また、中途失聴の場合、手話ができない人も少なくありません。

・情報は箇条書きなどにして簡潔に伝える
・話す場合はゆっくり、口を大きく開いて話します
・発言が少ない場合は、表情や動作をよく観察し、理解するよう努める
・補聴器を使用している場合は、騒音の少ない静かな席にご案内します


## ホスピタント

　筆者が理事長を務めるNPO法人では接遇介助士「ホスピタント」を育成、資格認定しております。旅館・ホテルやお店、結婚式場に「コンシェルジュ」や「ソムリエ」がいるようにそれらのホスピタリティ産業では超高齢化社会やSDGsに対応すべく、ハンディキャップのある方に対しても平等に「ヒューマニティー」（人間性尊重精神）を持って接客・接遇ができる技術や知識が必要となる時代が来ると考えるからです。

# 第 2 章

## 支配人の条件

ここまで店の成り立ちや理想的な運営について解説してきました。

調理場とホールが一体となって店を作り上げていく、その「指揮者」が、まさに支配人の役割です。しかし、もっと大局に立って考える時、支配人のあるべき姿、目指すべきものは、それだけにはとどまりません。


## 支配人に求められるもの

店の規模や性格によって、支配人に要求されることも異なるとは思いますが、ここではホテル内レストランを例に考えてみましょう。

フランス料理店に限らず、飲食店の支配人の役割とは何でしょうか。それは、端的に言えば『売り上げに責任を持つこと』です。

料理長はコストや料理の品質に責任を持ち、支配人は売り上げとサービスの品質に責任を持つ。この両輪が揃って、レストランは成り立ちます。

支配人がなすべきことを総括すると、具体的には次の６つになります。

●計画をマネジメントすること
その店を１年間、どのように運営していくのか。各月ごとの売り上げを構成比率化し、かつ上昇させていくためには、年間や月間でどのようなプランを立て、それを推進していくか。そうしたプランを立案、マネジメントすること。

●組織の維持
規模の大きな店になればなるほど、スタッフは組織で動かなければなりません。調理場・ホール共に、全スタッフが自分の役割をしっかり認識し、各自の目標を達成すること。各人の能力を最大限に生かすために重要な『心身の健康』を守ること。身体面・メンタル面両方の健康と活性化を図るのも大切な役割です。

●指導（コーチング）

どの役割分担であれ、それぞれに必要な技能や知識というものがあります。また、専門分野を超えたところに、社会人としての普遍的なマナーや、仕事への取り組み姿勢というものがあります。いずれにせよ、支配人はスタッフのモチベーション（メンタル）のマネジメント、また、技能や知識、モチベーションの向上を図るコーチングという役割も担っています。

●管理統制

コントロールマネジメント。これにはあらゆる要素が含まれます。日々の業務の流れ、時間の管理、物や人の管理、お金の管理。店全体がどう機能すれば、最も品質の高いサービスが提供できるか、売り上げを上げることができるか。また、働く人たちの幸せな労働環境を守れるか。トータルに管理体制を考え、維持する仕事です。

●技術・知識・能力のマネジメント

指導にも通じる部分ではありますが、各人がどのような知識や技術、能力、経験を持っているのかを把握し、それが発揮できているのかを検証する。それが技術・知識・能力のマネジメントです。人には能力と性格が備わっています。職場の雰囲気や人間関係も、そこで果たされる業務の質や量に影響します。それらを含めて、各人の能力や技能を見極め、把握し、マネジメントするのが支配人の役割です。

●人・物・金・時間・空間・場所のマネジメント

経営を語る上で、人・物・金というのは基本要素ですが、支配人にとっては、そこに時間、空間、場所が加わります。

時間とは、例えば所要時間。あるいは時間の経過。お客様を待たせるのも時間なら、宴席がスムーズに進行しているかどうか、管理するのも時間です。開店の時間、閉店の時間、準備にかかる時間……。お客様のいない時間も、スタッフが働いている限りは業務です。空間とは、店内全

体の空間のこと。調理場、バックヤードやストックヤード、一般席、個室。さらには廊下やホール、化粧室、従業員の休憩室まで、すべての空間が理想的な状態にあるようにしなくてはなりません。

　では、場所とは何でしょう。空間とどう違うのでしょうか。場所とは、主に店の立地条件です。飲食店のロケーションは非常に重要な要素です。住宅街なのか、オフィス街なのか。昼間の人口と夜間の人口はどう違うのか。人通りが多いところなのか、少ないところなのか。開かれた場所（路面店なのか）、クローズドな場所なのか（ホテル内のフランス料理店など）。それによって、集客のための戦略はすべて変わってしまいます。


## 支配人のリーダーシップ

　こうした役割を果たすために、支配人はどう行動すべきでしょうか。もちろん、個人個人の考え方はあるでしょうが、私共が思う指針についてご説明しましょう。


●明確な指示を出せること
スタッフは支配人の指示で動きます。そのため、指示は明確でなければなりません。いつ・どこで・誰が・何を……という５Ｗ３Ｈが明確に指示されるべきです。指示を受けた側が迷わず、適切に対応できるようにしなければなりません。英語の授業でも、また世の中全般でも５Ｗ１Ｈと言われますが、飲食店では次の５Ｗ３Ｈを意識する必要があります。


　　５Ｗ３Ｈ
　　When（時期・期間・時間）いつ・いつまでに
　　Where（場所）どこ・どこで・どこへ
　　Who（相手）誰が・誰と・誰に
　　What（商品・要件）何を・何に・何で
　　Why（理由）なぜ
　　How（方法）どのようにして

How much（予算）いくらで
How many（数量）何人・何kg・何本・何個

●測定できる目標を掲げること
スタッフの評価や目標は、わかりやすく測定できるものにすべきである、
ということです。誰の目にも明らかな数値であったり、基準を示す必要
があります。「がんばっているから評価する」は、測定できる目標や評
価ではありません。

●現実的であること
机上の空論を避ける、ということです。到底実現しえないことや、どう
やって達成したらよいかわからないような、いわば夢物語を目標に掲げ
るリーダーは、部下からの信用を得ることはできません。

●方針に適合しコンプライアンスを遵守すること
お店は組織で動いています。また、経営者が個人の場合もあれば、企業
の場合もあるでしょう。料理長がオーナーだったり、支配人が経営者の
場合もあるかもしれません。いずれにせよ、企業（店）としての方針を
打ち立てたら、それを各スタッフに浸透させ、方針に適った運営がされ
なければなりません。また、昨今は社会全体でコンプライアンス（法令
遵守）の重要性が指摘されています。飲食店は人の口に入るものを提供
する施設です。衛生面はもちろん、あらゆる面での安全性の担保は重要
なコンプライアンス事項です。調理スタッフはもちろん、サービススタ
ッフ全員がコンプライアンスの意識を持つことが大切です。
ただし、コンプライアンスを最低限守っていればいい、というものでは
ありません。料理店はサービス業です。訪れたお客様に貢献するのは当
然ですが、もっと大きな目で見た時に重要なのは、社会に貢献すること
です。自分の店を通してどんな社会貢献ができるか、考えるのも支配人
の仕事です。

●安全はすべてのサービスに優先する

どんなにおいしい料理も、丁寧なおもてなしも、食中毒などの事故の前には何の意味もありません。飲食店にとって何よりも優先されるべきは「安全性」です。お客様と従業員、店に関わるすべての人にとって安全であること。そのためには、

・衛生管理（スタッフの衛生、または害虫害獣の駆除を含む）
・食材管理
・ガス・電気などのエネルギー管理
・緊急時の対応

など多岐に渡る安全管理と、そのための意識が必要です。


## 予算書作成と分析方法

　支配人は予算そのもの、全体に関わる責任を負っています。そこで、予算作成の手順と算出方法について解説しましょう。（予算書例P.60-61）

1．前年売り上げの詳細データを把握する
2．本年度の営業目標が設定されている場合は、それが売り上げ目標となる
3．対前年の総売り上げで、月別売り上げを割れば、月別売り上げ構成比率が出る（1年の売り上げを100％として、月ごとの売り上げのシェアを見れば、各月が全体の何％だったかがわかる）
4．対前年の総入客数で月別入客数を割れば、月別の入客構成比率がわかる（3．と同様）
5．前年の特異な売り上げ増減や、入客増減の原因を分析して、本年度に加味する
　　（例：昨年は近隣で大きな催しがあったため、その時期の売り上げ・入客数ともに突出したが今年はイベント開催がないので、その分を加味する等）

6．メニューの開発と改定をどの時期に行うのか。効果的なイベントや拡販施策、入客数増加対策をどの時期に、どのように行うかを考える
7．本年度の基本的数値を作成するには、本年度の目標総売り上げに前年度の月別売り上げ構成比率を掛ければ、本年度の月別売り上げ基本目標値が出る。その数値に5．6．の条件を加えて調整する
8．月別売り上げ、上半期売り上げ、下半期売り上げ、年度目標売り上げが算出されれば、そこからさらに月別に分析して、入客数を伸ばすのか、客単価を上げるのか、施策を練る
9．前年実績の時間帯別売り上げと、入客数のそれぞれの構成比率を月別に、売り上げ目標と同様に算出する
10．数値の他に、目標値の根拠として、顧客開発と管理システム、また、イベントの実施やサービス向上などの業務目標を立てて、支配人の営業方針としての資料を添付して、経営者側に提出する

　売り上げは　《来客数×平均客単価＝総売り上げ》　で算出できます。しかし、来客数を増やすにはコストがかかります。
1．集客目的のイベントには広告宣伝告知費用がかかる
2．お店内の席数増にはキャパシティが決まっているので無理がある
3．お店から外部へ販売する場合には、外販ケータリングが必要となり、人員や投資が必要となる

　一方、客単価を上げるには、コストはかかりませんが、とはいえ下記のような工夫が必要となります。
1．これまではお客様が取られる主菜のほかに副菜やデザートを勧めて客単価アップを図ってきたが、食事量には限界がある
2．これからは飲食以外で何を売るのかを考えねばならない
3．そのお店でしか買えないもの、付加価値のあるもの、すなわち商品やサービスに企業独自の価値を加える必要がある
4．付加価値から顧客の定着化を図る（ファンを作る）

| 項目　　月別 | 単位 | 4 | 5 | 6 | 7 | 8 | 9 | 上半期計 |
|---|---|---|---|---|---|---|---|---|
| 営 業 日 数 | 日 | 30 | 31 | 30 | 31 | 31 | 30 | 183 |
| 席 　 数 | 席 | | | | | | | |
| 利 用 客 数 | 人 | | | | | | | |
| 回 　 転 　 率 | 回転 | | | | | | | |
| 一人当客単価 | 円 | | | | | | | |
| | | | | | | | | |
| 料 理 収 入 | 千円 | | | | | | | |
| 飲 料 収 入 | 千円 | | | | | | | |
| サービス料収入 | 千円 | | | | | | | |
| そ の 他 収 入 | 千円 | | | | | | | |
| 室 料 収 入 | 千円 | | | | | | | |
| 装 花 料 | 千円 | | | | | | | |
| 商 品 収 入 | 千円 | | | | | | | |
| 席 料 収 入 | 千円 | | | | | | | |
| 雑 収 入 | 千円 | | | | | | | |
| 委 託 料 | 千円 | | | | | | | |
| 小 計 | 千円 | | | | | | | |
| 合 計 | 千円 | | | | | | | |
| 予 算 | 千円 | | | | | | | |
| 増 減 率 | ％ | | | | | | | |
| 増 減 | 千円 | | | | | | | |
| 増 減 累 計 | 千円 | | | | | | | |
| | | | | | | | | |
| 一日平均売上高 | 千円 | | | | | | | |
| F ＆ B | 千円 | | | | | | | |
| | | | | | | | | |
| 前年実績売上 | 千円 | | | | | | | |
| 増 減 率 | ％ | | | | | | | |
| 前年実績入客 | 人 | | | | | | | |
| 増 減 率 | ％ | | | | | | | |
| | | | | | | | | |
| | | | | | | | | |
| | | | | | | | | |

| 10 | 11 | 12 | 1 | 2 | 3 | 下半期計 | 年度計 |
|----|----|----|----|----|----|----|----|
| | | | | | | | |
| 31 | 30 | 31 | 31 | 28 | 31 | 182 | 365 |
| | | | | | | | |
| | | | | | | | |
| | | | | | | | |
| | | | | | | | |
| | | | | | | | |
| | | | | | | | |
| | | | | | | | |
| | | | | | | | |
| | | | | | | | |
| | | | | | | | |
| | | | | | | | |
| | | | | | | | |
| | | | | | | | |
| | | | | | | | |
| | | | | | | | |
| | | | | | | | |
| | | | | | | | |
| | | | | | | | |
| | | | | | | | |
| | | | | | | | |
| | | | | | | | |
| | | | | | | | |
| | | | | | | | |
| | | | | | | | |
| | | | | | | | |
| | | | | | | | |
| | | | | | | | |
| | | | | | | | |
| | | | | | | | |
| | | | | | | | |
| | | | | | | | |
| | | | | | | | |
| | | | | | | | |
| | | | | | | | |
| | | | | | | | |

## 目標設定の考え方

なぜ、目標を設定するのでしょうか。

支配人が管理すべき内容は、次のように実に多岐に渡ります。

- ・人件費管理
- ・売り上げ管理
- ・コスト管理
- ・経費管理
- ・衛生管理
- ・顧客管理
- ・食材管理
- ・出庫管理
- ・労務管理
- ・メニュー管理

ざっと挙げてもこれだけの管理項目があります。

具体的に見てみましょう。


●フード（料理）コントロールチャート

1．メニュー計画を立てる

2．客数・客単価・出数予測を立てる

3．食材の必要購入量を見積もる

4．見積もり比較・品質を確保する

5．仕入れ

6．納品・検品（保存・保管）

7．生産（調理）・売り上げ

8．営業成果・予算対比・検証


●レーバー（人員）コントロールチャート

1．人員計画（必要人数・配置・予算）

2．採用

３．オリエンテーション（作業スケジュールの作成）

４．管理・統制（コミュニケーティング）

５．動機づけ（モチベーションアップ施策）

６．従業員別の能力・技術力評価

７．人件費管理

このように順番に仮説を立て（Plan）、実行し（Do）、評価・検討する（See）ことでコントロールを進めていきます。


## 目標設定の注意点

　どのような目標を立てるにせよ、また、それが支配人自身の目標であれ、従業員の目標であれ、設定する際に留意すべき点は同じです。

　一部、繰り返しにはなりますが、次の各項目が大切になります。

１．内容や目的が明確な目標であること

２．具体的に数値などで測定できる目標であること

３．現実性があること（机上の空論を避ける）

４．会社としての、店としての経営方針に適合すること

５．実現に至るまでの手順が明示されていること

６．責任の範囲と所在が明確であること


●成功の基本はコミュニケーションにあり

　経済学者が必ずしも良い経営者になりうるとは限らないように、支配人がどんなに技術や知識、能力を持っていたとしても、意思の伝達が上手に行えなくては本当に優れた支配人にはなれません。マネジメント成功の基礎はコミュニケーション（意思伝達）にあると言っても過言ではないのです。

　コミュニケーションは支配人の仕事の中でも非常に重要なものです。店舗を運営するということは、人を動かす、ということにほかならず、支配人の仕事は「スタッフを通じて店を運営すること」なのです。仕事

をどう進めていくべきか、種々の問題をどう扱ったら良いか。結果を導き出すためには、支配人の考え方、方針、手順が部下に伝わらなければ何の意味もないのです。

そこで支配人は以下のようなことを心がける必要があります。

## 上司と部下の関係

### ■目からの情報

ラポール（信頼関係）を形成するためにはいくつかのスキルがありますが、相手とラポールを築きたいと心から思っている時には、自然にそうなるべく行動していることは珍しくありません。恋人たちがまったく気づかないうちに似たような仕草をしていたり、仲間同士が共通の言葉を使ったりしているときなども、それにあたります。

つまり、部下と親しくなりたいと心から熱望すれば、自然にそうなるとも言えます。

とはいえ、すぐにそういう境地には、なれないかもしれません。とりあえずは、部下を真似る練習をしましょう。その「観察する」という行為自体が、ラポール形成の第一歩なのです。

### ■姿勢と表情

部下が一生懸命何かを伝えたい時、自分でも気づかないうちに、前のめりになっていることに気づいたことはありませんか。その時、上司が腕組みをしていたり、ふんぞり返ったりしていたら、「私の話をちゃんと聴いてもらえているのだろうか？」と、部下は不安になります。

一方、もし上司が自分以上に前のめりで聴いてくれたら、それだけで「話の内容を大事に思ってくれている」と、感じるものです。

また、部下がつらい体験を話す時は、おそらく前のめりで、眉間にしわが寄っているでしょう。

その時上司の反応が無表情であったり、へらへらした態度であったりしたら、「私の気持ち、わかってもらえるのだろうか？」と、やはり不

安になるでしょう。しかし自分と同じような表情で聴いてくれていたら、
「私の気持ちに共鳴してくれている」、と感じることでしょう。

　ぜひ、人の話を聴いている時に、時々自分の姿を客観的にチェックし
てみてください。意外と無表情だったり、椅子の背もたれに寄り掛かっ
たりしているかもしれません。相手の姿勢や表情をよく見て、さりげな
くマッチさせましょう。

　実際に姿勢や表情がマッチングできているかどうかは、自分自身では
分かりません。自分では「大丈夫！」と思っていても、全く当てになり
ません。


　例えばミーティングの時、スタッフが言葉に詰まる瞬間があったら、
その原因の大半は聞き手側にあります。必死に話をする時は、心も体も
相手に向き合っているし、表情も豊かになっています。それなのに、聞
き手が横や下を向いていたり、能面のような顔だったりしたら、話し
手が「話を聴いてくれない＝私を受け入れていない」と感じたとしても、
仕方のないことです。

　そうなると、言葉が詰まったり、話す気力がなくなったり、話す内容
を変えたり、短くするかもしれません。

　人がスムーズに話ができるかどうかは、聞き手次第なのです。


■ジェスチャー

　話をしている時にジェスチャーが豊かな人がいます。無意識の内に体
全体や手の動きで話の内容を表現しようとしているのです。

　そういう部下と向かい合っている時は、自分もさりげなくボディラン
ゲージを取り入れてみましょう。話すときに限らず、うなづくときも顔
だけコックリするのではなく、体全体で相づちを打つ感じ、共感力です。
そうすると部下は、その反応に勇気をもらってたくさん本音を話してく
れます。

　気をつけるべきなのは、自分自身のジェスチャーが大ぶりな場合です。

　机や膝に手を置いたままの人にとっては、目の前の人の手の動きがオ

ーバーアクションだと気になったり目障りだったりして、話に集中できないことがあります。圧迫感を感じて、気持ちが引いてしまうこともあります。

　つい熱く語ってしまう時は、特に要注意です。夢中になって、熱心に話せば話すほど、ジェスチャーが大きくなっているかもしれません。時には自分を客観視しましょう。


■笑顔・目線

　いつも笑顔でいることやアイコンタクトは、相手を認めているというメッセージであり、非言語コミュニケーションの基本です。

　しかし、それを避けなければならない時もあります。例えば、人が何かを思い出そうとしている時や何かを想像しようとしている時は真顔になるし、目線も泳ぎます。そういう時に見つめられると、なんだか急かされているようで落ち着かないものです。

　そんなときは、笑顔を引っ込めて、目線も相手が見ている方向に転じましょう。そうすれば、部下は焦らずゆったりと思考できるようになります。またそうした安心感は、話の展開をとてもスムーズにしてくれる効果もあります。


■耳からの情報

　相手に合わせて言葉を選ぶことは、相手の世界の見方を尊重していることであり、まさにラポールです。

　部下と向き合う時は、できるだけ同じような言葉や表現を使ってみましょう。自分が得意でない感覚の言語は不自然に感じられるかもしれませんが、同じ言語を使うことは、相手の感覚を尊重することにつながります。


■言葉遣い

　使い慣れない敬語を無理に使おうとしても、なかなか正確には使いこなせないもの。緊張してどもってしまったり、丁寧を心掛けすぎて過剰

な丁寧語になったり。あまりにたどたどしい話し方をしていると、相手
も不安に思ってしまいます。また、上手に話そうとするあまり、気づか
ないうちに気取った喋り方になっていることも。

　話をする時一番大切なのは、相手と真摯に向き合うこと。相手に好意
を持っていて、この話をぜひ聞いて欲しいと思っていることです。美し
い言葉遣いは、日頃の習慣こそが最高の練習。常日頃の言葉遣いを美し
くするように心がけ、それが身につけば、いざという時にも落ち着いて
いられるはずです。


　こちらは親しげに話しかけているのに相手がずっと堅苦しい話し方
をしていたら、「水臭いなあ」と、なんとなく距離感を感じるものです。
逆にこちらは丁寧に話しているのに相手がカジュアルすぎると、「図々
しい・なれなれしい」と、不快に思うかもしれません。

　丁寧な言葉遣いは大事なエチケットですが、相手にマッチさせること
も時には必要です。

　ただし、一つだけ忘れてはいけないことがあります。それは最初と最
後は本来の関係に準じた言葉遣いをすることです。これはケジメと心得
ましょう。


■部下への口調
　部下が、慌てたような大きい声で「聴いてくださ〜い！」と駆け寄っ
てきたら、どうやって応えますか？
　静かな声で「どうした？」
　上司たるもの、確かに落ち着いた対応は大切です。
　優しい声で「どうした？」
　確かに優しさも必要です。


　しかし、強くて大きい声で「ど〜した⁉」と同じような口調で応えると、
部下は「上司が自分の心を受け止めてくれた」と感じるものです。
　その後は、これから進めていきたい会話のペースに持ち込むために静

かな口調や優しい口調で話しかけるといいでしょう。

　部下がゆっくり話すタイプだったり、声が小さい人だった場合は、そのまま合わせてあげていいでしょう。

　しかし相手が早口だったり、大きな声で話すタイプの場合は、少しずつゆっくりと、もしくは小さい声で話すようにリードすると、相手の心を安定に導き、お互いが会話を続けやすくなります。

　それ以外にも、相手の口調が軽くなってきたらこちらも軽やかに、真剣な口調だったらこちらもそれとなく硬い話し方というように、当初は相手にマッチさせて、その後に自分のペースへとリードしましょう。

■お客様への声・話し方
　お客様に対する時は、なおさら配慮が必要です。丁寧な口調は当然として、安心感を与えられる落ち着いた発声を心がけましょう。
　高すぎる声は、相手の癇（かん）に障ることがあります。
　低すぎる声は暗い印象を与えます。
　声と共に、発音も明瞭に。歯切れよく、ハキハキとした発音は好感が持てます。好感度の高い話し方のポイントは、語尾までしっかり発音すること。冒頭はハキハキしているのに、語尾がぼそぼそと弱くなる人がいます。自信なさげな印象を与えてしまうので注意しましょう。
　話すスピードにも注意が必要です。早口でまくしたてるのは、聞く人の都合を考えていない、自分勝手な話し方だと言わざるを得ません。ゆっくりすぎたり、妙に間があいて「あのぅ…」「えーと」が頻発すると、聞き苦しいし、考えがまとまっていないようにも聞こえます。
　話をするときは相手の表情に注意して、理解してもらえているかを確かめながら。むしろゆっくり話すようにすると、聞きやすいはずです。
　コミュニケーションは言葉のキャッチボール。相槌を打つタイミング、相手からの返事が返ってくるタイミングをうまく図らないと、気持ちの良い会話は成立しません。

■心に響く表現

　たとえ初対面同士であっても、会話が楽しく続き、立場を超えて「阿
吽(あ うん)」の呼吸で分かり合えることがあります。

　逆に、たとえ家族や親しい友人であっても、会話が長く続かず、真意
がなかなか伝わらない場合もあります。そういう場合「話が合わない」
とか「相性が悪い」とか思いがちですが、合わないのは人間性の問題で
はなく「表現の仕方」なのです。

　何かを伝えようとする時、伝えたい内容は同じでも、表現する言葉も
同じとは限りません。

　日本語ですからもちろん意味は伝わりますが、微妙なニュアンスまで
伝わっているかというと、かなり疑問です。なぜならば、人によって心
に響く言葉が違うからです。

　以下の例では、どの表現が自分や相手にフィットするのか、人により
同じとは限りません。


例１：すごくショックだったと、訴えようとします。
　　Aさん：「目の前が真っ暗になりました」
　　Bさん：「心が砕け散るように崩れていくようでした」
　　Cさん：「胸が痛くなりました」


例２：部下が２つの「緑色」の違いを説明しようとします。
　　Aさん：「黄味がかった緑と、青味がかった緑」
　　Bさん：「明度や彩度、色の配合具合などを数値で説明」
　　Cさん：「暖かい感じの緑と、涼しい感じの緑」


　いずれの例も、部下は何かを伝えようと努力しています。まずはその
言葉を真摯に受けとめ、相手の表現の意味するところを理解する努力が
必要です。

## 後ろ姿は見られている

　後ろ姿というものは、あなどれないものです。部下は、じっと観ているものです。それこそ「見る」ではなく「観ている」のです。前からだとバレてしまうので、向こうもジロジロとは見られません。しかし、後ろからなら、いくらでもじっくり観察できるのです。

　立食パーティーで誰かがご挨拶をしている時、ぜひ会場の後方から、参加者の後ろ姿を観察してみてください。「あの人は話を聴いてる」「あの人は聴いてない」面白いほど分かるものです。職場で上司や部下の背中を、ぜひ観察してみてください。きっと「今日は機嫌がいい」「機嫌が悪い」の違いを感じ取れるはずです。

　仕事のできるフライトアテンダントは、座席の上からのぞいているお客様の後頭部を見ただけで、さまざまなことを察するそうです。それほど、後ろ姿は多くを語るのです。

　部下もお客様も、支配人の後ろ姿を見つめていると思うべきでしょう。


## 三つのコミュニケーション

●部下に対してのコミュニケーション
A：仕事について知らせる
　　絶対的に必要な情報を与えること。仕事方法を教えること
B：指示・訓練する
　　仕事を説明し命令指示を出す。何を望んでいるのかを伝え、明確に
　　仕事を割り当てること
C：動機づけする
　　高い生産性を部下に示す。各仕事が全体の中でいかに役立つものか
　　（全体の中で何を担っているのか）を明確に理解させる
D：目的の重要性と価値を教えて、進歩の機会を与えること
E：影響を与える
　　態度・行動に変化を起こさせる。部下の目標がマネージメントの目

標（店の目標）と一致することを認識させる

部下とのコミュニケーションはなぜ大切なのでしょうか。
1．店の運営を継続するために必要な指示・方針・計画を部下に伝えることによって、店は成り立っているから
2．あらゆるものごとの理由（なぜ）がきちんと伝えられれば、納得して業務に取り組めるから
3．誤った情報が伝わったり、情報の伝達不足は恐れや猜疑心（さいぎ）を招いてしまうから
4．正当な評価は仕事への自信と誇りをもたらし、不当な評価は不安と不信感をもたらしてしまうから
5．「支配人が知ってくれている」と理解できれば、部下のモラルやモチベーションが高まるから
6．前もって計画の全体像や予定、あるいは変更を知らされていれば、部下はそれを理解し容認し協力できるから
7．誤解を避けるためには適切な情報が必要不可欠であり、何よりも情報不足が誤解を生んでしまうから
8．うわさや憶測から発生する無駄な時間や心配は正確な情報の共有で取り除けるから

●上司に対してのコミュニケーション
Ａ：上司へ伝えられる情報は、正確でなければならない
Ｂ：緊急、あるいは特殊な問題は直ちに報告されるべき。タイムリーでなければならない
Ｃ：正しい報告は、簡潔であって順序だって理解しやすいものでなければならない

●同僚に対してのコミュニケーション
ホテル内やモール街など、複数のレストランがある場合は、各レストランの支配人の相互コミュニケーションが重要です。支配人会議以外でも

互いに信頼し、協力し、情報を交換し合い、必要な時に助け合うものとして作用しなければなりません。

## 伝えるべき三つの領域

●伝えなければいけないこと
スタッフの仕事に直接あるいは影響すること。成すべき仕事の役割。店内での仕事の流れや運営方法。予算目標、給与、残業、規則義務と責任などは必ず共有すべきことです。
●伝えるべきこと
店の作業運営に必ずしも直接結びつかなくても、将来的なことや職場環境などについて、共有しておくべきことがあります。企業としての経営方針や組織のこと、期待する行動基準、予測できる今後の変化、スタッフに影響する人事、休暇の取り扱いなどです。
●伝えた方が良いこと
会社全体の組織について。指導者や創業者、あるいは企業の歴史について。経済成長の発展計画や売上、損益等（会社の置かれている状況）についてなどです。

## 言葉を磨くことの大切さ

■これからの接客用語
　接客用語として以前から使われている言葉に「失礼いたします」があります。しかし、最近では、この言葉を使わないお店も現れています。
　"失礼なことをして申し訳ありません"という意味のこの言葉が、場面によっては的確でないという判断からです。
　接客は欧米から伝わり、接客用語もまた欧米での言葉を日本語に置き換えて用いられてきました。このことが言葉の混同を招いた原因の一つと考えられます。Excuse me も I'm sorry もどちらも意味は「失礼いたします」です。そこで I'm sorry の場面ではないのに「失礼いたします」

と言い、いつも謝っている印象を与えてきました。そこで、それ自体が失礼であることから、この言葉を使うのをやめる動きがでてきたのです。

「いらっしゃいませ」も同様です。欧米では「Good evening」などをさしますが、日本語に訳すと「こんばんは」となり、これではお客様への言葉としてふさわしくないので Welcome の意味の「いらっしゃいませ」が使われるようになったのではないかと思われます。しかし、本来の意味からすると的確とは言えません。

「失礼いたします」「いらっしゃいませ」などに代わる明確な言葉を見つけるのはなかなか難しいですが、その場面にふさわしい言葉は何かを考え、ふさわしい言葉を添えてサービスすることもまた、ホスピタリティなのです。

■支配人の表現力

どんな職業にもコミュニケーションはとても重要ですが、サービスを主業とする支配人にとっては、必須の能力と言えるでしょう。

コミュニケーションにおいて重要なのは、言葉です。語彙を増やし、表現力を高めることは、テクニックの一部とさえ言えるでしょう。

例えば、お客様に料理の説明をする時。あなたはどのように表現するでしょうか。フランス料理の専門用語を並べ立てていませんか？ 本書には素材や調理法の名前をたくさん紹介していますが、そのどれもが、一般の方にはピンとこないものばかりでしょう。

そもそも「味覚」というものは言葉で表現しにくいものです。

そこで、まずするべきことは、お客様との言葉のキャッチボールの中から、何を望んでいるのかを探ることです。一方的に料理の説明を言いっ放しにするのではなく、上手に質問を織り交ぜて、相手の要望を探ること。楽しい言葉のやりとりが、食事への期待を高める効果もあるでしょう。

相手の方に合わせて表現を工夫するのもプロの技です。ワインやフランス料理に詳しそうな方には、多くを語らず、相手が知りたがっている

ことだけに的を絞りましょう。

　逆に、フランス料理店に慣れていない、ワインの知識もなくて、どんなものを選べばいいか迷っていらっしゃる様子であれば、専門用語を控え、わかりやすい言葉で説明をし、メニューを選ぶためのヒントを提供します。

　わかりやすい説明とは、いかに形容詞を駆使するかにかかっています。「甘い」ということを伝えるにも、いろんな甘さがありますね。一つのことを表すのに、何通りの言葉が用意できるか。それこそが語彙力です。

●語彙力を高める

　語彙力を高めるには、あなた自身が多くの言葉に接する必要があります。もちろん、料理の専門書や業界誌で勉強することも大切ですが、小説やエッセイ、あるいは映画やドラマのセリフなど、心に響く言葉があったら、ぜひ覚えておきましょう。

　コミュニケーションとは、相手が受け取ってくれて初めて成立するものです。相手が理解できようとできまいとお構いなしにしゃべるのは、単なる自己満足です。

　理想的なコミュニケーションとは、受け手側が快く、わかりやすく趣旨を受け取ること。そして反応がしやすいことです。それはサービス全般にも言えることです。


　単に調理場からテーブルまで料理を「運搬する」だけならば、ロボットに任せた方が効率的です。届けさえすればいい仕事なら、料理の向きも、並べる順番も、置き方もどうでもいいはず。それではせっかくの上質なお料理も、台無しになってしまいます。

　すべてのものを五感で感じ、豊かな言葉で伝えること。日々の言葉遣いに気を配り、ちょっとした心がけを積み重ねれば、いつしか言い回しのバリエーションも増えるでしょう。本や雑誌で、テレビで、あるいは人との会話の中で出会った「素敵だな」と思える言葉を、こっそり集めておいて使ってみる。地道な努力を重ねれば、いつしか努力しなくても

「素敵な表現」ができる、顧客からも同僚からも愛される支配人になっていることでしょう。

## モチベーションを高める方法

　調理場とホールは相互のコミュニケーションによって信頼と協力を勝ち取らねばなりません。情報を交換し合い、必要に応じて助け合える体制を作り上げたいものです。コミュニケーションとは生き物です。そのコミュニケーションが有機的に機能しないと、その組織は衰退へと向かいます。店舗が衰退へと向かうとき、表れる7つの兆候があります。

●店舗衰退の7つの兆候
1．古い作業方法を頑固に守ろうとする
2．新鮮な短期目標を立てようとしない（臨機応変さに欠ける）
3．内省的な思考ができない（自己反省の不足）
4．制度主義・権威主義が横行する（こういうものだから、○○さんが言うのだから仕方ないなど）
5．積極性がなくなる
6．古い知識の強制（変化を受け入れない）
7．批判に対する抑圧（イエスマンしか受け付けない）
　組織のリーダーにこのような兆候が表れ、組織全体がそれに従うようであれば、少なくとも柔軟な成長は望めないでしょう。

●支配人の常識
　そこで、部下を持つ支配人の常識として、以下のことを認識することをお勧めします。
1．スタッフを能力のある一個人と認めること。ただの「道具」だとみなすと、その思いは相手に伝わり、モチベーションを下げてしまう
2．スタッフに目的・目標を理解させ、各自その達成のためにどういう役割を果たしていくのかを考えさせる

3．「考えさせる」ことと「教示する」ことはどちらも大切。特に新人には、仕事の手順を示して、やって見せること
4．技術と能力の向上を助けるために、スタッフに必要な練習（訓練）を指導する。言い換えれば、失敗する機会を与えること
5．スタッフ管理の究極的責任は、支配人にあることを自覚すること

●モラルを高めるマネジメント

　モラルとモチベーション、あるいは高い生産性との間には、相関関係があります。モラルの高い店舗はほとんどの場合、生産性が高いものです。スタッフのモラルを高めるマネジメントの基本原理もおさらいしておきましょう。

1．スタッフが最もやる気をなくすのは、無視されることである
2．仕事に興味を持てなければ、スタッフは精神的に報われないと感じてしまう
3．「命令」よりも「求められる（期待される）」方が精神的に満たされる
4．自分の提案が無視されると、やがて提案をしなくなる
5．支配人の意思決定が敏速であれば、スタッフは安心する。ただし、その決定はよく考えた末のもので的外れであってはならない
6．職場環境や労働条件が改善されると、スタッフは充足する
7．人はいつも、潜在的に「ほめられたい」と思っている
8．仕事の方法や進み具合をスタッフに尋ねることは、間接的に期待していることを伝えることになるが、聞き方によっては否定的に受け取られるので注意が必要である
9．悩みを聞き、寄り添うことは、相手に精神的満足感を与える
10．スタッフに影響を与える変化は、公になる前に知らせる
11．店舗の目標や方針がなぜそうなったのか、スタッフはその理由を知る権利がある
12．スタッフが関係している仕事上の計画や結果は、可能な限り教える。それが興味と責任感を養う

13. 仲間の前で批判することは、スタッフに不必要な不安を与える
14. 意欲のあるスタッフは、自分の仕事以外の仕事も知りたがる
15. 支配人がえこひいきをすると、全体のモラルを押し下げる
16. 誠実なスタッフの協力は、強制的な命令や恐怖からは生まれない
17. スタッフを叱責する基準は、常に一定でなければならない
18. 支配人はすべてのスタッフが「（自分は）店舗に貢献している」という誇りを常に持つよう指導運営しなければならない

## 生産性を向上させる

　支配人は職場の労働生産を向上させなくてはなりません。そのためには何をすべきでしょうか。

・作業方法と手順の見直しを行う
・作業の効率化を図る
・作業の簡素化を心がける
・作業ステップの追跡調査を行い把握する
・作業の評価・分析・改良点の発見に努める
・その作業がなぜ必要なのか、検討する

　また、他の業種と比較して高いのがスタッフ（パートを含む）の回転率です。スタッフの回転率とは、一定の期間にスタッフがどれだけ入れ替わったかを意味します。

　人は、仕事の内容・報酬などさまざまな面で満足していれば、その職を離れようとは考えません。つまり、人員の回転率は低ければ低いほど、職場としては良好である、ということになります。スタッフの回転率は数式で求めることができます。

　例えば、正社員が30％、アルバイト・パートが70％の職場の場合。

期首（4月1日）、スタッフ数が30人

期末（9月30日）にはスタッフが34人に

期間中の平均人員は、

（30 ＋ 34）÷ 2 ＝ 32人 です。

期間総人員（のべ人数）を53人と仮定して　53－平均人員32＝21人

21 ÷ 32 ≒ 0.65

スタッフの回転率は65％ということになります。

飲食産業は他の産業と比べて比較的回転率が高い傾向にあります。「回転率は低いほど良い」とすることを考えれば、まだまだ改善の余地は多いと言えそうです。


## 権限を委譲する

　このように、支配人の仕事は多岐に渡ります。項目にすれば簡単ですが、実際、何を・どう行うかは店の事情や支配人の考え方によって異なるでしょう。スムーズに業務を遂行し、かつ、成果を上げるためには、ある程度の「権限の委譲」が大切です。

　権限の委譲とは、支配人の権限と責任の一部を他に移すことを言います。では、なぜ権限委譲が大切なのでしょうか。

・支配人が仕事の日常性から離れられる

支配人とてスーパーマンではありません。同時に2か所に居ることもできなければ、病気になることもあります。何かのトラブルで支配人が職場を離れた途端、あるいは支配人に何かあったとき、業務が麻痺するようでは困ります。そんな場合に備えて、支配人が日常的な業務から（ある程度）離れても問題ないようにしておくことは大切です。

・支配人が計画作成のための時間を持てる

日々の業務をこなすだけで、支配人が手一杯だったら、その店はどうなるでしょう。日々を円滑にこなしつつ、将来のために計画を立てたり、

これまでのことを振り返って分析したりするのも支配人の重要な役割です。そうした時間的余裕を捻出するためにも、権限の委譲は重要です。

・支配人が運営を管理しやすくなる
上記と理由は同じです。時間的余裕が生まれれば、運営全体を見渡しやすくなります。

・支配人が行動範囲を広げられる
支配人が持ち場に縛られていては、他部署との連携や他店の情報収集、営業活動などにも制約が出てしまいます。支配人が自由に動ける時間や行動範囲を確保するべきです。

・部下の能力開発ができる
権限を委譲された側にもメリットがあります。権限と責任を背負うことで、仕事のトレーニングにもなり、能力の向上が見込めます。スタッフの能力が向上すれば、ひいては支配人の業務軽減、店舗全体の活性化、技能向上にもつながります。


## 権限委譲の手順

　とはいえ、本来支配人が行う業務の権限と責任を他に委譲するということは、慎重に行うべきです。経験の浅い、判断基準を持たない人にいきなり渡しても、トラブルが起きるだけです。なるべくスムーズに委譲するために、また、委譲している間のトラブルを最低限にするために、ポイントとなるのはしかるべき手順を踏んで委譲を進めることです。

●仕事の内容を明確に、わかりやすく分担し、少しずつ慣れさせる
委譲される側からすると、日常自分が担当しているのとは違う仕事をすることになります。単に手伝うのではなく、責任まで負うのが「委譲」ですから、緊張感も高まります。託された仕事の目的、内容、手法、判

断の基準をきちんと理解し、慣れるまでトレーニングを積む必要がある
でしょう。
また、委譲された業務を担当する間、その人がしていた業務を誰が分担
するのかについても考えておく必要があるでしょう。


●委譲された責任を全うできるように、十分な権限を同時に与える
支配人の業務をそっくりそのまま、代行させるのか。どこまでの権限を
与えるのかは明確にしておく必要があります。もしも難しい判断を迫ら
れそうな場合には、支配人に連絡して指示を仰ぐのか、すべての判断と
裁量を委譲するのか。また、業務と責任だけ委譲され、権限が不足して
いると、思い切った判断ができないこともあります。


●その仕事に必要な技術・能力は何か、当人に十分理解させる
最初の手順にも通じる話ですが、委譲される当人にその技術・能力が十
分に備わっていることが大前提です。スポーツの名選手がよい監督にな
れるとは限らないのと同様、普段のポジションではエース級の人でも、
支配人としての能力に長けているとは限りません。支配人が支配人代行
としてのその人の能力や技術を認め、本人も「やれそうだ」という自信
がないと、委譲はうまくいきません。


●委譲された人の技術・能力がカバーできるものであると教える
同じく最初の手順に書きましたが、委譲を受けている間のその人の業務
を誰が分担するか。また、代行として働いている間に起きたことについ
ては、基本的にその人の責任であると同時に、その人に委譲した支配人
が最終責任者であることを明確にする必要があります。最終的な責任の
所在が明確にならないと、誰も安心して支配人の代理を務めようとは思
えないはずです。

## 評価を明確にする人事考課

　支配人の大切な役割の一つに、人事考課があります。スタッフを正しく評価・判断し適材適所に配置すること。適切な業務量であるかどうかを判断すること。能力が充分に生かせているか、向上に努めているかを判断することです。

　適切な人事評価がなされていれば、スタッフの仕事に対するモチベーションを高めることもできるのです。

人事評価では、

・組織の中でモチベーションを高め、仕事上の技能を習得させること
・仕事にやりがいや生きがいを感じてもらうために、目標を与え取り組ませること
・その取り組み姿勢、態度、進捗状況や成果を考察すること

具体的にどこをどう評価するのか、それには明確な評価領域があります。

●モラル（道徳）
職務に忠実であるかどうか。道徳的な価値観を持って普遍的な判断・行動ができているか

●コンプライアンス（法令遵守・法令順守）
企業倫理や社会的責任を果たしているか。衛生法規・食品衛生・公衆衛生に適った行動ができているか

●将来の行動に結びつくか
職務への取り組みが、将来への発展に寄与するものかどうか

●昇格・給与・ボーナスの査定
毎月の給与の額は、日々の働きに応じたものであるべきですし、昇給はその人の成長の度合いに応じて、またボーナスは貢献の度合いに応じて

評価されるべきものです。もちろん、支給できる金額は店の売り上げや利益によっても左右されますが、働く人間にとって、最も直接的にモチベーションを左右するのは、昇給・給与・ボーナス査定だと言っても過言ではないでしょう。

●配置転換
適材適所であるかどうか。また、技術の習得具合によっては次の段階に進めたり、違う職務を経験させる意味もあります。あるいは、チームワーク上の配慮から転換する場合もあります。チーム内での人間関係についても、よくよく観察する必要があるでしょう。

●再訓練
転換の結果が思わしくなかったり技術や職務技能に欠けたところがある場合、その部分を補完するために再訓練を施すこともあります。このとき大切なのは、「出来が悪いから再訓練するのだ」と、個人の評価を落とすような伝わり方を避けることです。もちろん、個人の能力は客観的に評価すべきではありますが、再訓練の最大の目標は「現状よりもよりよいレベルにアップすること」です。今よりも「もっとできる自分」になるため、能力をさらに伸ばすためにするのだということを理解させる必要があります。


## 人事評価の落とし穴

　人が人を評価するのですから、当然、公正でなければなりません。また、評価される側に不当感、不公平感を抱かせ、ひいては不信感につながりかねない危険性もあります。評価について注意すべき点も確認しておきましょう。

まずポイントは、仕事とは関係ない要素で判断していないかどうかということです。

・何らかの偏見がないか
・服装や外見で判断していないか
　（業務上必要な清潔感はあるか。制服などの決まりの順守ではなく、
　好みで判断していないか）
・年齢や性別
・個人的感情の好き嫌い
　（論理的根拠を持たない、好き嫌いの感情による印象）
・歪曲解釈
・誤解・噂
これらに左右されることなく、判断したいものです。


## ミーティングの重要性

　支配人にとってのミーティングはチームワークという以上の意味を持ちます。支配人としての業務をよりスムーズに行うために、また、職場の風通しを良くし情報を共有する上でも重要なポイントとなるのが「ミーティング」の存在です。ミーティングの効果には、

・上司、部下、同僚間での誤解が少なくなる
・チームワークの育成ができる
・スタッフの仕事を計画するのに役立つ
・スタッフの訓練に役立つ
・仕事の細分化がしやすくなる
・支配人の職務を知らせ、理解を深めることができる
・目標を教え、理解させることができる

つまり、コミユニケーションを図る上で非常に有効であり、重要だということです。また、ミーティングを通してスタッフに伝えたいことにインナーブランディングがあります。

## インナーブランディング

　インナーブランディングとは、お客様からは見えない部分の仕事の重要性をスタッフに認識させることです。具体的な数字的評価にはなりにくくても、それが大切な仕事であり、代えの利かない業務であることを、各人に示し、理解してもらうことです。

　例えば、料理がおいしいこと。これは明確なその店の評価であり、やがてはそれが評判につながり、店そのものの評価になっていきます。

　一方で、隅々まで掃除が行き届いていることやスタッフがいつも笑顔であること。誰もが親切であること。場の雰囲気が和やかであることなど、お客様の「居心地」につながる部分が、インナーブランディングです。お客様に「楽しかった」「また来たい」と思っていただく上で大切な要素ですが、それを支えるのはスタッフたちの努力です。その重要性を理解してもらうためにも、ミーティングは重要な場なのです。


## ミーティングの正しい進め方

　ではミーティングをどのように運営するのがよいのでしょうか。それぞれに役割があり、決してヒマではない飲食店スタッフを一同に集めるのですから、そこには明確な目的や意識が必要です。

●ミーティングの目的や解決すべき問題を明確にしておくこと
時として、「集まること」が目的になってしまうことがあります。目的のないミーティングは全員の時間を無駄にさせるだけで、決して開いてはなりません。

●皆が沈黙してしまった時は、支配人の意見が求められている
活発に意見交換ができればよいのですが、沈黙が場を支配してしまっては、生産性がありません。ミーティングで沈黙するということは、言うべき意見がないか、言えない雰囲気があるかです。また、そのとき皆の

視線が支配人を見ている場合、あなた自身の意見を求めていると考えるべきでしょう。

●反論・批判の扱い方に注意する
ミーティング中、スタッフが反論している時は、まずその反論・批判にしっかり耳を傾けることです。何に対して反論しているのか。なぜ批判的に思っているのか。それを支配人が「自分に歯向かった」ととらえてしまっては、何の発展性もありません。異論や反論は時として誤解から生まれている場合もありますし、そのおかげで物事が良い方向に展開するきっかけになる場合もあります。ここでの支配人の役割は、その反論に対してどう思うかを、他のスタッフに尋ねることです。もし誤解から来ているのなら、誤解を解けば解決します。周囲の意見もやはり異論や反論に同調するようであれば、課題が明確になります。いずれにせよ、一人の反論だけを切り取らず、皆で共有し、考えることで全体の意識が確認共有できるようになります。

●ミーティングが堂々巡りになったら
提案された意見を再検討することによってミーティングを先に進めることが大切です。皆の意見がまとまりがつかず、議論の行方が方向を見失うと「堂々巡り」になりがちです。基本に立ち返って、そもそもの課題は何か。優先すべきは何か、問題を整理し直すと突破口が見えてきます。

●意見を求められたら冷静に
「支配人はどう思いますか？」と意見を求められたら、まず封印すべきは感情です。あなたの感情など、仕事の現場では誰も問うていません。人間ですから、気分を害することもあります。面白くないことだってあります。しかし、支配人は全体を見渡し、コントロールする立場にいます。まず冷静に問題の全体を見渡し、最善の策を意見として提出するよう、心がけるべきです。この時大切なのは、その意見を述べるに至った背景、判断の基準となった情報を同時に提供することです。「私はこう

思う。なぜなら…」ということです。

●非難を受けたときは
ある問題に対する支配人の取り扱い方がとがめられたり、あるいは直接
非難された時は、支配人自身がその問題への認識を修正すべきでしょう。
この場合にも、何より大切なのは冷静さであり、客観的な視点で問題を
とらえ直すことです。人間は感情の生き物です。誤解をすることだって
あります。あなた自身が誤解することだってあるはずです。自分が非難
を受けたときは、問題の本質をみつめなおし、自分の認識に間違いはな
かったか。まず自分の側に修正の余地はないかどうかを内省します。認
識が間違っていなくても、伝え方が悪く相手の理解が及んでいないので
あれば、わかってもらう努力が足りないということです。

●スタッフの意見が二つに分かれた時
そんなときは、問題を整理し直すのが有効です。これまで進んできたこ
とを要約して、より深く問題を認識するよう、スタッフを促すのが支配
人の役割で、どちらかに肩入れしたり、自分が勝手に正解を決めてしま
うのは正しい対応とはいえません。

　こうした心がけと努力の上にミーティングを行えば、組織は風通しよ
く、人間関係も円滑に、かつ和やかになるはずです。結果、インナーブ
ランディングを推し進めることができるのです。

## 理想的な支配人とは

　さて、支配人が果たすべき役割がある程度わかったところで、それではどんな人物が、支配人に向いているのでしょうか。あるいは、支配人にはどんな要素が求められているのでしょうか。

　支配人向きの人、それは一概には言えません。その店ごとに事情は違いますし、適性がないと思われた人でも、経験を積むことで指導者としての素養が芽生えることもあります。

　ここでは、支配人に期待されることを挙げてみましょう。

## 話しやすい支配人であること

　料理店での仕事はサービススタッフと調理スタッフがワンチームとなって行うものですが、広い意味でそこには取引先企業も加わります。食材、ワインなどの飲料、食器、グラス、調味料、リネン類のクリーニングや施設の清掃にいたるまで、ありとあらゆる取引先企業や外注の人たちも出入りします。彼ら彼女らも加えての一つのチームなのです。

　ワンチームは全員が心を一つにして仕事に当たることで成立します。ところが取引先企業に対して「使ってやっている」と言わんばかりの態度に出る店や支配人がいます。そうした勘違いした態度は、営業上マイナスでしかないことを覚えておきましょう。

　店側と「取引先企業」は対等であり、"ウィンウィン"の関係であるべきです。互いに利益をもたらす"ギブアンドテイク"の関係です。もし店側が高飛車な態度に出たら、取引先企業からの有益な提案を得られないままに終わってしまうかもしれません。

　「新しくワインが入ったので、ワインフェアをしませんか？　お試しとして安くご用意できますよ」など、せっかくの提案があっても、最初から受けつける雰囲気がなければ、その場で引っ込めてしまうでしょう。それではお互いに損になります。

●柔軟な人になる

　支配人はスタッフにも取引先企業にも、柔軟でなくてはなりません。一言で言えば「話しやすい」ことが大切です。「あの支配人だったら話を聞いてくれる」、そう思える人であればスタッフも気軽に打ち明けられ、また取引先企業もいろいろな情報を進んで提案しようとするでしょう。

　「相談にのってもらえませんか」と言われて「忙しいからダメ」と、すぐにはねつけるような支配人では、相手はその気が失せてしまいます。当然、大事な情報も届きません。反対に「いいよ。時間をとりましょう」という支配人であれば何でも話しやすくなる上に、その人の意欲にもつながります。なにもその場で時間をとる必要はないのです。「忙しいんだから、後にして！」ではなく「今は無理だけど、今日の〇〇時からなら時間がとれますよ。どうですか？」と言えば、対応がずいぶん違うのはわかりますね。

　こうした「あたりの柔らかさ」は、支配人にとってもメリットがあります。情報を得られやすくなるだけでなく、スタッフや取引先企業が今何を考えているかを知ることができます。


●伝わらない恐怖

　店にとって最も恐ろしいのは、不祥事が起きた時にそれが支配人の耳に入らないことです。普段から相談しづらい支配人であれば、スタッフは叱られるのを恐れ、起きたことを隠そうとします。そのため発覚した時には事態が大きくなっている可能性があるのです。早いうちに対処すればボヤで収まったものが、対応の遅れのために大火になってしまうのに似ています。

　このように、良い情報も悪い情報も支配人に伝わらない店は発展しません。悪い事でも、それをプラスに変えることはできるのです。失敗を糧にして、初めて店は成長するのです。どんな場合でもスタッフや取引先企業が臆せずに相談できる支配人であることが、店が発展するかどうかの大きな鍵となります。

## チームから愛される支配人になる

　関係が良好であったり、スタッフ自身が「良い店だ」と思っていれば、一度は家族を招いて食事をさせたいと思うでしょう。それを支配人に話した時、快く承諾して社員割引にしてくれたり、料理や飲み物をサービスしてくれたりしたら、本人も家族も感激するでしょう。アットホームな職場はスタッフを長く居つかせます。そういう場所作りも支配人の大事な仕事です。

　スタッフにも取引先企業にも慕われる支配人を目指しましょう。それには日頃から自分を磨くことが大切です。尊敬する先輩がいれば、若い人は見習おうとするものです。自分も誰かを真似ることから始めてもよいでしょう。

●口コミサイトの採用

　インターネットのグルメサイトの"口コミ"を見て、評判のいい店に出かけて行くのも一つの方法です。評判店には、愛されるだけの理由があります。その店の味だけでなく、支配人をよく観察することで、見えてくるものがあるはずです。「なるほどこういうところが違うんだな」とわかったら、それを自分の仕事や行動に生かしてみましょう。

　何も人間として、完璧であろうとする必要はありません。むしろ優秀過ぎると、人は近づきがたいものです。「話しやすい人」というのは、心理的ハードルが低い人。そして、人間としての魅力がある人です。

　話しやすい支配人の元には、それだけ多く情報も集まってきます。支配人はその中から必要なものを選択して仕事に活かせばよいのです。逆を言えば、偉ぶった支配人の元には情報は集まりません。まずは謙虚であること。仕事にも、人に対しても真摯で誠実であることが大切なのではないでしょうか。

## 職場環境を変えられるのが支配人

　どの職場でも、仕事は大変なものです。当然それはお店のスタッフにも言えることでしょう。毎日同じ同僚に囲まれ、気分転換になるはずの休憩時間も就業規制によって外出できず、狭い場所に一日中いることで息苦しさやストレスを覚えたりもします。その結果、やる気が失せ、ただただ言われたことをこなすだけの毎日になり、最終的に辞める人も出てきます。実際飲食業界は離職率が高く、３年の内に２人に１人が離職すると言われています。

　ストレスをためていいことはありません。自己管理という意味でも、たまったストレスは解消するべきでしょう。そこで大切なのは、自分なりのストレス解消法を見つけておくことです。スポーツジムに通ったり、仲間と野球やサッカーなどで汗を流したり、ゲームをしたり、コンサートに出かけたりなど、趣味や好きなことに没頭する時間を作り、気分転換をします。そうすればギアチェンジできて仕事に入っても「さあ、頑張ろう」と前向きになれます。店側もそうしたスタッフのリフレッシュを積極的にサポートすることが大切でしょう。仕事外のことは知らない、と何の対処もしなければ、貴重な人材を失うことになります。

　とはいえ、遊びの支援をしたり、業務に関係ないことを援助するばかりがサポートではありません。本人の成長にもつながり、店や会社にとっても有益なことの一つが、資格取得のバックアップです。


## 資格取得やコンクール出場を支援

　例えばソムリエやバーテンダー、レストランサービス技能士、唎酒師、野菜ソムリエ、チーズコーディネーター、テーブルマナー講師など、飲食関係にはいろいろな資格があります。スタッフがそうした資格を取得することで、それが昇給につながることもあるでしょう。店にとっての付加価値が生まれる可能性もあります。スタッフは頑張る意欲が湧いてきますし、店にとってもプラスになります。

　今はインターネットが普及し、自宅にいながら多くのことを学べる時代です。もしソムリエの資格を目指すなら、YouTubeやインスタグラムやツイッターなどのSNSを活用すれば、ソムリエのこともワインのことも勉強できます。物足りない人は、講習会で学んだり、休みを利用してワイナリーやぶどう農家を訪れるのもよいでしょう。生産現場を知ることで、初めてわかることもたくさんあるはずです。すぐに資格取得にはつながらなくても、仕事への理解が深まり、新たな知識が加わり、その人にとって世界が広がってゆきます。

●意欲のある人だけが生き残れる

　仕事が忙しくてそんな暇はない、と言う人もいるかもしれません。しかし自分を磨かなければ、昇給・昇格の道はないと思うべきでしょう。意欲のある人だけが生き残ることができる業界です。自分を上へと押し上げる努力が大切であることは、言うまでもありません。

　資格取得の他にも、APGF（フランスレストラン文化振興協会）のコンクールや講習会などを積極的にサポートしたり、スタッフには外部の人たちと接触する機会をできるだけ多く持たせることが有益でしょう。異業種の人たちとの交流は視野を広げますし「そういう考え方があるのか」と、気づくことも多いものです。直接的な効果がなかったとしても、気分転換にはなるはず。そこから新たなアイデアが浮かぶかもしれません。機会を増やしてあげること、金銭面も支援すること、参加しやすい土壌を作ることなど、店側（支配人）にできることはたくさんあります。


## 「ハラスメント」を理解する

　近年、ハラスメントが大きな社会問題になっています。パワハラはパワーハラスメント、セクハラはセクシュアルハラスメントの略で、どちらも権力や自分の優位な立場を利用して行う嫌がらせのことを言います。

　パワハラは肉体や言葉による暴力、セクハラは性的な嫌がらせで、弱い立場の者が肉体的、精神的に不利益をこうむり、尊厳を傷つけられる

ことから、近年クローズアップされるようになりました。

　"ハラスメント"とは日本語で「嫌がらせ」「いじめ」を意味します。しかし厳密に言えば「嫌がらせ」と「いじめ」では、多少ニュアンスが異なります。

　「嫌がらせ」が、相手の嫌がることをわざと言ったりしたりすることに対し、「いじめ」は肉体的、精神的に痛めつけることを指します。いじめのほうが悪質で、大人・子どもを問わず、いじめによる自殺が後を絶たないことを見ても、その重大さがわかります。

　昔から、子どもの間で「いじめっ子」というものは存在したものです。ガキ大将というのもいました。しかし、そのために弱い子が自殺をするようなことは、めったになかったと思います。SNSの普及により現在の「いじめ」は悪質化し、また、巧妙です。もちろん子どもだけのものではなく、大人の社会にもいじめは存在します。もはやそれは「いじめ」ではなく「犯罪」の域に達するものもあるでしょう。その他にも、モラルハラスメントやジェンダーハラスメント、LGBTQ（性的マイノリティ）に対するハラスメントなどもあり、大きな社会問題になっています。


## いじめの対処方法

　職場でのいじめも問題です。このいじめも、ハラスメントの一種と言っていいでしょう。

　いじめの構造は、加害者・被害者・観衆（はやしたてる）・傍観者（知らないフリをする）・無力な大人または上司（気づかない・深刻に扱わない・解決できない・何も言わない）で、成り立ちます。

　被害者が恨む対象は加害者だけではありません。時にはそれが無力な大人にまで波及することがあります。場合によっては、加害者以上に恨む場合さえあります。

　職場でいえば、大人は上司です。「助けてほしい」という心の叫びに気づいてほしい、真剣に受け止めてほしいという気持ちに気づかねばなりません。

　普段から部下の様子に気を配り、ほんの少しでもマイナスの変化を見つけたら声かけをして、部下が相談しやすい環境をつくることが、対策の第一歩です。

　それでも部下の口は重いでしょう。なぜならば、状況を話すことで新たな負担を抱えるのではと、危惧しているからです。

●相談と告げ口の違いを明確にする
職場の仲間のことを言うのは告げ口や悪口にとられないかと思いがちです。しかし部下には、相談は「問題解決のための前向きな行為」であり、告げ口とは明確に違うのだと伝えたいものです。

●気持ちを受けとめる
相手の言っていることが「事実かどうか」を検証するのは後回しにしましょう。
被害者にはまず「辛かったね」「悲しかったね」と気持ちを共有していることを伝え、安心して話せる準備をさせてあげることが大切です。

●言葉を信じる
心の傷は決して目に見えないため「思い過ごしだ」と言われるのではないかと、本人は心配しています。聞く側に「たとえだまされても構わない」、「今はその言葉を信じきる」という覚悟がなければ、相手は真意を話してくれません。

●味方だと伝える
ハッキリと言葉で「私はあなたの味方だ」と伝えれば、たとえ解決までに時間がかかっても相手は向き合っていこうとする勇気が持てます。

●次々と質問しない
思いがけない話を聞くと、思わずあれこれ確認の質問をしたくなるものです。しかし、言い出すまでに時間がかかるのと同様、すべてを話そう

にも、何日もかけて少しずつしか話せない場合があります。

●相手の意向を尊重する

加害者を呼びつけて確認したり叱責したりしたくなるかもしれませんが、被害者の願いはそこにはないかもしれません。対応策は必ず被害者と一緒に考えましょう。問題解決を急ぐあまり、被害者不在のまま行動しないことです。

●あなたは悪くない！

これは、カウンセラーが大事にしている魔法の言葉です。時として、いじめは受ける側にも問題があると言われます。被害者自身もそう考える場合があります。

しかし、個性や性格を否定する権利など誰にもありません。心から血を流すほど深い傷を受けても構わない理由など、決してありはしません。

いじめは心への障害行為、暴力です。それが原因で死に至れば、殺人行為です。しかしながら、その傷やそれに伴う痛みは、目に触れることがないので、その厳しい現実が認識されることはめったにありません。

人身への行為同様、人心への暴力を容認する理由は、どこにもないのです。


## ハラスメントをなくすために

こうした問題への対処法としては、キャプテンクラス（各部門リーダー）を集めて、定期的にパワハラやセクハラの勉強会を開くのも有効です。支配人一人でケアする問題ではなく、リーダークラスの総意として、ハラスメントを許さない空気を作る必要があります。

ハラスメント問題の難しさは、加害側の意識にあります。自分が若いころ、そうやって先輩からしごかれて成長した記憶と、そこで培われた「そういうものだ！」という価値観が、ハラスメントにつながっていることが、往々にしてあるのです。いじめるつもりはなかった、傷つける

つもりはなかった、というわけです。悪気があろうとなかろうと、ハラスメントはハラスメントですから、年長者や経験者がうっかり加害者にならないようにするには「どういうケースがハラスメントにあたるのか」を、事例を通じて学ぶことが大切です。

　ケーススタディについてはインターネットですぐ調べられますし、関連の書籍もたくさん出ていますから、そうした情報をもとに、皆で勉強するとよいでしょう。今や「○○さん、元気？」と女性スタッフの肩をポン、と叩くだけでセクハラになる時代です。「知らなかった」の言い訳は通りません。「それぐらい知っておく」が今の常識であり、「知らなかった」では時代に乗り遅れるだけ。世知辛いと思われるかもしれませんが、スタッフを管理する立場である以上、まずは支配人の意識をアップデートしておくことが大切なのです。
確実に言えることは、
　　・相手の人格を傷つける
　　・嫌な思いをさせた
という時点で、それはパワハラになるということです。
怒鳴らなくてもいい場面で怒鳴るのは「必要な範囲を超えた行為」です。「怒鳴らないとわからない」というのは指導する側の勝手な論理であり、単なる感情でしかありません。「俺も先輩に怒鳴られて一人前になったんだ」と言う上司がよくいますが、だからといって後輩にも同じように怒鳴っていいことにはなりません。それはパワハラ以外のなにものでもないことであり、許されることではないのです。
　そもそも「怒鳴らなければ大事なことが伝えられない」のだとすると、それはその人の指導力不足、ということになります。
　以下に、どういう行為がパワハラに当たるのか、飲食業に関するものを挙げてみます。


●暴力
殴る・蹴るは傷害や脅迫に当たり、パワハラ以外の何物でもありません。

また、皿や調理器具を投げつける（相手にあたらないようにしたとしても）、大きな声や音を出す、ねちねちと長時間説教する、などもパワハラです。相手を励ます行為に見せかけ「頑張れよ」と肩や背中を強く叩く、ユニフォームを投げつけて渡すなどもまた、怒りに任せての行為なので、同じくパワハラにあたります。

●恥をかかせる、孤立させる

お客様や他のスタッフの前で叱ったり恥をかかせたりすること、「グズ」「のろま」「給料泥棒」などと暴言を吐くこと、「これができなければクビにするぞ」などと脅す、などの行為はパワハラです。
仲間外れも同じです。特定の人物だけ会議や飲み会に参加させなかったり、無視したり、わざと話しかけない、という態度もパワハラにあたります。

●過度の仕事

理由をつけて休憩時間にも働かせたり、休日出勤を強要したり、食器洗い機があるのに手洗いさせる、本人の意向を無視した勤務シフトを組んだり、人より多くシフトを入れる。これらすべてパワハラとなります。

他にもまだまだ、挙げればきりがないほどです。
こうしたパワハラはなぜ起こるのか。それは加害者側が感情を持ち込むことで逸脱した行為に走ることから生まれます。昔はそれがあたり前だったかもしれませんが、今は違う、ということを肝に銘じておきましょう。上に立つものがまず意識を変えることが必要です。
現在、パワハラ防止法には罰則はありません。ただし厚生労働大臣が必要と認めた場合は、事業主に対して助言、指導、勧告などの行政指導が行われます。場合によっては社名が公表されることもあります。
また、罰則がないからといって、軽く見てよいものでは決してありません。まずは改めて、パワハラ・セクハラについて正しく理解すること。自分の職場にそのようなことがないかどうか、常に目を光らせること。支配人以下、すべてのスタッフの間でハラスメントについての意識を共

有し、ハラスメントを許さない職場の空気を作り上げることです。

　また、昨今はSNSが発達しています。昔に比べて、個々人が情報を発信しやすくなりました。そのおかげで、被害者は泣き寝入りをせずに済む、という側面もありますが、支配人がしかるべき対処をする前に、その情報が世の中に出回ってしまう危険をはらんでいる、という側面もあります。

　いかなる理由があってもハラスメントは許されませんし、悪いのは加害者です。しかし、ネット社会が恐ろしいのは、正確・不正確を問わず、情報が独り歩きをすることです。

　ハラスメントを受けた被害者には、情報を発信する権利があります。もちろん、それを阻害することはできませんし、ましてやもみ消すなどあってはならないことです。しかし、SNSで情報が広まることで、社会的制裁を受けてしまう可能性は大いにあります。それが正しい情報に基づくことならばまだしも、間違った情報であったり、伝聞から広まった情報で店が評判を落としたのでは誰も幸せになりません。

　その意味でも、そもそもハラスメントを起こさない職場にすることが、何よりも大切なのです。


## 人材採用の注意点

　働き手の定着率が他の業種に比べて低いと言われる飲食業界。優秀な人材の確保は支配人にとっても頭の痛い問題であり、常に抱え続ける課題でもあります。

　スタッフが居つかない理由が、職場に問題があるのであれば、その改善に努めるのが一番です。しかし、そもそもその職場に合った人材を採用することも、大切なポイントと言えるでしょう。

　ここでは、人材を採用するにあたっての基本的な注意事項を確認しておきましょう。

## ■面接について
### ●面接は最初が重要
たとえ、一目でこの人は我々が望む人ではないと思っても、相手を一個人として丁寧に扱いましょう。我々が面接相手を忘れても、相手はホテル名・レストラン名・会社名の印象を忘れることはありません。いつ、その人がお客様の立場になるかもわからないのです。面接を通して店について悪印象を与えることのないよう、注意が必要です。

### ●面接レポートを作成する
印象を直ちに書き留めましょう。一度に何人も面接をすると、一人ひとりの印象が薄れたり、他の人と混同してしまう恐れがあります。人を採用するということは、店にとっても、その人にとっても一大事。いい加減な対応をすることは許されません。

## ■面接時に質問すべき内容
面接では相手に何を聞くべきでしょうか。もちろん、店ごとに事情は違いますし、前提として、相手に理解しておいて欲しいことを説明する場でもあります。ここではごく基礎的な質問事項を挙げましょう。

1. 何で求人を知りましたか？
2. なぜこのお店を選びましたか？
3. 現在（前）の仕事をなぜ辞める（辞めた）のですか？
4. あなたの将来の目標（技術上・ビジネス上）は何ですか？
5. 今までの仕事では何が好きでしたか？
6. どんなタイプの上司があなたにとって望ましい／望ましくないと思いますか？
7. どんなタイプの人が嫌いですか？
8. あなたの長所・短所は何ですか？
9. あなたは思索する方ですか？ 計画的な方ですか？ それとも行動的な方ですか？

10. あなたはどんな風に物事を決定しますか？

11. 自分の理想としている仕事はどんな仕事ですか？

12. あなたは、このお店にどんなことで貢献できますか？

13. どんな仕事であれば、あなたは満足しますか？

14. 今までの仕事でもっとも難しいと思った仕事は何ですか？

15. この面接で、あなたの評価に役立つものとして、発言したいことを言ってください。

●質問するときの要領

質問とは、相手の意欲・知識・経験・態度・思考方法・行動基準などを知るために行うものです。面接者が話すばかりでは、相手を知る機会を逸してしまいます。応募者に話をさせること、相手を理解しようと努めることが必要です。

そのためにも、質問は「はい」「いいえ」で終わるものであってはいけません。短い時間で相手の思想や考え方、性格までも、こちらは見抜く必要があるのです。質問は相手の内面を引き出すための「呼び水」であって、基本的に相手に語らせるようにするのが、面接の基本姿勢です。

■採用基準について

それぞれの店の事情や性質によって、採用基準は異なるのが当然です。何を重視するかも、違うでしょう。ここではごく一般的な基準についてご説明します。（この基準は人事評価にも当てはまります）

●健康であるか

何をもって「健康」とするか、難しいところではあります。お願いしようとする職務に耐えられる程度の健康体であれば問題なし、とするのか。ポジションの異動の可能性がある場合、なるべく体力があったほうがいいのかどうか。身体能力や健康面での適性が、差別につながってはなりません。合理的な理由のもとに、判断する必要があります。

●責任感が強いか

相手に責任感を問うからには、責任の範囲を明確にする必要があります。面接からうかがい知るためにも、過去の仕事に対してどの程度責任を持っていたのか。どのような心構えで仕事についてきたか、などをチェックします。

●協調性があるか

前職の退職理由や過去のエピソードから伺い知ることができます。仕事に対する考え方などについて、じっくりと聞いて判断します。

●清潔感があるか

高級な服を着ているかどうかの問題ではありません。仕事の面接にあたって、ふさわしい服装が判断できているか。飲食店の仕事をするのにふさわしい清潔感（頭髪、肌、爪など）はあるかを判断します。また、近頃はファッションで髪を染めたり、ピアスなどの装身具を身につけている人が、男女問わずいます。店の雰囲気に合わない場合、変更してもらったり、仕事中は外してもらうなどの配慮が必要な場合は、採用前に確認しておきましょう。

●情緒が安定しているか

相手の情緒を試すようなことは避けるべきですが（そのために圧迫面接になりかねません）、多少の時間なりとも、会話をし、相手の人となりを知ろうと努力すれば、その人の情緒の安定具合については見えてくるものです。もちろん面接ですから緊張もしているでしょうし、短時間での判断ではありますが、怒りやすい、突然態度が変わる、など気になる点はないか、観察しましょう。

●接遇態度が良いか

面接に来る人は、自分をよく見せようと努力するものです。それは当然の対応ですが、ちょっとくだけた質問をしたり、雑談に移った時、その

人の本音や個性が垣間見えるものです。教科書通りの受け答えができることよりも、心を込めて人と対峙できる人であるかどうかを見極めましょう。中には接客業の経験がない人が来る場合もあります。後から教育すれば身につきそうなことなのか、そもそもその人に適性がありそうか、なさそうかで判断するとよいでしょう。

●明解な対応ができるか

こちらの質問の意図を理解し、ハキハキと答えられるかどうか。性格的に引っ込み思案の人もいますが、社会人として常識的な応対ができる人かどうかを見ます。

●安定した職歴（1か所に1年以上）か

必ずしも1年以内に前の職場を離れているからといって、定着しない人とは限りません。納得できる離職理由があったり、何らかの事情がある場合もあるでしょう。しかし、いくつもの仕事を短期間で転々としている場合や、毎回違う業界を試しては渡り歩いている場合は、適性をしっかり判断する必要があるでしょう。

●仕事への興味と情熱があるか

そもそも仕事に対して正しく理解できているかどうか。誤解したまま、過度な期待を持っているケースもあります。興味と情熱には、それなりの根拠が必要です。その仕事を通して、何をしたいと思っているのか。安定したモチベーションが期待できそうかどうかを判断します。

●向上心があるか

何事につけ、向上心は大切です。技術の面で、もっとうまくなりたい、成長したいという人材が欲しいのはどこも同じです。また、働く目的が「お金を稼ぎたい」という場合でも、その動機が向上心につながるのなら、歓迎すべきかもしれません。

## 人事をコントロールするのも支配人

　支配人は人事全体を管轄せねばなりません。どんなことを把握し、管理せねばならないかを、改めてご紹介します。

1．組織づくり・人員計画の作成・予算の策定
2．採用全般・職務ごとの能力や技術の設定
3．オリエンテーション（プログラム）・作業スケジュールの立案
4．教育・訓練　作業内容の指示
5．作業方法・労働生産性の管理
6．管理・統制、コミュニケーティング
7．動機づけ（モチベーション維持）・作業環境の整備
8．スタッフ別能力（正社員・準正社員・アルバイト）
9．作業技術や能力の評価
10．パート・アルバイトの定着率の維持向上
11．人件費の算定・管理

　そのほかに、小店舗のオーナーの場合は食材・飲料材料の業者、什器・備品の選定もせねばなりません。その店が新店舗なのか、居抜き物件の場合は？ スポンサーがつく場合は？ など、検討事項は多岐に渡ります。

## 人材を活かす

1．新人は最初から業務に精通している人はいないので、採用を通して仕事を覚えさせることはできる
2．スタッフの仕事ぶりに責任があるのは支配人だけである
3．スタッフは支配人の頭脳と手足の延長である
4．支配人と他のスタッフの根本的な違いは、物よりも人を上手に扱う能力にある
5．支配人の業績はスタッフの仕事ぶりによって評価される

スタッフを守り育て、売り上げを伸ばす支配人を目指しましょう

# 第 3 章

# お客様対応の極意

お店の基本と、店を成立させる支配人とスタッフ、そして支配人の条件と目指すべきところについて解説してきました。

この章ではあなたのお店を繁盛店にするために、どんなマーケティングが考えられるか、ご紹介します。料理店を、何をもって「よい店」とするのか。ミシュランに代表される格付けもあります。昨今ではネット上でのグルメサイトで点数（口コミ）で評価を競うところもあります。しかし、最終的にその店の人気ぶりを表すのは売り上げであり、リピーターの多さ、ひいてはお得意様の獲得には「お客様対応」にかかっています。

# お客様を大切にする

支配人の大切な仕事の一つに顧客管理があります。時間通りに店を開けて、ただぼんやりとお客様がみえるのを待っているようでは優れた支配人とは言えませんし、売り上げ目標の達成も難しいでしょう。店の置かれた状況や条件によって、顧客管理の手法も考え方も違いますが、私共の経験からお伝えできることを解説してみましょう。

## 初めてのお客様と常連のお客様

店のマネジメントに携わって長年経つと、次第に人の名前や顔を覚えるのが上手になってくるものです。お客様の立場に立ってみれば、ただ「いらっしゃいませ」と言われるだけの接客よりも「○○様、いらっしゃいませ」と声をかけてもらったほうが気持ちいいはずです。しかし、初めてのお客様と常連のお客様、その対応をどのように区別するかは、なかなか難しいものがあります。

■初めてのお客様の場合

まず、予約のお客様か予約がなくて来られた方かを確認しましょう。難しいことではありません。「ご予約をいただいておりますでしょう

か？」「ご予約のお客様ですか？」と聞けばいいだけです。

　予約であれ予約がないお客様であれ、探りたいのは「なぜ当店を選んだのか」ということです。「当店を選んでいただいて、ありがとうございます」と伝えつつ、さりげない会話から、どこで当店を知ったのか、なぜ選んでくださったのかをリサーチします。こうした話を引き出しやすくするためにも、積極的に声をかけてアットホームな雰囲気を演出するのがポイントです。

　もちろん、気やすく話しかけられるのを好まない人もいます。相手の表情を観察しながら、笑顔を絶やさず。そうすることで、お客様とのコミュニケーションが生まれやすくなり、会話もしやすくなります。話の端々に現れる情報をサービスに活かすことができれば、より良い一時を過ごしていただけるはずです。

　充実したサービスで存分に食事を楽しんでいただければ、また、次の機会にも利用しよう、という気持ちになってもらえる→新たなおなじみ（常連）になっていただける可能性が出てくる、というわけです。


　ここで一つ、失敗の事例をご紹介しましょう。

　あるお客様が、ランチタイムに来店します。その日が初めての来店です。サービススタッフは気軽な会話から、お客様の名前と顔を覚えました。仮にAさんとしましょう。しばらくして、今度は夜の時間帯に、Aさんが来店されました。サービススタッフは「A様、先日はランチのご利用、ありがとうございました」と挨拶をします。すると、そのお客様のお連れ様が怪訝そうな顔をしました。

　実はその夜の席は接待の場で、Aさんは招かれた側（接待を受ける側）だったのです。ご招待されていたので、事前にどんな店かと思い、ランチタイムに来てみた、というのが真相でした。接待する側としては「おいしいフレンチ料理店がありますから、ご招待しますよ」というつもりだったわけですから、相手がすでにこの店を知っていた、となると興ざめです。この場合、夜の宴席が接待の場であること、Aさんが接待される側であることを把握していれば、このような挨拶は控えたはず。来店

するお客様にもさまざまないきさつがありますから、こうした配慮は大切にしたいものです。


## 常連のお客様という存在

　何度もご利用くださる"おなじみさん"、それが常連のお客様です。では、そのお客様はなぜ、常連になってくださったのでしょうか。もちろん、その店の味が気に入った、そこにしかない料理がある、などの理由も考えられますが、私共の経験上では、

・使い勝手がいい店だから

・融通が効くから（わがままを聞いてもらえるから）

という理由が多いように思います。

　常連さんほど、事前に予約をしない、というのが私の実感です。混雑して、フリーのお客様が列を作っているような時に限って、ふらりと現れるのが常連さんです。さて、そんな時どうするか？　一般のお客様が行列しているから、最後尾に並んでもらいますか？　それでは、常連さんは不満に思うでしょう。自分だけは特別だと思っている、それが常連さんというものです。かといって、あからさまな特別扱いをすれば、お待ちいただいている方の心証を悪くします。トラブルに発展しかねません。そんな時、私共ならこうします。

■解決策1　支配人の裁量で確保した空席に案内する

　店内が満席だから、待っているお客様が行列になるわけですが、私は支配人の裁量で、1卓は空けておくようにしています。その際、ご案内する時に大切なポイントがあります。人がたくさん待っている前を通り過ぎて常連さんをお通しするのですから、わざと待っている方々に聞こえるように「〇〇様、ご予約ありがとうございます」と、さも予約客であるかのように迎え入れるのです。そうすれば、行列を無視して案内しても誰も文句は言いません。これには常連さんも怪訝な顔をするかもしれませんが、目くばせでもすれば、状況を見てご理解いただけるでしょ

う。相手から「予約してないんだけど、席、ありますか」なんて言われる前に、こちらから声を出して封じ込めるのがポイントです。

■解決策2　どうしても席がない場合、カフェやバーに案内する

　ホテル内だったり、あるいは大きなビル内に店舗がある場合で、どうしても空席が確保できない時は、いったん、常連のお客様をカフェやバーにご案内します。列に並ばせて待たせるわけにはいきませんし、かといって席がないとなれば、どこか快適な場所でドリンクでも楽しみながら待っていただくのが一番です。そのためにも、日頃から同じ建物内にあるカフェやバーの店長やマネージャーと仲良くしておくことが大切です。

　また、ご案内の際にも「上の階にバーがありますから、そこで待っていてください」とは言えません。できれば支配人自身が案内先のカフェ（バー）に連絡をとり、事情を話した上で、同行してご案内します。そのためにも、どんなに忙しくても支配人が持ち場を離れても大丈夫な体制を作っておくことも、ポイントの一つです。

## 「ソワニエ」を獲得しよう

　頻繁にご利用いただくお客様のことをフランス語で「ソワニエ」と言い、いわゆる「上顧客」のことです。ただし、ソワニエは単に通いつめたり、高額の支払いをしたりするお客様を言うのではありません。食文化やワインを敬愛し、店の思いを感じ取り、良い所も悪い所もはっきりと言ってくれる心の通じ合う関係で、店側がまた来ていただきたくなるような、大切にしたくなるようなお客様を指します。

　例えば、料理がおいしかった時、心底、「これ、すごくおいしいね。ありがとう」と一言添えてくださったり、「少しだけど、あとでみなさんで食べて」と手土産を持ってきてくださったりなど、スタッフが「いいお客様だな、また来ていただきたいな」と思うお客様のことです。

　スタッフも人間ですから、気持ちのいい応対をされると、心が動かさ

れます。飲み物やデザートを一品、サービスすることもあります。

　つまり、レストランといえども、店とお客様は人間関係で成り立っているということです。良い人間関係が築かれれば、店のスタッフは気持ち良く、また誇りを持って仕事ができ、お客様も店側からプラスアルファのサービスを受けることができます。

　ただし、その場合には注意も必要です。他の席のお客様が「差別」されていると感じてはならないからです。そのお客様にばかり親し気な態度を示せば、他の方々はいい気持ちがしません。「同じお客なのに」と不満を持たれてしまいます。スタッフはその点、十分な配慮が必要です。また、お客様の側も、例えば手土産であれば、さりげなく渡すことが大事です。互いにさりげない行動が求められるのです。

　目指すべきは「お店に愛されるお客様、お客様に愛されるお店」。すると、お店での食事がよりいっそう楽しく、充実したものになるに違いありません。お客様にそのような充実感を味わっていただける店を目指すことこそ、良い店を作り上げる条件ではないでしょうか。


## 最後のサービスこそ大切に

　支配人として、私共はいつも「最後のサービス」には特に気を配りました。最後のサービスとは「お見送り」のことです。街中の、ごく一般的なお店ならば、レジでお会計が済んだら「ありがとうございました」と声をかけて送り出せば良いでしょう。しかし、専門店は少し事情が違います。もちろん、個人のお客様やご家族連れの方もいらっしゃいますが、個室を予約しての接待や商談、企業などで立場のある方々の社交の場であったりもします。そうした方々へのおもてなしの際には、お出迎えとお見送りは最も重要なポイントです。

　大切なお客様の場合、駐車場や玄関（車寄せ）まで同行してお見送りします。お客様に同行するわずかな時間が、今後のお付き合いにつながる大切なサービスのポイントになるのです。

　例えばクレームが出るのは、このわずかな時間であることが多いです。

料理をこぼされたとか、注文が間違っていたとか、そういった内容はその場でクレームになりますが、

「今日ついてくれたサービススタッフは態度が良くなかった」

「○○の味が薄かった（濃かった）」

など、意見・注文・不満が会話の中に出てくるものです。


## 次回のお話をする

　人間、歩きながらの個別の会話に、本音が出るものだと思います。そして、私共の経験上、こうした耳の痛い指摘をしてくださるお客様こそ、再度来店してくださる確率が高いように思います。不満を口にする方のすべてがそうではありませんが、その店に期待しているからこそ、わざわざおっしゃるのだという側面があるのです（ただ言いたいだけの人もいますが）。

　そういう場合、まずはご指摘いただいたことに感謝してお礼を述べます。その上で、ぜひまたお越しくださるようお願いし、お見送りします。もちろん、店に戻ったら、指摘された内容を吟味して対策を考えます。

　もし、お客様が初めて来店された方だった場合。あるいは常連さんに連れられて来た方が初めてだった場合。このタイミングで名刺をお渡しします。その方が以後、再来店してくださるか、常連さんになってくださるかどうかはわかりませんが、その日の食事の印象が良いものだったかどうかを左右するのは、そうした気遣いであると思います。

　お客様がソワニエさんだった場合は、次回のお話をします。例えば「この次お会いできるのは、奥様のお誕生日でしょうか」「今度は○○様もぜひご一緒に」といった具合です。こうした話ができるようにお客様の情報を頭に入れておくことも大切です。どんな会社のどんな立場の方なのか。家族は？　家族や本人の誕生日は？　といった具合です。

　人は「自分のことをよくわかってくれている相手」を信頼するものです。リピーターを生むための工夫の一つとして、お見送りのサービスを心にとめておきましょう。

## 先を読む顧客管理

　「お客様の情報を集めること」が大切、とご紹介しましたが、顧客管理についてもう少し詳しく紹介しましょう。来店した方の家族構成まで、どうやって？　と思われるかもしれません。もちろん、わざわざ調査するようなことはしませんが、来店の時に伝わってくる情報をきちんと記録し、総合的に判断すればある程度のことはわかるものです。

●家族の誕生日
ご家族の誰かの誕生日を当店で祝ったことがあれば、おおよその家族構成と誕生日、もしかしたらお名前がわかる場合もあります。予約を受ける際、誕生日であることがわかるならば、ケーキをご用意する場合もあります。その時に、誕生日の人の名前や誕生日の日付を確認することは不自然ではありませんし、常連客とどういう関係にある方なのかもわかります。そこで得た情報は、顧客情報として記録に残しておきます。

●好き嫌い
食べ残しがあれば、それは嫌いな食材であった可能性があります。特定の食材だけが取り分けて残されていれば、明確にそれは嫌いな物なのでしょう。より分けられているでもなく、ただ、料理が残っている場合は、もしかしたら料理自体があまり好みではなかったか、満腹なのかもしれません。いずれにせよ、誰が・何を・どのくらい残したか、これも大切な情報ですので記録しておきましょう。なお、まだ物が載っている皿を下げる際には「こちらはお下げしてもよろしいですか？」の一言を忘れずに。大好物を最後まで残していた可能性だってあるのですから。

●同伴者との関係
常連のお客様（男性）が女性を連れてくる場合。これは少々注意が必要です。奥様なのか、ガールフレンドなのか…。下衆の勘繰りは禁物ですが、できれば奥様の顔と名前ぐらいは把握しておきたいものです。デー

トをするなら、妻とガールフレンドと別々の店に連れて行ってくれれば
いいものを、同じ店に連れて来られるのですから、スタッフは緊張しま
す。こちらは「奥様のお好み」と「ご友人のお好み」をきちんと把握す
るように努めましょう。間を開けずに別の女性と訪れた場合でも、「い
ついつ、いらっしゃいましたね」などと、最近来店があったようなそぶ
りは決して見せないことです。

●接待先の企業研究も

企業対企業の接待の席でも、顧客情報は重要です。支配人には「企業情報」
は欠かせません。例えばお得意様のA社が、B社の接待をしたい、と予
約が入ったとします。A社のご担当者様からB社にまつわる情報をいた
だくのはもちろんですが、独自にB社について調べます。どこの会社の
系列なのか。食品産業に関わりはないか。神経質になり過ぎても対応し
きれるものではありませんが、例えばお出しするビールの銘柄ひとつと
っても、系列企業に配慮した銘柄にするなどの気配りができます。

## 会食を成功させるための戦術

　顧客にもさまざまある、ということは説明したとおりです。個人のお
客様も法人のお客様も、あるいは団体のお客様も、いずれも大切な顧客
です。しかし、いずれの場合も心しておかなければならないのは、お付
き合いが発展する可能性を秘めている、ということです。個人で訪れて
食事をされた方が、次は家族の集まりや友人との会食に使ってくださる
かもしれません。ごく小規模な接待の席で気に入られ、会社の大きなパ
ーティーの会場に選んでくださる可能性もあります。特に大切なのは、
お客様が別の誰かをもてなす、接待の場面に選ばれた時です。
　サービススタッフが、お客様の会食を成功に導くためにできることは
たくさんあります。サービススタッフはいわば食卓の演出家です。サー
ビスを通して、お客様のもてなし・接待の心を最大限効果的に伝えるの
が務めです。具体的な例を挙げながら、そのポイントを説明しましょう。

■席次の工夫と配慮

　個室の予約をいただいたとします。その席の目的は大切な接待です。ここで大切なのは、まず席次です。

　接待の幹事（ホスト）が席次を理解していないことは、珍しくありません。そこでまず、事前に幹事さんと打ち合わせをします。

　　・当日来られる方の人数、お名前、役職、年齢（わかれば）
　　・主賓は誰か。次に偉いのは誰か。ゲスト側全員の序列は？
　　・ホスト側の人数と名前、役職、年齢、序列は？

　これらの情報に従って、客室内での席次をお教えします。そして料理の出る順番、サービスの順番は上座から下座へと順に行うことなどを説明し、スムーズにサービスできるようにコンセンサスを得ておきます。

　この確認を怠ると、当日大変なことになりかねません。特に危険なのは、ホストが常連客だった場合です。経験の浅いサービススタッフにとっては、常連＝大切なお客様です。しかし、それが接待の場で常連客がホスト側だった場合は、その日その場で一番大切なのは常連客ではなく、もてなされる側の主賓なのです。

　それを知らずに、常連客が案内してきた団体客だ、とだけ判断して自分の思う一番偉い人＝常連客を上座に座らせてしまう、という失態が起こる場合もあります。


●サービスの順番を間違えない

　サービスは一人で行うものではありません。他のサービススタッフは当然のように、上座から下座へとサービスを始めます。接待の席であるにもかかわらず、ホスト（幹事）に一番最初に料理が運ばれるような事態が起きてしまうのです。

　こうした失態を避けるには、大切な席であればあるほど、ベテランスタッフが担当につくように計らうこと。その個室に携わるスタッフはもちろん、ホールスタッフ全体に、個室での会食の目的、ホストとゲスト、序列について共有しておくことです。

■ライバル同士を会わせない

　大きなホテルの中のお店だったり、あるいは大きな展示会場や会議場に近いお店では、時々起こるのが「ライバルがばったり出会ってしまう」アクシデントです。大きな展示会や発表会など、イベントの後、手近な場所にあるレストランで接待の席が設けられることはしばしばあります。誰が誰にアプローチして接待をしていたのか。それはビジネス上の大きな情報ですから、本来ならライバル会社には知られたくはないものですが、同じ日、同じ時間帯に、ライバル会社の会食の予約がバッティングしてしまう可能性もあります。そんな時どうするか。

　まず予約の段階で、ライバル企業の接待の席が入っていないかどうかをチェックします。例えば、自動車ショーの後で、T社とN社の予約が入っていないか、というような具合です。そして、もし入ってしまっていたら。予約の時間をずらすことができるならば、30分でもいいので、ずらしましょう。それができない場合はサービスの力で、廊下やホールで鉢合わせしないようにタイミングをずらすのです。

　それぞれの宴席が2時間の予定だったとして、お帰りになる時間がぴったり同じ、というような場合。出入り口で鉢合わせする可能性が高くなります。そういう場合は、A席のスタッフとB席のスタッフとで示し合わせて、お帰りのご案内の時間がずれるよう、サービスのスピードやタイミングに、わざとズレを生じさせて時間差を作り出します。

■スローサービスとクイックサービス

　ゆったりと料理の説明をしたり、スタッフが取り分けてみせるなどして食事を楽しんでいただくのがスローサービス。テキパキと効率よく料理を提供し、食事の進行を早めるのがクイックサービスです。時間がどんどん押して、次の予約が迫っているような場合はさりげなくクイックサービスに切り換えるなどして、時間短縮を図ります。このテクニックを使って、ライバル同士が鉢合わせすることのないよう、両宴席のスタッフ同士連携するのです。

■企業のパーティーの場合

　企業がマスコミ向け、または顧客向けに新製品の紹介をするために、パーティーを行うケースがあります。これは小口の接待ではなく、人数も多く、規模の大きな宴席となります。さて、そんな目的でパーティーをしたいというお客様が相談にみえたら、どう対応しましょうか。

　お客様の目的は、お世話になっているマスコミの人たちや顧客をおもてなししながら、新製品をしっかりと理解し、認識してもらいたい、ということです。その目的を達成するお手伝いとして、サービススタッフにできることは何でしょうか。私共が経験した事例で説明しましょう。

　紹介したい商品がどんなものなのか。比較的安価で、手軽に、気軽に接してもらいたいものなのか。それとも、高価で高級感のあるものなのか。また、商品開発の意図や商品の特徴をしっかりと理解してもらいたいのか、とにかく手に取って、触れて、体験してほしいのか。具体的な目的をお聞きします。その上で、次のように提案します。

●商品が気軽な物で、とにかく手に取って体験してほしい場合
パーティーを立食形式にします。会場内に展示ブースを設け、料理を取りに行くついでに、気軽に立ち寄って、体験してもらいやすい雰囲気を作ります。立食パーティーは人が動きやすく、会話しやすいという特徴を生かした場面づくりです。

●高級感のある商品で、内容や開発意図を理解してほしい場合
パーティーの内容を着席式で、格式のある雰囲気にします。ホスト側のプレゼンテーションをじっくり聞いてもらいたい場合は、お食事の前、または終了後に、アピールタイムを確保します。そのスケジュールに合わせて、サービスのスピードも調整し、食事やおしゃべりで注意が散漫になることなく、説明に集中できる雰囲気を作り上げます。

　このように、お客様の目的を詳しく調査して、最善の提案ができるのが優れた支配人と言えるのです。

# アレルギー・宗教・食習慣への配慮

　来店した方が常連さんであれ、初めての方であれ、その瞬間瞬間に最も大切にせねばらならいのは、今目の前にいらっしゃるお客様です。そのお客様へのサービスに集中することがスタッフに求められる最大のミッションですが、支配人はもう少し全体を見渡す必要があります。

　ここではお客様を守るため、また、心おきなく食事を楽しんでいただくために配慮すべきこと、知っておくべきことをご説明しましょう。

## 食物アレルギーとは

　食物による病気で恐ろしいのは食中毒ですが、もう一つ注意しなければならないのが食物アレルギーです。食物アレルギーとは、食物によって皮膚、粘膜、呼吸器、消化器、神経、循環器などに、同時または別々に出現する疾患のことです。重くなると、症状が複数の臓器にまで及びます。これをアナフィラキシーと言います。中でも重い症状がアナフィラキシーショックで、血圧低下や意識障害などを伴い、食物アレルギー患者のうち10人に1人がこのようなショック症状を起こしていると言われます。

　アレルギーを引き起こす原因となる物をアレルゲンと呼びます。食物アレルギーは幼少期と成長後とで原因となる物質や現れる症状が変わることがわかっていますが、国立研究開発法人日本医療研究開発機構（AMED）の食物アレルギー診療の手引き2020によれば、乳幼児の食物アレルゲンのトップ3は、鶏卵、牛乳、小麦。やがて成人に近づくにつれ、甲殻類やそば、木の実類が加わるようになります。

　また、食物アレルギーには、

●即時型食物アレルギー
食物アレルギーの典型的タイプで、原因食物を食べてから通常は2時間

以内に、アレルギー反応による症状を示すことが多い

●口腔アレルギー症候群（OAS）
唇や口腔内、あるいは咽頭粘膜で発症する即時型アレルギー症状で、花粉症の発症している方にOASが合併することも多い。食べた直後から始まり、唇・口腔・咽頭のかゆみ、違和感、血管浮腫（腫れる・むくむ）などが起こり、花、特に果物や野菜の摂取によるものが多い

●遅発性IgE依存性食物アレルギー
食べてから数時間から半日経過してから蕁麻疹やアナフィラキシーが発症するアレルギーなどがあります。
　食物アレルゲンの中でも特に重い症状を引き起こしやすく症例数が多い食物は「特定原材料」と定められ、表示が義務付けられています。それが次の7品目です。

　卵、乳、小麦、そば、ピーナッツ、エビ、カニ

さらに、次の21品目がそれに準じる物として指定されています。

　アーモンド、カシューナッツ、くるみ、ごま、大豆
　アワビ、イカ、イクラ、鮭、サバ、牛肉、鶏肉、豚肉、ゼラチン
　オレンジ、キウイフルーツ、桃、リンゴ、バナナ、まつたけ、山芋


## 食物アレルギーを防ぐには

　食物アレルギーを防ぐには、原因となる食物を食べないことです。当然と言えば当然ですが、それでも発症する人は後を絶ちません。例えば卵や牛乳、小麦などは、卵料理や乳製品、パンやパスタを避けるだけでは防ぎきれません。思いもかけない食品に、これらの食材が使われていることがあるのです。

　飲食店のスタッフは、まずこれらのアレルゲンとなる食品を頭に入れておくこと。その上で、有効な防止策を考えることが大切です。

　まず、使用する食材をお客様にわかりやすく表示します。次にお客様からあらかじめ、アレルギーの情報を得ておきます。アレルギーの申告があれば、メニューに該当食材が使われているかどうかを確認、調理場にも正確に伝えます。調理スタッフとサービススタッフ全員で情報を共有することがなによりも大切です。

　飲食店で起こるアレルギー事故の主な原因は、スタッフ同士の連携ミスによることが多いからです。ここで連携すべきスタッフとは、調理担当とサービス担当だけではありません。予約受付担当者も含まれることを覚えておきましょう。その人の食事に関わる全員が、同じ情報を共有していなければ、事故は防げません。情報は関連すると思われるスタッフにただ伝えるだけでなく「他の人にも必ず話しておいてください」と徹底することが重要です。


●確認事項を徹底する

　命を脅かしかねないのが食物アレルギーです。単に「連携ミスでした」では済まされません。それは交通死亡事故を起こして「ハンドルの操作ミスでした」で済まされないのと同じことです。調理、盛り付け、配膳など、すべての段階で、それぞれのスタッフが事の重要性をしっかり把握しておかなければなりません。そのために、常日頃からスタッフ間で確認手順を徹底し、事故が起きた場合を想定してシミュレーションしておくことが大切です。

　アレルギーをお持ちのお客様は、ごく少量のアレルゲンであっても命の危険にさらされることがあります。中には、アレルギー食材を調理したまな板や包丁、調理道具をよく洗わず、そのまま別の食材にふれただけで、アレルギー成分がその食材に移り、アレルギーが誘発されることもあるほどです。慎重の上にも慎重な対応が求められることがおわかりいただけるでしょう。

## アレルギーが発症したら

　全年齢を通じ、食物アレルギーで最も多いのが皮膚症状で、全体の約
5割を占めると言われています。次いで多いのが呼吸器と粘膜の症状で、
それぞれ2割台。消化器が1割台です。部位ごとに症状を挙げてみます。

皮　　膚：紅斑、蕁麻疹、血管浮腫（むくみ）、かゆみ、灼熱感、湿疹
粘　　膜：目＝結膜の充血・浮腫（むくみ）、かゆみ、流涙、眼瞼浮腫（ま
　　　　　ぶたの腫れ）
　　　　　鼻＝鼻汁、鼻づまり、くしゃみ
　　　　　口・のど＝口腔・咽頭・唇・舌の違和感や腫脹（はれ・むくみ）
呼吸器：喉の違和感、かゆみ、しめつけ感、声がれ、のみこみが困
　　　　　難、咳、喘鳴（呼吸に雑音が混じる）、胸部圧迫感、呼吸困難、
　　　　　チアノーゼ
消化器：吐き気、嘔吐、腹痛、下痢、血便
神　　経：頭痛、ぐったりする、意識障害、失禁
循環器：血圧低下、頻脈、徐脈、不整脈、四肢冷感（手足が冷たくな
　　　　　る）、蒼白（末しょう循環不全）

　サービススタッフは医療従事者ではありませんから、症状からすぐに
食物アレルギーと判断するのは難しいでしょう。しかし疑いが濃厚と思
われる場合は、即座に対応する必要があります。上司への報告はもちろ
んのこと、救急車の要請などが必要だからです。そのために日頃から緊
急時の対応マニュアルを定め、サービススタッフ全員に周知徹底してお
きましょう。

# 宗教と料理の関係

　世界中から来日するお客様は宗教もさまざまです。宗教によっては、食事に関して禁じられている事項があります。また、宗教上でなくても、自身の信条や健康上の理由から菜食主義をとっている人もいます。

　このようなお客様に対して、私たちはどのように対応すればいいか、勉強会を開くなどして、知識を深めておく必要があります。

■ユダヤ教

　旧約聖書に基づくユダヤ教の食事規定には、食べてよい物といけない物とが厳格に定められています。この規定をカシュルートと言い、それに則した食物をカシェル（またはコーシェル）といって、細かに指定されています。ちなみに、カシェルは食品だけを言うのではなく、ユダヤ教の祭礼用の祭具や衣類についても適切な物を示す場合もあります。

　カシェルによれば、動物の中で食べてもいいのは、ひづめが完全に二つに割れていて反芻（はんすう）する動物です。牛、鹿、羊などがこれに該当します。ひづめがあっても、豚や猪は食べられませんし、ウサギもＮＧです。特に豚については、不浄である上、ひづめは割れていても反芻しないから、とされています。家畜の屠殺に関しても厳格に規定されており、最も苦痛の少ない方法で、一撃で殺した物に限ることが条件とされます。また、肉類と乳製品をいっしょに食べることは許されません。

　鳥については、24種類が禁止されています。多くが猛禽類で、ワシ、鷹、トンビ、フクロウなどは口にできません。

　魚で食べてもいいのはヒレとウロコのある物で、その稚魚や卵も大丈夫です。鮭やマグロなどはよくても、甲殻類のカニやウロコを持たないナマズなどはダメだということです。鮭の卵であるイクラはいいですが、ウロコのないチョウザメの卵（＝キャビア）はダメ。また、魚類以外の水生動物ではエビ、タコ、牡蠣、貝類、イカなども食べてはいけない物と規定されています。

■キリスト教

　キリスト教は、食事に関しては他の主な宗教と異なり、ほとんど制限はありません。カトリックでもプロテスタントでも変わりなく、絶対食べてはいけないという物はないと言えます。カトリックでは、復活祭の46日前から始まる四旬節の中で、肉類を食べないことや、断食などの決まりがあったりはしますが、それも聖職者でない限り、厳格なものではないと言います。

　ただし、一部の宗派の中には独自に制限を設けている場合があります。例えば、モルモン教ではカフェインや過度の肉食は禁止です。コーヒー、紅茶、緑茶は避けること、アルコールも禁忌とされます。

　また、プロテスタントの中のセブンスデー・アドベンチスト教会は基本的に禁酒、菜食です。


■イスラム教

　イスラム教徒のことを『ムスリム』と言いますが、ムスリムが口にできる食物は厳格に決められています。食べてよい物はハラールと言い、食べていけない物はハラームと呼ばれます。タブーとされるハラームの代表は豚です。豚肉を使ったハム、ベーコン、ソーセージも同様です。牛・鶏・羊は食べられますが、イスラム法に則った屠殺による物であることが条件です。魚や貝などの魚介類は基本的に食べられます。酒類はハラームで厳禁とされ、アルコールが添加された味噌や醤油なども使用できません。

　野菜・果物・穀物はハラールです。牛乳やヨーグルト、バターなどの乳製品や卵もハラールで、口にすることができます。イスラム教では食に対する戒律は厳しく、ハラームが料理に入っている場合は、それを皿の端によけて食べることさえ許されません。日本人にとって、何がハラールであるかを見極めるのは難しいですが、目安となるのがハラールマークです。このマークは戒律に違反していないと認定された食品にのみ与えられるもので、この認定マークがついていれば、安心して使用でき、お客様にも提供できるというわけです。なお、イスラム教ではイスラム

暦の9月に当たるラマダンの間、日の出から日没まで断食することを義務付けています。

■ヒンドゥー教

　ユダヤ教やイスラム教は食に対して厳格な決まりを持つ宗教ですが、インド国民の8割を占めるヒンドゥー教も同様です。特に牛は神聖なものとして扱われ、食べるなどもってのほか。肉そのものだけでなく、出汁や脂肪が使われている物も厳禁です。ブイヨン、ゼラチン、バター、牛脂も調理に使用できないので注意しましょう。また、豚は不浄なものとして嫌われ、魚も禁止です。野菜については種類によっては禁止されており、ニンニク、ニラ、ラッキョウ、玉ねぎ、アサツキなどのネギ類はほぼ禁止されています。こうした野菜は匂いが強いことから、興奮剤の一種とみなされ、体内の臓器に負担をかける物と考えられ、口にしません。この考えは仏教にも影響を与えていて、五辛や五葷と呼ばれ、同じく野菜を指します。

■ベジタリアン

　ベジタリアンは宗教ではありませんが、食習慣上の主義の一つです。日本語に訳せば『菜食主義者』となりますが、実は菜食主義者にもさまざまに種類があります。

　肉類や動物性たんぱく質を一切口にせず、野菜だけを食べる人の総称のように思われがちですが、正確に言えば、ベジタリアンはそのうちの一つにすぎません。

・ヴィーガン＝植物性食品のみを食べる（はちみつもNG）
・ラクト・ベジタリアン＝植物性食品と乳製品を食べる
・ラクト・オボ・ベジタリアン＝植物性食品と乳製品、卵は食べる
・ペスコ・ベジタリアン（ペスカタリアン）＝植物性食品と魚、卵、
　乳製品は食べる

これらが主なベジタリアンの種類ですが、その他にも種類があります。

ドイツ・イタリア・イギリス・スウェーデン・アメリカなどでは人口の3〜10%がベジタリアンだと言われています。また、日本でもこうした菜食主義の人は増えています。そのためには、多様な食習慣を把握し、食べる物、食べられない物をよく理解し、それをスタッフ全員で共有することが大切です。

# 予約から始まるサービス

お店でのサービスは、予約の段階からスタートしていると言っても過言ではありません。予約を受け付けたとき、単なる情報として処理して終わるようでは、店の成長は望めません。自店をよりよい店へと押し上げるためにも、予約をどうとるか・そこからどう戦略を立てるか、考えてみましょう。

## 予約から何を読み取るか

お店に来るお客様には、予約して来られる方と、予約なしで来られる方がいらっしゃいます。もちろん、どのお客様に対しても誠心誠意のサービスをすることが大切ですが、予約をいただけると、そこからさまざまな情報が引き出せて、より良いサービスにつなげることができます。店への予約というと、いつ・誰が・何人で、程度のものだと思われがちです。しかし、本当に良い店は、予約の時点からさまざまな情報を読み取り、より良いサービスへとつなげるものなのです。では、お客様の予約から何が読み取れるかを解説しましょう。

●「目的」を明確にする

お店によっては個室のある店もあります。個室と一般席とでは雰囲気が違うのも当然ですが、何より個室を利用するには意味や目的があるケースがほとんどです。予約の段階で何を目的に来られるのかをつかむことが大切です。

122

・予約なしに来られる方は…
大抵が一般席にお通しすることになりますし、その目的はおいしいもの
でお腹を満たすことでしょう。つまり目的はずばり「食事」です。

・予約の方・個室希望の方
食事の他にも目的のある場合が多いでしょう。何かの会だったり、お祝
いの席だという場合もあります。また、小さなお子さんがいらっしゃる
ご家族は、周囲への気遣いと、自分たちが心おきなく楽しみたいために
個室を希望する方がいらっしゃいます。

いずれにせよ予約時に把握しておきたい点は次の通りです。

　・日時
　・人数
　・参加者の年齢
　・集まりに目的はあるか（接待・打ち合わせ・懇親・お祝いなど）
　・会合に名称はあるか（○○会、○○定例会など）
　・「本日の御宴席」など案内看板を出すか・出さないか？

　ざっと考えつくだけでも、これだけあります。
　さらに、できることならば、
　・アレルギーの有無、好き嫌いについて
　・ご予算
　・お酒類についてのお好みやリクエスト
　・お祝いの場合のケーキや花の準備について
　・サプライズにしたいかどうか

まで踏み込んでご相談できれば理想的です。お客様の中にご高齢の方が
いらっしゃる場合は、特に申し出がなくても「他の方とお料理の内容を
変える必要はありますか？」など、こちらから配慮すべき点を聞き出す

姿勢も大切です。ご高齢の方がいらっしゃる場合、あるいは乳幼児連れのお客様の場合は、お手洗いへの動線が複雑でないこと、個室までに段差などがないこと、エレベーターなどからアクセスのよい部屋を当てる、などの配慮もできるでしょう。また、ベビーカーご利用の可能性がありそうなら置き場所が確保できるかどうかも視野に入れておきます。

その他にも、花を用意して欲しい、接待なので相手の会社の系列企業のビールを出して欲しい、などのほか、お祝い用のケーキやメッセージプレート、花、ワインの要望が出る場合もあります。

予約の段階でどれだけ詳細な情報が聞き出せるか。それをどれだけ当日に活かせるかによって、店の質は押し上げることができるのです。


## サプライズをいかに成功させるか

サプライズとは「驚き」を意味しますが、料理店でのサプライズと「ドッキリ」は違います。

ドッキリは仕掛け人がターゲットとなる人を驚かせる計画で、仕掛人やそれを見た第三者が喜ぶことを目的とするものです。場合によっては相手を陥れたり、はずかしめたり、精神的に追い詰めることさえあります。

サプライズとは仕掛人がターゲットとなる人を驚かせると同時に、ターゲットを喜ばせようとするものです。

プロポーズや誕生日のお祝いなど、本人に内緒で計画して、派手に演出することで、感動を深める狙いがあります。

サプライズを企画する人は個室のあるレストランを利用することが多く、店側は仕掛人のお客様と念入りに打ち合わせを行います。その内容は用意する物品や花・音楽（生演奏の手配）・クラッカー・シャンパンの抜栓タイミングとその合図やスタッフによるバースデーソングなど多岐に渡ります。

# インターネット予約を受け付けたら

　近頃はネットを通して予約を受けることも珍しくありません。公式サイト経由の場合もあれば、いわゆるグルメ系ポータルサイトの予約フォームから、というケースもあるでしょう。

　その場合も、できれば『予約確認』として、折り返しのお電話をするようにしたいものです。

　ネット予約の場合、要望を記入する自由記載欄などもありますが、あまり事細かに書いてくださる方はいらっしゃいません。予約フォームはあくまでも、基礎的なアンケートのようなもの。詳細な情報は、やはり電話で聞き出すのが一番です。


●案内看板とは

　ホテルの中にある料理店、あるいは店内に個室がいくつもあるような店の場合、入口に「○○様御席」や「○○会　会場」といった案内表示を出すことがあります。これは、お客様が迷うことなく席にたどり着けるための案内ですが、場合によっては「出さなくていい」「出してほしくない」という場合もあります。


・出さなくていい場合
　初めての来店ではないし、もうわかっているから不要である


・出してほしくない場合
　接待またはシークレットな席なので、あまり知られたくない


などが考えられます。事前に確認せず、当然のこととして看板を出してしまい、後から「出してほしくなかった」とクレームにつながることもあります。看板については予約段階から配慮しておくことが大切です。

## 道案内で判るお店の実力

　お客様にとって、初めて訪れる店は行き方がよくわからないものです。店に電話をしてきて道順を聞く人もいますが、多くの人はインターネットで調べます。店のホームページには、電車や地下鉄、バス、車によるアクセス情報とともに地図が掲載されていることが多いでしょう。ただし、「○○駅から徒歩３分」と書かれていても、駅の出口も東西南口、中央、○○口などに分かれ、地下鉄では○番出口と表示されていなければ、探しながら歩くわけですから、３分以上はかかるでしょう。

　もし店がわかりにくい場所にある・入り口が見つけにくい、という場合は、ホームページに記載する地図に、通りの名前、お店の名前、集合ビルの場合は、１階にあるお店、隣にあるお店、対面にある目印になる建物や看板などの情報を書き添えたり、上り坂や階段なども書き添えておくと、必要以上に時間をかけずに、お客様は到着できるでしょう。

●地図ソフトもひと工夫

　パソコンから地図をプリントアウトして持参する方もいらっしゃいますが、その場合も、地図ソフトに住所を入力せねばならないとしたら不親切。公式サイトからボタン一つで最寄り駅からの地図がプリントアウトできるようにしておくのが、スマートなやりかたです。

　近頃はスマートフォンのナビアプリを頼りに来る人も増えていますが、それでもわからないときは、電話で問い合わせがくるでしょう。道に迷ったお客様からの電話を受けた場合は、まずお客様が今どのあたりにいらっしゃるのか、把握する必要があります。

　「近くに何が見えますか？」と尋ねると、相手はとっさに目に映る大きな看板や建物、店の名前などをいうでしょう。スタッフは、自店までのアクセスでどこで迷いやすいか、店の近くにどんな目印があるか、日頃からリサーチしておきましょう。相手の身になって、的確に対応できる、それがお店の実力です。

# ノーショー対策

　昨今、飲食店業界で話題になっている言葉があります。ノーショー（No Show）。つまり、予約は入ったものの、お客様が現れなかったケースのことです。

　料理店でもノーショーの問題とは無縁ではいられません。予約が入り、コースの内容まで決まっていた場合など、用意する食材や飲み物、そのために割く予定だった人員も無駄になります。まして、その予約のためにお断りしていたお客様がいたとしたら、その方々についての機会損失にもなります。

　経済産業省では、このノーショー問題について有識者勉強会を実施し、2018年11月に「No show（飲食店における無断キャンセル）対策レポート」を発表しました。それによれば、飲食店で発生するキャンセルの実に１割がノーショーであり、その損失額は年間2000億円にも上る、と推定されたのです。

　こうしたノーショーのほとんどが、これまでは『泣き寝入り』になってきました。しかし、感染症拡大問題もあり、どの飲食店も大変な危機に瀕してきました。

　不毛なノーショーを防ぐには、どんな手立てがあるでしょうか。


■公式サイトにキャンセルポリシーを明記する

　インターネット社会もかなり成熟し、自社や自店の公式サイト、ホームページを持つのも容易になってきました。さまざまな営業情報や自店の魅力を発信しやすくなったと同時に、公式サイトを通じての予約も受け付けられるようになっています。

　予約とは、店とお客様との間で交わされる契約です。その契約を、予告なしに一方的に破棄する行為、それがノーショーです。

　旅行のツアーや宿泊予約の場合、キャンセル料の発生について説明されているケースが多いのはご存知でしょう。ある程度の格式のある店の場合、さりげなくホームページ内（できれば予約フォーム内）に、キャ

ンセルポリシー（何日前以降はキャンセル料が発生する旨）を書き添え
ておくことで、お客様に正式にキャンセル料を請求することができます。

■予約確認の徹底
　ノーショーを防ぐ、それも「予約したのを忘れていた」「日時を勘違
いしていた」というケースに有効なのが、予約確認です。ネットで受け
た予約を電話で確認するほか、前日や前々日のタイミングでお電話をし、
内容の確認をします。
　ただ、件数が多い場合、確認の電話も従業員にとっては負担となりま
す。人手が不足している店ではなおさらでしょう。昨今はデジタル技術
（IT）を活用して、自動的に登録されたメールアドレスにメール、また
は携帯電話の番号に対してSMS（ショートメール）などで確認の連絡
を入れる、という方法もあるでしょう。

■ドタキャンとノーショーを区別する
　土壇場でキャンセルすること、いわゆるドタキャンと、ノーショーで
は事情が違います。たとえば、突然の不幸や事故で来られなくなるケー
スもあります。そうした不可抗力によってキャンセルせざるを得ないケー
スにまでキャンセル料を課してしまうのは酷だという場合もあります。
　そのためにも、予約の際に「たとえ予約時間の30分前でも結構です。
何かございましたらご連絡ください」と申し添えるのも一案です。たと
え当日でも連絡いただければ、確保していた食材を早々に、予約外のお
客様にお勧めすることもできます。空いた席に予約のないお客様をお通
しすることもできるでしょう。もし不可抗力な事情でドタキャンせざる
を得なくても、きちんと連絡をくださるのは良いお客様です。むしろ「大
変でしたね。ご事情、かしこまりました。落ち着かれましたら、是非お
越しください」とお話しすれば、また来てくださるかもしれません。

# 「観察力」を磨いて、お客様を読み解く

　予約の段階でお客様の情報がある程度つかめれば、それだけ踏み込んだサービスが実現します。しかし、予約なしでやって来られたお客様でも、観察すれば、そこからさまざまなニーズがつかみ取れるものです。お客様のどこに注目し、どう対処するか、考えてみましょう。

　「いい店だな」「また来たいな」と思っていただくポイントはどこにあるでしょうか。もちろん、料理の味が良いこと、その店にしかない何かがあることは大切です。が、サービスの観点から考えると、

　・ことさらに良い思い（気持ち良い経験）ができた

　・わがままを聞いてもらえた（便宜を図ってもらえた）

そういう店ではないでしょうか。これは常連のお客様が店に期待することと同じです。

　そしてその事情は、個人のお客様でも、企業や団体でも、基本は変わりません。

■カップルのお客様の場合

　デートで訪れたカップル。恋人またはご夫婦でしょうか。こうしたお客様の場合は、男性はよりスマートに格好良く、女性はよりエレガントに美しく見えるように演出する必要があります。また、何よりも二人のコミュニケーションが大切ですから、会話に集中できる環境を作って差し上げたいものです。

　食事の演出はクロークから、すでに始まります。

　日本の男性はレディファーストを勘違いしているケースが多々あります。女性が着ているコートを脱ぐ・着るのを手伝う、受け取る・渡す、のはサービススタッフの仕事だと思っている人は意外と多いものです。基本的には、荷物を預かり、女性がコートを脱ぐのを手伝うのは、エスコートする男性の役割です。サービススタッフは男性からコートや荷物を預かるだけです。しかし、男性が自分の役割に気づかなければ、話は進みません。

さりとて、スタッフが女性のコートを脱ぐお手伝いをするのも僭越です。男性が何もしてくれなければ、女性はご自分でコートを脱ぐでしょうから、男性がそれを手伝うか、受け取るか、一瞬見守ります。動きがないようなら「お預かりします」と声をかけましょう。退出されるときも同様です。基本的には女性のコートを男性にお渡しし、男性が女性に着せかけて差し上げるのがマナーですが、そのようにスマートに振る舞える日本人男性は、残念ながらあまりいません。

　まずスタッフは、預かったコートや荷物を、一度にどさっと返すような荒っぽいサービスをしないこと。まずはコートをお渡しし、相手が着る（着せる）か、または手に持ったままとするか、決まるまで待ちます。一呼吸おいてから、荷物をお渡しします。間違いなくすべて渡せたかどうか、忘れ物はないかも、一言添えて確認しましょう。


　カップルのお客様を席に案内する場合も配慮が必要です。周囲にビジネスパーソンばかりの席に、恋人同士が案内されたらどうでしょう。ロマンティックな会話は弾みそうもありませんよね。指定された席が不満足な場合、食事も楽しくないでしょう。もし、片付ければ窓際の席が空く、などの状況なら「少々お待ちいただければ窓際へご案内できますが？」と、店の都合ではなく、お客様の要望を取り入れる提案をしましょう。カップルのお客様なら、なるべく静かなところを選んでご案内します。もし、窓からの景色が楽しめる席ならば、ぜひ女性客を眺めの良い席に通して差し上げましょう。

■ビジネスのお客様の場合
　明らかにビジネスのお客様の場合はどうでしょう。まずは人数を確認し（必要な席数を用意せねばなりませんから）、性別、年齢、関係性を観察します。同じ会社の人達なのか。取引先の関係なのか。誰が上司なのか、部下なのか。一見、上の立場の男性に見えても、その人がその中で一番偉いとは限りません。大切な取引先の若い担当者を接待しているところかもしれません。もちろん、ご予約いただければ事前に確認でき

るのですが、フリーのお客様の場合は来店からご案内までのわずかな時間に、お客様同士の会話や身なり、持ち物からある程度の情報を得て判断します。込み入った話がしたいようなら、空いていれば個室をお勧めすることもあります。できれば、小さなお子さんをお連れのファミリー層の近くや、カップルのお客様のそばには案内しないほうがいいでしょう。「こちらのお席をご用意しましたが、よろしいですか？」と尋ねるのもよいでしょう。

　お客様の顔ぶれは店のロケーション（ビジネス街にあるのか、郊外なのか、ホテルの中なのか、独立店舗か）によって、また時間帯によってさまざまです。毎日の傾向を分析し、お客様の様子から情報を得て最適なサービスに努めること。そのためには日頃から「観察力」を磨いておくことが大切なのです。

## 案内しながら、会話しながらめぐらせる

　支配人はお客様を入口でお迎えしたら、席へとご案内します。席は予約に沿ってテーブルセッティグの前に割り振りしておきます。
　ご案内する時、支配人が最も注意しなければならないのが周囲とのバランスです。楽しそうに盛り上がる方たちの近くにビジネス関係の方たちをご案内したり、仲睦まじいカップルを深刻な話をされている方たちの隣りにお連れしては、互いに相手のことが気になり、会食を楽しんでいただけない恐れが出てきます。そんな時は急きょ変更し、ふさわしい席へとお連れします。
　その場で臨機応変に振る舞うには、今、どの席にどのような方がいらっしゃるか、また、あとからどのような方がおみえになるか、常に頭に入れておくことが必要です。そうすればどんな場面であっても適切に行動ができます。なおゴージャスな雰囲気をお持ちの"華"のあるお客様は視線の集まる席へ、反対に、店の雰囲気にそぐわない服装のお客様は目立たない席に、その場で変えることもよくあります。

営業中、支配人は常に全席に目を配ります。料理がきちんと出ているか、サービスがスムーズに行われているか、トラブルはないかなどをよく見て、少しでも問題があればすぐにキャプテンに指示を出します。それを受け、キャプテンはサービススタッフに指示します。店の規模によりますが、キャプテンはサービスエリアごとにそれぞれ配置されています。

　お客様とのコンタクトも支配人にとっては重要な仕事です。例えば、お客様が大の野球ファンだとわかっていれば「今、○○が勝ってますよ。さっきネットでチェックしたところ、8回の裏で7対2でリードしているようです」とお席で伝えるだけで、お客様は嬉しい気分になり「よし、祝杯にもう1杯！」となるかもしれません。魚好きとわかっていれば「いいスズキが入ってますが、いかがですか」「じゃあ、それをいただこう」とオーダーにつながるかもしれません。

●売り上げを意識する行動を

　何度も言うように、支配人は売り上げを上げる使命を負っています。常にそれを意識して行動することが大切です。特にワインは利幅の大きな商品ですから、お客様に上手に勧めることで売り上げアップを図るようにします。そのためには日頃からワインについての知識を深めておくこと。特にソムリエが置かれていない店では、支配人がその代わりをするくらいでないといけませんから、知識の取得が求められます。

　また、次の来店につなげることも支配人の重要な役割です。会計の際などに、「いかがでございましたか」とお尋ねし、「満足したよ」などとの返事があれば、すかさず「近日、○○のワインが入りますがいかがですか」と提案します。会食後のいい気分ですから「じゃあ、予約しておこう」となるかもしれません。タイミングを逃さず、その場で予約にまでもっていけるかどうかは支配人の腕次第です。このようにあらゆる機会をとらえて考えをめぐらせ、初めてのお客様をリピーターに、リピーターを常連に、常連をソワニエに。ファンを増やしていくのが支配人の大切な仕事なのです。

# 上手に勧めるテクニック

　お客様を席にお通しし、注文を受け、頼まれたものを運び、食事が終わったらお帰りになる。飲食店での一連の作業を文字にすると、いたく単純に感じます。しかし、実際の飲食店では実にさまざまなことが起こります。

　どのお客様も大切なお客様です。それぞれに大切に対応しながら、トラブルを未然に防ぎ、起きてしまったトラブルには冷静に、迅速に対処し、善後策を講じること。それがよい店のサービスであり、優秀な支配人に求められるポイントです。


■注文時に起こりがちなこと

　常連のお客様はありがたい存在ですが、同時にわがままをおっしゃる方もいます。常連のお客様ほど、設定されたコース通りの料理は選びたがりません。料理のアレンジを要求したり、さらにはメニューには載っていない物をほしがることさえあります。そんな無茶なリクエストにまごつかないためには、どうしたらよいでしょう。

　・お客様のご要望がどんなものか、理解すること

　・リクエストに応えられるかどうかの判断を早めに下すこと

この2点が大切です。そのためには、

　・料理への理解、知識を深めておく

お客様の言う料理がどういうものか、知っているか知らないかで大違いです。「フランスのほら、山の方の料理にあるでしょ？　あれを食べたいの！」と言われたら、ピレネー地方の料理を思い浮かべるようでなくてはなりません。


　・調理場の状況を把握しておく

今、調理場にどんな食材があるかを常に知っておくこと。また、料理長との人間関係を良好に築いておくことも重要です。例えば「鴨が食べたい！」とご要望があって、冷蔵庫に鴨があるとしても、それはその日、

ご予約いただいている他のお客様用のものであれば、お出しするわけにはいきません。また、仮に鴨の在庫があったとして、その日の調理場が戦場のような忙しさで対応できないことだってあり得るでしょう。大切なお客様ですから、できるだけリクエストにはお応えしたいところですが、すべてを聞き入れることはできません。Yes・Noは迅速に判断すべきですが、それでいて、お断りするにもお受けするにも、状況をよく見て、うまく対応する必要があります。

●即答はしない
冷蔵庫に鴨がないことはわかっていても、必ず一旦は「調理場に確認してまいりますね。少々お待ちください」とその場を引き上げます。即座に「ございません」と却下されてしまうのは、お客様をしらけさせてしまいます。

●調理場に相談する
調理場に声をかけ、メニューにない鴨のリクエストが入ったことを伝え、相談します。やはり無理だ、という結論なら、鴨に似せることはできないか（例えば、鶏肉をコンフィにして、ソースを鴨に使うようなフルーツ系のものにできないか、など）の相談をするのも手です。メニュー通りのもの以外用意できないのか、何かしらの工夫はできないか、支配人の調理の知識と料理人（特に料理長）とのコミュニケーションが物を言う瞬間です。

●お客様に代案を提案する
例えば、鴨はお出しできないが、他にジビエがある場合はそちらをお勧めする。前述のように、鶏肉を鴨のように調理する、ソースをアレンジするなど、調理場と相談した代案を提案します。これなら、同じ「お断りする」結果になっても、お客様からすれば「検討してくれた」「私のために考えてくれた」という印象は残ります。自分は常連である、という特別感や意識を満たすことにもつながります。

■上手に料理を勧めるには〜原価を把握しておく

　メニューの構成は通年用意されている基本のメニューと、季節の物（旬の素材を使った物）やお勧め物（限定メニューなど）とで成立しています。その一方で、お客様からよく尋ねられるのが「お勧めは？」という質問です。相手の好みを伺い、それに沿うのが一番ですが、季節感を味わえる物、旬の食材を使った物などは、特に勧めやすいのではないでしょうか。その時期だけの物という特別感もあり、比較的売りやすいはずです。また、原価を把握しておくことや、その店の食材の在庫の状況などを理解しておくことも、メニューを勧める時の助けになるはずです。例えば、各料理の原価がわかっていれば、コース料理内の一部を、同じ原価の別の料理に差し替える提案もしやすくなるでしょう。

■注文ミスを回避するには

　お客様の注文を受ける時、まず気をつけなければならないのが注文ミスです。特にメニューがずらっと並んでいて料理名が読みにくい時など「これ」と指差しで注文されることがあります。そんな時は指し示しているのが、その料理の行なのか、その横なのか判断に困ることも。間違いを回避するには、復唱するのが一番です。

■追加のお勧めはタイミングよく

　すべての料理に言えることですが、料理を出すタイミングは、実に重要で、難しいものです。もちろん、お客様の食べるペースに合わせて出すのが基本です。早過ぎてはテーブルに料理があふれますし、急がせているようで失礼です。一方、遅過ぎると満腹感が襲ってきてしまい、その先が入りにくくなります。お腹に料理が入ってから、満腹感を自覚するのには、タイムラグがあります。その時間を過ぎると、脳はお腹がいっぱいになったと判断し、満腹感が訪れます。満腹感を自覚する前に次の料理を出す。そうやって「食べ続けている」と、人間は意外とすんなり食事を続けられるものなのです。逆を言えば、一度満腹感を覚えてしまうと、追加注文は取れないと思った方がよいでしょう。フランス料理

はコースでお出しすることが多く、追加注文の機会は少ないかもしれません。が、アラカルトのお客様や、デザートなしのコースの方の場合など、追加をお勧めするケースはあります。リズム良く、満腹感よりも先に「甘い物など、いかがですか？」の一声をかけましょう。

## お客様の表情を見逃すな！

　サービスの仕事をより良いものにするのに欠かせないのが「お客様の表情に気を配る」ことです。そのため次のようなポイントが大切です。

●店内をゆっくりと歩く
支配人はもちろん、サービススタッフも店内はゆっくりと歩くことです。ゆったり歩けば全体を見渡す余裕もできますし、お客様にしてみれば、食事している後ろを誰かがせかせかと歩くのは落ち着かないものです。スタッフが慌ただしく動き回る料理店など、ありはしませんよね。

●全体を見渡す
誰かをじっと見つめるようなことは、してはなりません。人の視線というものは意外とわかるものです。気になるお客様がいたとしても全体を見るように、特定の1人を注視しないことです。また、全体を見渡すことでどこかでイレギュラーが起こっても気づきやすくなります。

●テーブルの上を常にチェックする
空いたお皿がそのままになっていませんか？　オーダーされた物がまだ届かないテーブルはありませんか？　人の表情や動きも大切ですが、なにより各テーブルの食事の進捗に目配りすることが大切です。また、メニューを見ていた人が顔を上げた時はオーダーしたい時。食事中の人が顔を上げたり、周りを見回す時は、何か用事がある時です。すぐに伺うようにしましょう。

●五感を働かせる

お客様のすぐそばをスタッフが通りかかった時、ふと会話が止むことがあります。これは、人には聞かれたくない話をしている場合です。そういう時はそっとそばを離れ、必要のない時はなるべく近づかないようにしましょう。また、ホールの室温にも気を配りたいものです。冬の寒い時期、窓際のお客様が寒そうな場合に貸し出せるひざ掛けを用意するのもサービスの一つです。また真夏には冷房が直撃する席に女性や年配の方をお通ししないのも一つのサービスです。入ってきたときには暑くても、冷房が効いた室内なら、15分もすれば汗は引きます。さらに長引けば、寒くなるでしょう。冬は共用のひざ掛けなど用意するケースは多いですが、冷房対策に羽織りものを用意する店はありません。どうしても冷房がきつくて寒いというお客様がいる場合は、状況が許す範囲で席の移動を提案するのもいいでしょう。とっさに、温かい飲み物などをお勧めするのもいいと思います。店内の音や声、暑さ・寒さなど、サービススタッフは五感を働かせて、空間全体が快適であるかどうか気を配りたいものです。

とはいえ支配人は通常、入口付近にいるものです。お客様のささいな変化には気づきにくい位置にあります。そういう時は自分の代わりに、目となり耳となってくれるスタッフを配置することです。自分と同じように目配りできるナンバー2、ナンバー3を配して、ある程度判断できるよう教育します。また自分自身は入口付近にいても、どの席にどんなお客様が座っているか、ホールの状態を把握しておく必要があります。

支配人がホールに入っていくのは、お客様に挨拶をしに行く時です。その機会をとらえて、お客様のところへ向かう途中には、ホール全体を見回しましょう。気になったことがあれば、ナンバー2やナンバー3に指示して対応してもらいます。サービスは支配人を司令塔にした、チームプレイなのです。

## トラブルに備える

　どんなに避けたいと思っていても、起きてしまうのがトラブルというものです。そして飲食店には、よく起きるトラブルというものがあります。ここでは「起こりがちな」トラブルについて紹介しましょう。


■待たせ過ぎ

　「お客様は1回では怒らない」。これは経験上、覚えたことの一つです。予約なしに来られたお客様は、店が混雑していればお待ちいただくことになります。店の入口に行列になることも珍しくありません。混んでいるのは一目瞭然ですし、予約していないわけですから、この段階で怒り出す方はそうはいません。気をつけなくてはならないのは、いよいよその方が着席し、オーダーを済ませた後です。やっと座って注文も決まり、やれやれと思っているところなのに、今度はなかなか料理が出て来ない。こうなると怒りの導火線は短いものです。また、同じメニューを注文しているのに、他の席のお客様に先に料理が出てきた場合も、クレームの元になりやすいものです。

　特に料理をお出しする順番のクレームが起きやすいのは、調理場で同じメニューをまとめて作ることが多いからです。しかし、お客様はそういう調理場の都合など知りません。なぜ自分のところだけこないのか疑問に思うわけです。これが、入口で散々待たされた後ならなおさらです。


→こんな時どうするか

　入口で長時間お待たせしたお客様をご案内する際には、必ず「お待たせいたしました」「お待たせして申し訳ありませんでした」の一言を添えましょう。また入口で待たされた方のオーダーが滞ることのないよう、調理場に状況を伝えることも大切です。そこで重要になるのがホールと調理場をつなぐ「デシャップ」の存在です。デシャップは前の章でも説明した通り（P.15参照）、受け付けた注文をすべて把握し、調理場全体を見渡して進捗状況を確認します。また、出来上がってきた料理の盛り

付けを確認したり、サービススタッフからホール内の状況を聞くのも、デシャップの仕事です。サービススタッフ、特にチーフは、とりわけ入口で待たされたお客様からの注文なので後回しにしないように、デシャップを通してホールの状況を調理場に伝えます。デシャップは逆に、料理に時間がかかりそうな場合などあれば、チーフに「○分ぐらいかかるので、あらかじめお伝えしてください」と、調理場側の事情を伝えます。

　人間誰しも、状況がわからないまま、あてもなく待たされるとイライラするものです。もし時間がかかることがわかっているなら「申し訳ございません、調理場より、○分ほどお時間をいただきたいとの伝言でございます」とお伝えすれば、イライラがクレームにつながるリスクを少しでも減らせるはずです。また、オーダーの時点で時間のかかる料理であることがわかっている場合は「こちらはお時間を○分ほど頂戴しますが、よろしいですか？」と確認するのも一つの方法です。

　お客様にイライラした様子が見えなくても、料理が届いていない席があるなら声をかけるようにするのも大切です。
「○○はまだ来ませんか？　それは失礼いたしました。少々お待ちください。私が責任をもって調理場に伝えます」、この一言でお客様は「気にかけてもらっている」とわかり、安心するのです。


■料理をこぼしてしまう
　ありがちなトラブルの中で「待たせ過ぎ」に次いで多いのが、いわゆる「ぶっかけ」と呼ばれるトラブルです。料理をこぼすのにはいくつかパターンがあります。一番危険な魔の瞬間は、料理や飲み物をテーブルに置く時です。

　　・トレーから料理を出す時、バランスを崩して皿をひっくり返す
　　・料理をテーブルに置く時、グラスに腕や袖をひっかけて倒す
　　・会話に夢中になっているお客様が急に動き、腕や肩があたって料理
　　　をこぼす
などが考えられます。

→こんな時どうするか

■こぼさないために

　何よりまず、意識を料理に集中させることです。トレーから料理を下ろす時、テーブルに置く時、料理や飲み物から目を離してはいけません。確実に置くべき場所に置いてから、初めて目を離します。早く目を離し過ぎるのも、トラブルを引き起こしやすくなる原因です。もし、慌ただしく次にやらなければならないことが控えていて、そのことばかり考えていると、意識が料理や飲み物から離れてしまいがち。そんなときほど、こぼす・倒すが起きがちです。一つひとつの皿や器を、確実にテーブルに置くこと。ただ置くだけではなく、置いてからそっと手を添えて、少し前に進めるようにすると、丁寧に見えて、しかも確実です。

　また、テクニックとしては、より安定した持ち方をすることです。料理の持ち方やトレーの扱い方は後の章でご紹介しますが（P.257参照）、トレーの上でも重たい物、大きい物、背の高い物はなるべく手前、自分の体に近いほうに。軽い物、小さい物、背の低い物は手先のほうに置くと安定します。

　お客様が盛り上がっている席にサービスする時には、必ず一声かけるようにします。「失礼します。○○でございます」と声をかけて、こちらの存在に注意を向けてもらってから物を動かせば、ぶつかる心配はありません。お客様の後ろから近付いて、その方が気づかなくても、その方の向かい側や隣の方が気づいて「ほら、お料理が来ましたよ」と促してくださることもあります。どんなに忙しくても、お声がけしてから一呼吸置いて、料理をサービスするようにしましょう。


■それでも、こぼしてしまったら

　その時は、まずその場で即座に謝ることです。ヤケドなどケガにつながりそうならば、すぐに状況を把握し、熱い物がかかった衣類を脱いでいただきます。また、手当が必要かどうかを判断し、状況によっては救急箱を持っていく、氷を持ってきて冷やす、などの応急処置をしましょう。

　料理や飲み物が人にかかれば、当然、着ている物は汚れます。店がホ

テル内にあって、ランドリーサービスがあるような場合には、すぐに連絡して食事中に染み抜きやクリーニングしてもらうこともあります。即座な対応が無理な場合や、着替えられない場合には、お客様にクリーニングに出してもらい、後日、かかった費用を精算します。

　いずれの場合も、その場でまず謝ること。また、トラブルがあったことをすぐに支配人に連絡し、必ず支配人が謝罪することです。そのお客様がお帰りになる際に、菓子折りやお店で用意しているお土産品などをお渡しして、重ねて謝ること。後日対応（後日の精算や、クリーニングした衣類の返却など）がある場合は、その確認を明確にすることが大切です。


■子供が泣き出した

　高級店では、小さなお子さんや赤ちゃん連れをご遠慮いただくこともありますが、ごくカジュアルな店の場合はその限りではありません。小さなお子さんを連れたお客様で起こりがちなトラブルです。誰しもお腹が空いていれば機嫌は悪くなります。まして子どもは我慢しません。また、食べたら食べたで、じっとしていられず、遊びたくなるものです。そこで起こりうるトラブルとしては、大声を出す、泣く、退屈して騒ぐ。ついには席を離れてあちこち歩き回る、という場合もあります。ゆったり食事を楽しみたい他のお客様にとっては、迷惑でしかありません。


→こんな時どうするか

　小さなお子さんが来店した場合。可能ならば個室にお通しします。これでトラブルのかなりの部分は回避できます。個室がない、あっても空きがない場合には、静かにしてもらうために、誰よりも先に料理や飲み物を出します。自分の前に何か出されれば、とりあえず興味がそちらに向けられ、泣いたり騒いだりが一旦は収まります。

　また、食事の途中でも個室や仕切りのある席が空けばそちらに移動をお勧めしてもよいでしょう。

大人が食事に夢中になってしまい、子どもから目を離す瞬間は特に恐ろしいものです。近ごろのファミリー向けの店では、キッズスペースを設けたり、誰もが遊べる絵本や簡単な玩具を用意しているところもあるようです。

そうしたスペースを設ける場合は、周囲に危険なものがないか。他のお客様の席から離れているか。サービススタッフの動線から外れているか。などを意識して設定します。また、スタッフがこぼさなくても、子どもが料理をこぼす、コップを倒す、などのトラブルは容易に予測できます。小さなお子さんが来店したら、いつでも拭き掃除に出られるよう、スタンバイしておきましょう。

■お客様の体調不良①

体調不良を訴えるお客様がいたら、どう対処すべきか？

まずお客様がどのような状態かを確認し、どうされたいのか希望を聞きましょう。横になりたい場合は可能なら別室や目立たないスペースを用意します。意識がないなど、緊急と判断されるときは救急車を呼びます。

■お客様の体調不良②

帰宅したお客様から体調不良の連絡があった！

食事をした時間やメニュー、症状、連絡先を必ず伺います。食中毒かどうかの判断は非常にデリケートな問題です。また、集団食中毒の可能性が考えられる場合、そのお客様だけに起きた体調不良なのか、他のお客様にも発生しているか、それとなく確認をします（同席された方に、同じような症状の方はいませんか？）。

ともあれ、最大限の処置を、時間を空けずに行うことが大切です。また、食中毒が疑われる場合は、食中毒発生の特徴（食べてから発症するまでの時間など）も説明しておきましょう。

●誤解を解く努力

体調不良を訴えるお客様は店に疑いを持ち、ご立腹のケースもあります。

不用意な発言は慎み、責任転嫁ととられないよう、慎重な対応が求められます。焦らずに、責任の所在を急いで明らかにするようなことは避けましょう。何よりも大切なのは、お客様の体調を気遣うこと。納得されない場合は、食材の貯蔵状態や調理法などを具体的に説明しましょう。ゆっくりと冷静に説明すれば、勘違いであったり理解不足による誤解は解けやすくなります。

●アフターフォロー
自店での飲食によって体調不良を起こした可能性がある場合、あるいは店内でケガをされた場合など、通院に同行するなど、その後のケアも大切です。通院時には、そのときの状況や提供した食材など、医師からの質問に答えられるように状況を整理しておきましょう。結果的に店側に落ち度がない場合でもアフターフォローを心がければ、店側の誠意が伝わるでしょう。

■お客様の体調不良③
　突然倒れた！そんなときは？
　飲食店ではアルコールの提供もありますし、体調が変化しやすい場でもあります。お客様が倒れるのは、一時的に気分が悪くなるケースもあれば、心不全や脳梗塞など、命に係わる重篤な発作である場合も。突発的な急病については、まず倒れたお客様に声をかけ、意識の有無を判断。周辺のスタッフとも連携して冷静に対処を。救急車が到着するまで、むやみと動かさないことが重要です。
　お客様が急に倒れた場合、考えられるのは、
　　・急性アルコール中毒　　　・貧血
　　・食物アレルギーによるショック　　　・脳卒中
などでしょう。

●具体的な対応
まず、お客様の状況を判断しましょう。

1．突然倒れて意識の有無　　2．話しができるか

　　3．人工呼吸が必要か　　4．冷や汗をかいていないか

　　5．顔色はどうか　　6．自分で歩けるか　　7．脈拍はどうか

これらをチェックして、緊急性が感じられたら救急車を呼びます。緊急性が無い場合はタクシー（福祉タクシーを含む）や所有する車両で医療機関へ搬送しましょう。


●AED（自動体外式除細動器）の利用

AEDは、「突然心臓が止まって倒れてしまった人」の心臓のリズムを、心臓に電気ショックを与えることにより再び正しいリズムに戻し、蘇生する為の治療器具です。心臓が突然止まってしまうのは、心臓がけいれんし、血液を流すポンプ機能が失われるためで、この状態を心室細動と言います。この心室細動に対して電気ショックを与える機器がAEDです。倒れている人が心室細動か否かの判断はAEDが自動的に行います。AEDが作動しない場合はAEDの指示に従って人工呼吸、心臓マッサージの心肺蘇生を続けてください。


●救急車を呼ぶ時の準備

倒れたお客様に同席者がいる場合、倒れた原因に心当たりはないか、倒れる寸前の様子はどうだったかなど、状況を把握します。持病があるなど、倒れる原因がありそうな場合は救急隊員に申し送りしましょう。

119番に通報すると、折り返し聞かれるのは、

　　・店の住所

　　・患者に意識・呼吸・脈拍はあるか

　　・通報者の氏名・電話番号

などです。的確に答えられるようにしておきましょう。

救急隊が到着してからは、

　　・倒れたときの状況

　　・通報してから隊員到着までに変化があったか

　　・どんな手当をしたか

　　・具合の悪い人に関する情報（同行者または本人から持病や常用薬な
　　　ど）を聞いておく

など、申し送りできるようにしておきます。


●救急車を拒否された、判断に迷うときは

緊急性がなさそうだが具合が悪そう、本人は呼ばなくていいと言い張る
が心配。そんな場合はいきなり119番ではなく、＃7119（救急安心セン
ター）に電話して相談を。起きている状況を説明すると、救急車を呼ぶ
べきか、場合によってはその場で手配してもらえます。


## 警察を呼ぶ時の判断基準

　ホテルやレストランでは、トラブル対応によって評価が定まると言っ
ても過言ではありません。ホテルにはUG（アンウェルカムゲスト）と
呼ばれるお客様がお見えになられますが、これは反社会的勢力を始めク
レーマーも含まれます。

　こういう人（UG）はお店側のミスを盾に「謝罪の仕方が悪い」とか「部
下の不始末を上司に報告していない」など、同じ文句を何度も言うよう
になり、いずれ「お店としてはどう始末をつけるのか？」と言い始めます。

　こんな時にはお店側としては「お詫びしてもお許しいただけないとな
りますと、お店としてはどうすればよろしいでしょうか」と回答するこ
とになります。実際、それが正論なのです。

　UGが「そんなことはお店側で考えれば分かるじゃないか」と言い返
してきたとしても、

　「それが分からないから、お客様にお聞きしているのです」と、あく
まで先方に要望を語らせ、店側は対処を決めないことです。

　もしUGがこちらの言葉に釣られて不用意に「金で誠意を示せ」とで
も言えば、それは即、恐喝罪となるので、警察に連絡を取ります。

　※繰り返しクレームをしてくるUGや非常識な物言いをする相手なら、
　　自衛のためにレコーダーで録音しておく方法もあります。

## 報告書（トラブル処理等）の書き方

　クレームやトラブルはホテルやレストランでは、改善や成長を繰り返していくものとしてとらえなければなりません。クレーム報告書を社内で共有すれば、お客様から受け取ったクレームを全スタッフに周知でき、再発防止につなげることができるのです。

 

　A.　受付日
　B.　クレーム担当者
　C.　クレームの発生日時
　D.　クレーム発生場所（お客様より聴取）
　E.　お客様の情報
　F.　クレームの内容
　G.　クレームが発生した原因（調査が必要な場合はその旨を記載）
　H.　対応内容、今後の対応策
を明記します。


## 災害時の対応は「お客様最優先」

　地震や火事など、突然襲ってくる災害に備えておくことも大切です。まずはいち早く状況を確認し、避難の必要がある場合はお客様を安全に誘導せねばなりません。逃げ遅れたお客様の安否確認も大事です。同時にスタッフの安全確保も忘れてはなりません。いつやってくるかわからない災害に備えるには、日頃からの訓練と、マニュアルの整備が重要です。
　店がビルの中などにある場合は、ビルの避難手順に従うこと。路面店や一軒家のような建物の場合は避難経路を決めておく、近隣の避難所を把握しておくなどの準備を。また、日頃から避難経路を確認し、防火扉の前に荷物が置きっ放しになっていないか、災害時に必要な備品は揃っているかチェックしておきましょう。

# 第4章

# 繁盛店のマーケティング

いかにお客様を大切にもてなすか。それが繁盛店の大切なポイントです。しかし、サービスの技術や誠心誠意の心根だけでは、売り上げにはつながりません。そこには企画、予算作成、仕入れ、料理提案、市場調査、宣伝が必要です。

ここからは、お店ができるマーケティングについて解説します。


## メニュー戦略を考える

支配人はプランを立て、それをマネジメントしていかなければなりません。お店においてプランの重要な柱の一つがメニューです。

それでは、メニューとは何でしょうか。お客様からすればその店で何が食べられるのか、いくらするのか。単なるお品書きでしょ？ と思われるかもしれません。

しかし、プロにとってメニューとは、次のような役割・成り立ちのものなのです。


1. 料理や商品の内容や価格を示すカタログ
2. 提供される商品の質・量・味を表す契約書
3. 調理とサービスの作業内容と生産量を決定づけるもの
4. 調理設備に制約・条件を受けるもの
5. お客様とのコミュニケーションツール


また、メニューについては次のような制約があります。
・利益を生まないメニューは作成してはならない
・メニューの食材を変更する時には、同じ予算内で行うことを原則とする
　※例外として、同一メニューをヴィーガン向けに変更する場合など、カテゴリーを超えて変更することもあります(肉を豆腐に変えるなど)。

## ■メニュー作成のために

　メニューを作成する上で、支配人には基準が必要です。良いメニューを作成するためには、以下の8つの基準があるとされています。

### ●色彩や見た目・盛り付け

料理は、目で楽しむ要素が欠かせません。食材の色で季節を感じさせる場合もありますし、通年のメニューであっても、楽しく食欲をそそる色であることは大切です。どれもこれも似たような色合いの料理にならないように、配慮が必要です。

### ●食材（材料・材質・舌触り）

色彩が「視覚」に訴えるものだとすると、料理の材質、特に舌触りは「食感＝触感」に訴える要素です。柔らかい物、硬い物、熱い物、冷たい物、滑らかな物、ざらざらした物、ねっとり濃厚な物、さっぱりした物、という具合です。多彩な食感の組み合わせによって、食事はいっそう楽しいものになります。

### ●風味

風味を支える主な要素は「嗅覚」や「味覚」でしょう。味を決める調味料に加え、食材そのものの香りも大切です。さまざまな風味の物を偏りなく取り揃えることも、メニュー作成のポイントです。

### ●形状

液体・固体の違いはもちろん、まるごとなのか、細かく分けられた物なのか、大きいか・小さいかなど、形状の違いも考慮しましょう。それによって、使う器も、取り分けるのか、各々なのか、サービスする際のオペレーションにも関わってきます。

### ●調理方法

これはわかりやすいと思います。メニューは調理方法によって大別され

ることが多いものです。サラダやカルパッチョなどの生の物、焼いた物、揚げた物、蒸した物、煮込んだ物……など、多彩な調理法による料理が揃ったメニューは楽しいものです。バランス良く、さまざまな調理法の料理が揃っているのが望ましいでしょう。

●調和・バランス
コース料理はもちろん、単品料理であっても、上記の5項目をバランス良く組み合わせられるように用意しておきたいものです。お客様から料理の内容について尋ねられたり、組み合わせの相談を受けることはよくあります。そんなとき、5項目に配慮しながらお勧めできるようにしておきましょう。

●変化・バラエティー
これは前の「調和・バランス」にも通じるところがありますが、食事にも起承転結、変化があったほうが楽しめるというものです。色や形、風味も調理方法も異なるいろいろな料理が次々と運ばれてくれば、それだけ食卓に変化がつきます。

●栄養バランス
バランス良く、健康的な食を提供するのも、外食産業の一つの役割です。食材を栄養面からも考えて、バランス良く取り合わせ、配慮したメニューを開発するのも大切なポイントです。まして昨今は健康志向が高まりをみせています。フランス料理＝カロリーの高いもの、というイメージを抱く方も多いでしょう。栄養バランスに配慮したメニューの用意は、そうした健康に気遣う顧客にもアピールするポイントになります。

　このような基本を踏まえて、より良いメニュープランを立案するのですが、そこで受ける制約条件には、次のようなものがあります。

A．ハード面（調理設備、営業スペースなどの構造上）の制約を受ける物はメニューに加えない（店内では調理できないもの、など）

B．利益を生まないメニューは作ってはならない

C．季節的要因で、仕入れられない食材は使わないこと

D．提供するのに必要な什器・備品の揃っていない物のあるメニューは作らない

E．F＆B（フード＆ビバレッジ、料理と飲み物）の売価に対してコストが決定できない物は扱わない

■原価管理について

　原価管理は、飲食ビジネスにおいて最も大事なポイントの一つです。すべてのメニューの原材料を前もって計算することで、提供するメニューが予算と一致しているかどうかを事前に判断することができます。調味料など、１人前の微々たる分量を算出するのが難しい物は100人分の分量なら計算しやすくなります。大勢の食材を見積もり、原価を算出し、あとから100で割れば、１人分になる、というわけです。

■予算管理と歩留まり

　メニューを考える上で、もう一つ大きなポイントがあります。それは原価や予算をどのように設定して、どれだけの利益を上げ、どのように管理するかということです。原価に加えて重要なのが「歩留まり」です。歩留まりとは素材の使用可能量のことです。

　１．使用する原料に対する製造品（この場合は料理）の比率

　２．食品とその原形物に対する、食べられる率のこと

歩留まり率は、下記の計算式で導かれます。

《 最終的に提供する時の重量 ÷ 調理前の原材料の重量 》

　例えば、真鯛を１尾（重量３kg）5,000円で仕入れたとします。切り身にして調理するとして、３枚におろし、真鯛の頭と中骨と尾を量って

みたら、1.8kgありました。ここで惑わされないようにしなければなら
ないのが、食べられる量がどれだけあるのか、という点です。

$$1.2kg ÷ 3.0kg = 0.4kg \quad ……歩留り率40\%$$

　つまり、3kgから廃棄する1.8kgを差し引いた1.2kgが5,000円した、と
いうことです。それを基準に1人前の原価を計算しないと、大損になっ
てしまいます。


## 売り切る食材とタイミングを見計らう食材

　コストに責任を持つのが料理長、売り上げに責任を持つのが支配人だ
と説明しました。そのコストの中でも、料理の原価に直結するのは、い
うまでもなく食材です。いかに安価でおいしい、優れた食材を仕入れる
か、仕入れる量も適正でなくてはなりません。
　食材について最もよく理解し、コントロールしなければならないのは
料理長です。しかし支配人も「知らない」「わからない」では済まされ
ません。

　食材についての大事なポイントは、
　・速く回転させること（持ち越すと、鮮度も落ちていく）
　・在庫を減らすこと
　・無駄を減らし、廃棄食品を可能な限り減らすこと

　お金は銀行に預けることで、そのまま寝かせておいても増える可能性
があります。しかしお金は物（食材）になってしまうと、それ以上は増
えません。食材は適正な物を、適正な量を用意して、なるべく無駄なく
早く回転させることが大切なのです。

■旬の食材はイベントで
例えば、魚介類や野菜などは、旬の時期の物が最も安価でかつ、味もお
いしいものです。そこで季節性のある物はむしろその時期を待って、イ

ベントで回転良く・効率良く、その食材が売り切れるように計らいます。また、イベントは年間を通して売り上げが落ち込みがちな時期に実施します。例えば、冬なら「煮込みフェア」を、夏なら「冷たいデザートフェア」といった具合です。

■季節感・ご当地感を利用する

通常の料理に、食材で付加価値を付けることもできます。いつもの料理にその季節特有の旬の素材を組み合わせることで、商品の単価を上げることもできます。ワインの「ボジョレー・ヌーヴォー」は有名ですが、その年の初物を取り入れたり、あるいは『北海道フェア』のように、産地直送の食材を取り入れるなどの工夫も考えられます。

　季節を感じさせるメニューを通常のランチやディナーのコースメニューに抱き合わせることで、お得感や季節感を演出することもできます。

■利益率の低い料理を目玉にする

原価率の高い料理、というのもあります。高級食材をふんだんに使ったからといって、1品が1万円もする料理に、お客様がすんなりお金を出すとは限りません。現実的な価格設定をすると、原価率が上がってしまう。そんな時は、そのメニューを目玉商品にします。「1日〇名様限定！」というわけです。売り切れごめんの目玉商品。お買い得感もあるし、どんなものだろう、と興味もそそられます。

　このように、食材は個性を見極めて上手に取り入れることが大切です。料理長と協力して、しっかり管理できるようにしたいものです。

## 宴会料理の場合

　個別のお客様の場合は、基本的にメニューからオーダーをいただくか、プリフィックス（コース料理）をご予約いただくケースが多いでしょう。しかし大規模店の場合は、大勢の宴会を受注することがあります。なか

にはパーティープラン、として、一定数以上の人数を対象とした、宴会メニューを設定していることもあります。

　それが企業のパーティーであったり結婚式であったり、内容や目的がさまざまなのは小規模の会食と変わりませんが、大規模宴会の内容は、個人客の飲食とは少々内容が異なります。


## コストダウンをどう考えるか

　店の売り上げを大きくするには、売値に対して原価率を下げるコストダウンは大切です。しかし、コストを下げることで品質まで落としてしまっては、長期的に見ても得策とは言えません。また、コストには下げられるものと下げられないものがあります。宴会の主催者からよく相談を受けるのは料理の価格ですが、価格を下げた結果品質が下がり、店の価値を下げる恐れがあるならば、お断りするべきでしょう。

　料理の価格を下げるには食材の質を下げるしかありません。もちろん食料の選び方、組み合わせ方によるものですが、食材のランクを落とすにも程度というものがあります。お客様の予算が決まっている場合、それに合わせて用意できるのか・お断りするのか。いずれにせよ大切なのは、きちんとお客様に説明できるかどうかです。

　自店の名にかけて、プライドの持てる仕事ができないためお断りするのか、あるいは「この予算であれば、この範囲でご納得ください」と品質の低下を理解していただくのか。対応はさまざまでしょう。

　料理とサービスをどこまでご理解いただけるか、品質と価格のバランスの先に末永いお付き合いが見込めるのか、じっくり見極めましょう。


## パーティーメニューの見積もり

　宴会の人数や内容に応じて、多めの見積もりをするか、少なめでよいのか、適正な見積もりができるようになるには、当然経験が必要です。例えば大学生の体育会の集まりだと聞けば、それはさぞかし食べること

だろうと想像もつきます。ご飯ものやパスタなど、主食のボリュームを多めにするなど、満腹感を意識した構成と分量配分をする必要があります。少なく見積もりすぎて、現場で追加注文が発生することもあります。しかし、すべてのメニューが追加できるわけではありません。注文されてから提供できるまでに時間がかかる料理もあるからです。

　宴会の主催者は、少しでも無駄にしたくないと少なめに見積もるよう要望するかもしれません。しかし、追加注文はよほど上手にタイミングを見計らって、適正な量を算出しないと結果的に余ることになったり、宴会の進行に影響が出てしまうこともあります。そんなことが繰り返されれば「あの会場の見積もりはいつも見当外れだ」とか「大量に余ってしまって（あるいは足りなくて）、結局損をした」と思われてしまいますので宴会での追加注文は慎重に考えましょう。


●テーブルとお皿で工夫する

　料理の量に関しては、ゲストのマナーも関係しています。企業の立食パーティーなどでよく見られる光景ですが、料理が提供されると我れ先に取りに行き、皿に盛れるだけ持って帰ってきて、結局食べ残される料理が多いのです。ブッフェスタイルでは、各自が自分の皿を持ち、自分が食べたいものを食べられる量だけ取り分けることがマナーです。他の人のことまで考えて、あてもなく山盛りに料理を取るのはマナーに沿っているといえないだけでなく、これではどれだけ多めに見積もっても、ただ食べ残しがテーブルに積み上げられるだけになってしまいます。そしてもちろん、食べ残しは廃棄処分されるだけです。

　これを回避するのに有効なのが、テーブルと皿のサイズです。パーティー慣れしていない若者が多そうな宴席や、過去の記録や経験から、食べ残しが出やすいと思われる団体にはまず通常より小さめのテーブルを用意します。テーブルが小さい分、そうたくさんの皿は載せきれません。さらに取り皿のサイズを小さくすれば、あれもこれもと山盛りにしにくくなります。少しずつの違いも、大勢となると大きな差になるのです。

# 来店予測と材料の仕入れ

原価率と在庫管理について考える際、重要なのは的確な仕入れ量です。来客数と必要食材量の計画を見積もるにはどうすればよいでしょうか。

例えばランチタイムを例に考えてみましょう。

遠方からの予約客を除けば、ランチには近隣にお勤めの方や在住の方たちが、限られた時間にやってくることになります。お勤めの人の昼休みが1時間だとすると、店との往復の所要時間を除いた時間が、お店にいられる時間になります。そこから割り出される地域のランチ人口を来店予測するのです。なぜこのような計算が必要になるかといえば、

1．品不足や作り過ぎを避ける

2．フードコスト（原価）をコントロールする

3．経験と勘に頼らずに合理的に予測する

4．食事の傾向を知り、以後の計画に活かす

などの理由が挙げられます。具体的に計算の方法をご紹介しましょう。

《 喫食率 ＝ 来客数 ÷ 地域人口 》

（喫食率計算表）

| | 月 | 火 | 水 | 木 | 金 |
|---|---|---|---|---|---|
| 地域人口 | 500名 | 500名 | 500名 | 500名 | 500名 |
| 予想喫食率 | 15% | 14% | $(14+16) \div 2$ $= 15\%$ | $(15+17) \div 2$ $= 16\%$ | $(16+15) \div 2$ $= 15.5\%$ |
| 予想来客数 | 75名 | 70名 | 75名 | 80名 | |
| 実際来客数 | 70名 | 80名 | 85名 | 75名 | |
| 実際喫食率 | 14% | 16% | 17% | 15% | |

上記のように順次、計数を入れていく予想式を用います。このように来店客数を予想し、食材の仕入れ予想に役立てるというわけです。

## 食材仕入れの注意点

　店全体に責任を持つ支配人にとって、当然、食材の仕入れは大切な業務として留意すべきポイントです。

・食材の必要購入量を把握する。計画的な仕入れができているかどうか、常に確認する
・食材品質基準による見積もり比較をチェックする。基準を満たす品質の物が予算内で必要量確保されているのかを確認すること
・納品時の検品を徹底すること。発注通りの品質・量・納期は正しく守られているか
・納品された食材の保管。処理・管理は適正に行われているか

## 飲料仕入れの注意点

　飲み物の仕入れについても、同様に注意が必要です。

・飲料は最初から高コストである
食材は仕入後、料理へと生産加工されるため売価に対してコストコントロールしやすいのですが、飲み物は転売可能品として、仕入れた段階ですでに高コスト状態にあります。飲み物の品揃えを拡充したい一方で、常識的な売価設定に抑えるための制約を受けることになります。

・取引企業による納品見積もりには大差がない
アルコール飲料については、取り扱い指定業者を替えてみても納品見積もりにさほどの差は生じません。メーカー自身が、次の飲料に移行したい時期に在庫をなくしたい場合や、瓶の形状を変える場合、間に入る問屋が引き取って小売店に流す場合などには、価格が安くなることはあります。また、メーカーが新製品の宣伝のために、一定期間安く提供する場合もありますが、こうした例外を除けば、ほぼ差は生じないのです。

・大量仕入れしてもさほどのコストダウンにはならない

一般的に考えれば、一括に大量仕入れすれば、商品単価は下がるはず、と思われるでしょう。しかしストックヤードを長期に渡って塞いでしまう（飲料の長期在庫状態）によるデメリットと相殺すると、大量仕入れにはあまりメリットがあるとはいえません。ストックヤードの不動産的価値を考えて、適正なパーストック（必要在庫量）を決定しておき、それに準じた仕入れ・回転を心がけるべきでしょう。

・高コスト商品の売り上げ増が全体の原価率を上げてしまう

料理に対して、飲料は高コストであるため、飲料の売り上げが伸びると、プロダクトミックス（アイテム別のコスト構成比の集合体系）の中で、全体のコストを引き上げてしまうことになります。低コスト＝利益率が高い、ということを意識しましょう。

●プロダクトミックスとは

　商品（製品）の組み合せのことで予算計画を作成する際は、利益の最大化と効率化という視点から最適なプロダクトミックスにする必要があります。原価についてはお店の種類や状況によっても違いますが、料理や飲料の原価に対する売上構成比によって全体のコストを上げる要因にもなります。

　プロダクトミックスの算出方法は、次の計算式で表します。

《 原価 × 売上構成比 》

　例として次頁のようにシミュレーションを行った結果、以下のような考察が可能となります。

※同じ売上高の30万円でも、コストの低い商品が売上構成比の80％を占めた時は全体のコストは30.6％であったが、コストの高い飲料が売上構成比の40％を占めると全体のコストは31.2％になり0.6％押し上げてしまう結果になる。

## 1日の売上高30万円の場合

### （売上構成比）

| 料理原価30% → | 24万の場合<br>（80%） | 21万の場合<br>（70%） | 18万の場合<br>（60%） |
|---|---|---|---|
| 飲料原価30% → | 6万の場合<br>（20%） | 9万の場合<br>（30%） | 12万の場合<br>（40%） |

算出方法　→　（原価）コスト×売上構成比

| 料理原価30% | （30×0.8）<br>⇓<br>24% | （30×0.7）<br>⇓<br>21% | （30×0.6）<br>⇓<br>18% |
|---|---|---|---|
| 飲料原価30% | （30×0.2）<br>⇓<br>6% | （30×0.3）<br>⇓<br>9% | （30×0.4）<br>⇓<br>12% |
| 料理原価＋飲料原価<br>**全体のコスト** | （24＋6）<br>⇓<br>**30%** | （21＋9）<br>⇓<br>**30%** | （18＋12）<br>⇓<br>**30%** |

## 棚卸資産回転率について

　棚卸しのことをInventory（インヴェントリー）と言います。棚卸しの集計表は、カテゴリー別に記入されなければなりません。肉類・魚介類・野菜・フルーツ・冷凍食品・グロッサリー（ソース、香辛料、缶詰、調味料、砂糖、塩、小麦粉など）・転売商品・ソフトドリンク・アルコール類・紅茶……といった具合です。こうした在庫は、適正な量が適正な回数、回転してもらうのが一番です。

　ここでいう回転率とは、ある一定期間内に特定の商品が何回、置き換えられたかを示すものです。マネジメント上は、回転率が高いほうが好

ましく、保有在庫量が適切であるかどうか、保有すべきでない在庫を抱えていないか判断することが大切です。

　棚卸回転率とは在庫回転率のことで、
　売れている商品（料理・飲料等の食材）は何度も回転するために回転率が大きくなります。回転率が大きいほど商品が売れているので、仕入れてもすぐ在庫が無くなり回転が早いという意味になります。
　反対に売れていない商品は、在庫の状態で止まるために回転率が小さくなります。

《　今期の総出庫数　÷　今期の平均在庫数　＝　在庫回転率　》
　（材料使用量）　　　　　　　　　　　　　　（材料）
《（期首在庫数＋期末在庫数）÷　2　＝　平均棚卸残高　》

例題）　A店　※在庫数を仕入金額に直したもので計算
（期首棚卸資産Aが80万円＋期末棚卸資産B120万円）÷　2
＝平均棚卸残高は期首と期末の平均ですから
（80万＋120万）÷　2　＝　100万　となります。
販売に要した商品コスト　＝　400万円
A（期首棚卸資産）80万　＋　B（期末棚卸資産）120万　÷　2　＝　100万

回転率の計算
400万（販売に要した商品コスト）÷　100万（平均棚卸残高）＝　4回転

※回転率が高い方が棚卸資産のために投下する資本が少なくてすみ、棚卸資産が少なくてすむということは、保管場所が少なくなれば間接経費が少なくなります。
　回転率が高いということは商品の腐敗や汚染の恐れも少ないということになります。

●パーストック（Per Stock）

使用材料が1日のうち、平均して最小の場合と最大の場合を加算して2で割った数量があればよい、とする考え方です。

例題）パンが、少ない日で150個、多い日で200個消費された
とします。この場合、

$(150 + 200) \div 2 = 175$ 個　となり、

一般的に、175個をストック（在庫量）しておけばよい
ということになります。


## 眠った資金を少なくするのが目的

こうした計算式によっていろいろなことがわかりますが、その一方で、計算式にとらわれてしまうと、計算すること自体が目標になり、分析しただけで満足してしまいがちです。基本的には、前の項目でも紹介した、「お金は銀行に預ければ利息を生むが、食材それ自体は利息を生まない」と考えます。

つまり食材から利息を生むためには、食材を料理や飲み物にして売り上げへと変えていくことで食材商品の在庫を少なくして、眠った資金を少なくすることこそが目的なのです。


# 支配人ができる市場調査

原価管理もメニューの作成も、またはイベントや企画の立案、法人営業など、経営上さまざまな工夫を凝らす必要はありますが、それもこれもマーケットを理解した上で取りかからねば、的外れな結果に終わりかねません。自店のポジションを知り、社会情勢にも目を配りながら、有効な戦略が繰り出せる支配人でありたいものです。

## ライバル店を調べる

　支配人の仕事の一つに「他店の調査」があります。ここでいう他店とは、街のライバル店や専門店街に入っている店、他のホテル内のお店を指します。

　新しい店がオープンしたとかリニューアルしたという場合、まずは試食に出かけます。そこで見るのは店の雰囲気、味、サービスです。

　入店したらまず、全体を見渡します。普段自分達がやっていることですから、サービスやオペレーションの良し悪しはすぐにわかるでしょう。他店のサービスをチェックする際の主なポイントは、

- ・スタッフの身だしなみ
- ・言葉遣い
- ・案内する時の手際の良さ
- ・相手の状況に応じた声かけができているか
- ・スタッフ同士が私語などしていないか

などです。

注文する料理については、アラカルトであればなるべく同じ食材、同じ調理法・味付けの物を避け、コースの構成に従ってまんべんなく注文します。コース料理ならば、自店が主力としているコース内容に近い位置づけを選んで比較してみましょう。


●お一人のお客様は要注意

　こちらから視察に行くということは、他店からもこちらの店にも来ているだろうと考えるべきです。有名店の料理長や支配人は、業界では名前も顔も知られていますから、見ればすぐにわかりますが、ライバル店のスタッフの顔まで知っている人はそうそういませんから、普通のお客様だと思って接していた人が、ライバル店のスタッフである可能性は大いにあります。そこでつい、お一人のお客様には特に注意を払うことになってしまいます。メニューをじっくりと隅々までチェックしていたり、キョロキョロと周りを見回している人がいたら、税務署員か、グルメサ

イトの調査員か、もしかしたらライバル店のスタッフかもしれません。また、ただでさえお一人は目立ちますから、あえて男女で来店するケースもあるでしょう。どのお客様がライバル店のスタッフであろうと、誠心誠意サービスするべきであることに変わりはありません。胸を張って、誇りをもって対応したいものです。

## マネジメント戦略と戦術の違い

　マネジメント戦略とは、アメリカ型の合理主義です。そこに、精神論は通用しません。気合だけでは勝負には勝てない、というわけです。日米の野球の違いを見ていてもわかります。日本ではピッチャーに100球以上であろうと、気合で投げろと命じますが、アメリカ野球はどんなにピッチャーの調子が良くても、100球を目安に降板させます。それ以上投げたら、身体に不調をきたして、以後に悪影響があるからです。合理的に判断する、それがマネジメントです。

　指揮官というのは戦略、戦術を考えますが、その前に戦うための技というものが大切です。それが、第一線のサービススタッフには大事なことなのです。野球はチームプレイですが、そのチームプレイは各自が自分のポジションで、自分の仕事をきっちりとこなすことを前提に成り立ちます。外野手も内野手もどんな球であれ、自分のところへ来たら確実に捕球する。難しい球をいかに確実にとらえて仲間にパスするか、それが各自の戦技です。高い技術を持った者がチーム入っても、連携がうまくいかなくては理想的なチームプレイにはなりません。

　そのために大切なのは、まず各自が自分の能力を知っておくこと。そしてともに戦っている仲間の能力を知っておくことが大切です。メンバーのスキルや個性を知り、その上で戦術をどう考えるか。それは、現場を任された支配人が考えるべきことです。料理長は戦術を練りますが、支配人はメンバーのスキルを把握した上で皆のモチベーションを高め、戦略を練るのです。

## スタッフを休ませる

　お店が非常に人気が出て好調だとします。お客様がどんどん来て、売り上げも上がっていきます。サービススタッフは忙殺されますが、士気も上がっていく、とても良い傾向です。だからといって、もっと上へ、もっとたくさん、と前へ前へと突き進んでいくと、いずれ成長が頭打ちになる時が来ます。あるいは、いずれスタッフが疲弊する時が来ます。調子の良い時ほどスタッフを休ませる。休憩や食事をしっかりとる。その采配をするのも支配人の役割です。誤解してはならないのは、スタッフを甘やかしているのではないということ。休憩も食事も休暇も、働く人の権利であり、より高いパフォーマンスを発揮するためには、休むことも仕事のうち、ということです。それを守ってあげるのも、支配人の仕事です。気合や精神論を最前に押し出す古い考え方にこだわっていると、「休む＝怠ける」という図式に陥りがちです。

　では、いかにしてスタッフの休憩時間を確保したらいいでしょうか。
　シフトは早番９時間、遅番９時間、中番が12時間になることもあります。それでも休憩は確実に確保します。また、シフトの組み方も、公休日前は早番にします。すると、仕事が早く終わって早く休みに入れる。そして、休み明けは遅番にするのです。するとゆっくり出社できる。いかに、プライベートな時間を長く・有効に使えるようにするか、各スタッフの立場に立って考えるのです。個人の時間をなるべくまとめて取れるようにすることで、オンとオフのメリハリもつき、本人のモチベーションの維持にもつながります。


## 「一歩前に出る」意味

　各人がそれぞれの持ち場で最大限に能力を発揮するには、お互いの強み・弱みをよく理解し合っていることが大切です。オーナーシェフがサービスのことをしっかり理解している店は繁盛します。つまり「口先だ

けでなく、自分の持つ技能を態度にのせて提供しなさい」ということです。

　店にお客様が来たら「いらっしゃいませ」と声をかけますよね。それだけなら誰にでもできることです。人が入ってきたから反射的に「いらっしゃいませ」と声を出すのではなく、1歩も2歩も前へ出て「あなたをお待ちしておりました」という気持ちで、「いらっしゃいませ」を言う。ホスピタリティ精神が大事なのです。

　これはサービス全般にいえることです。ただ、飲み物や料理を運んでテーブルに置くだけなら、昨今はロボットにだってできるでしょう。器に手を添え、言葉や笑顔も添えて差し出せるかどうか。それがホスピタリティというものなのです。


## 攻めの営業戦術

　ここからは、具体的な「攻め方」について考えてみましょう。すべての料理店に当てはまるとは言えませんが「店」という固定拠点にじっと構えてお客様を待つしかないお店で、どんな攻め方があるのか、参考になればと思います。


### "評判"を積極的に活かす

　お客様が来店されるのをただ待っているだけでは、店の発展はありません。これからは店側から積極的に情報を収集し、あるいは発信することが大切です。

　その方法としてはまず、インターネットのグルメサイト上の"評判"を活用することです。「食べログ」「ぐるなび」などのグルメサイトには店を利用したお客様の"口コミ"が掲載されています。感想や意見が書かれているので、店に対する評判や評価がすぐにわかります。ここで支配人が注目したいのは、批判の意見です。良い評判にだけ目を向けていても店の進歩にはつながりません。厳しい意見にも目を向け、きちんと受け留めることが改善へとつながります。たとえ辛辣であっても真摯に

耳を傾けるだけの価値があるのです。支配人は毎日〝口コミ〟に目を通すことで、お客様が何を不満に感じるのかを知り、改善を図ります。スタッフミーティングでも取り上げ、全員と問題を共有します。支配人だけがわかっていてもスタッフ全員に伝わっていなければ何もならないからです。

　〝口コミ〟はグルメサイト上だけに限りません。店のスタッフ自身が発信源になる可能性だってあります。日頃から自分の店の料理に自信を持つスタッフなら、家族や友人に「うちの店の○○はおいしいんだよ」と自慢するでしょう。すると家族や友人がまた自分の友人・知人に話し、自然と口コミは広がっていきます。スタッフは店の評判を高める上で大きな戦力となります。スタッフがSNSなどで発信することもあるでしょう。現代の情報の伝わり方をしっかり研究して、それを戦略的に利用するのです。

●メディアを活用
　またメディアを活用する方法もあります。例えばテレビで店が紹介される機会があれば、そこで積極的にアピールします。単に撮影に立ち会うだけでなく、カメラアングルなどにも気を配りましょう。「ここからの角度が一番店の写りがいいんですよ」「できれば新作の料理を取り上げていただけませんか」など、自ら提案します。
　雑誌に掲載される場合も同様です。「○○特集」など、大勢の中の１軒として紹介されるならなおのこと、店の強みや特徴を記事にしてもらうように働きかけます。「当店は和牛100パーセントを使用」「朝採り野菜は歯ごたえ抜群です」など、他店との差別化を図りアピールすることで店を際立たせ、読者に印象づけます。


## 魅力的な企画を考える

　おまかせ料理のみを提供する店は別にして一般に折に触れて新メニュ

ーを企画します。ホテル内のお店であれば、予算作成時の1年前から、販売促進や広報の担当者から企画書の提出を要求されます。また、街場のお店では支配人が料理長と相談しながら企画を練ります。

　その目的は売り上げアップに他なりません。特にクリスマスとお正月の年末年始は書き入れ時です。普段の倍の売り上げが見込めますから、どの店でも魅力あるメニュー作りに力が注がれます。またお花見や母の日、ホワイトデーなどの年中行事、ワインフェアなどの各種フェアでも、それに沿った新メニューが考案されます。

　この種の企画は客足が鈍る"はざまの時期"にも、売り上げ確保につながるため効果的です。例えば正月明けから2月中は客足の少ない時期ですが、いちごフェアやバレンタインフェアを催すことで、それに沿った料理やスイーツで集客を喚起できます。


●新メニューを提案

　また、新メニューは常連のお客様の目先を変えられるという、大きな利点もあります。いつ行っても同じメニューでは飽きられてしまい、やがて足が遠のかないとも限りません。常連客に喜んでいただけることも視野に入れて、メニューや企画を考案します。

　その場合、メイン料理を、例えば牛肉からジビエに替えたりするのは冒険です。ジビエのような個性の強い食材は、好き嫌いが分かれやすいからです。その点、旬の食材なら勝率は高いと言えるでしょう。魚料理なら、その時期にしか獲れない高級魚を使い、前菜を旬や珍しい野菜で彩り、スイーツも高級果物にします。牛乳でなく山羊乳を使って変化をつけるなど、単価が高く、しかも目を引く一品にすることもできます。

　ただし、それも店の規模によって事情は変わります。例えばホテル内のレストランでは、十分な量の食材が確保できることが前提になります。新メニューを目当てに来店されるお客様に、食材が切れたのでお作りできません、とは言えないからです。食材仕入れの項目でご説明したとおり、無駄を出すこともできません。客層が広いだけに、量を確保しつつ無駄も出さない新メニューを作るのは、なかなか難易度の高い課題です。

一方、個人店ならば『売り切れ後免』の限定メニューで話題を呼ぶ、という手もあるでしょう。ただし、来店したお客様をがっかりさせないように、目玉商品が売り切れでも、それをフォローできるだけの魅力的な料理を用意しておくことが大切です。

　こうした問題をクリアするには、自店のお客様がどういう料理を好まれるかを最初に分析しておくことです。オーダーの多さを見ればおおよその見当はつきますし、前年の同じ企画を振り返って、何が好評で何が不評だったかを参考にしても見えてくるものがあります。「うちのお客様はこういう料理を好まれる」とわかれば、新メニューはそれをベースに高級食材や旬の食材を盛り込んだものにすればいいわけです。無駄を出さずに確実に売れるメニュー作りができるかどうかは支配人の腕にかかっています。

　同じことは街場のお店にも言えます。ただしホテル内のお店と違うのは、客層が限られているのでお客様の好みがつかみやすく、また食材を切らしても厳しく問われず、余っても他の機会に利用できることです。そのため思い切ったメニュー作りにチャレンジでき、この点が街場のレストランの強みにもなっています。


## 「食材」で勝負する

　メニュー作成のための八大要素
　1．色彩や見た目・盛り付け
　2．食材（材料・材質・舌触り）
　3．風味
　4．形状
　5．調理方法
　6．調和・バランス
　7．変化・バラエティー
　8．栄養バランス

については、前項（P.149参照）でご紹介したとおりです。

　お客様を引きつけるメニューにするには、何といっても食材が鍵となります。というのも西洋料理の調理法はすでに確立された感があり、その点で他店と差をつけるのは困難だからです。しかし食材でなら、それが可能です。珍しい物や、限られた地域でしか流通しない物などを使うことで、常連客の目を引く料理に仕立てることができます。
　現代において食材探しは容易です。インターネットという便利な手段があるからです。それを活用しない手はありません。それでも最後は、産地に足を運んだり、生産者と直接会う、それができなくても、サンプルを取り寄せて味見をするぐらいの研究意欲は持ちたいものです。
　珍しい食材は数量がまとまらないなどの理由で流通に乗りにくく、大手市場では扱われません。通常の流通経路では手に入らないものも、"産直"なら可能です。インターネットのホームページには産直専門の業者だけでなく、個人的に扱っている所も多数出てきます。レストランや料亭などを顧客とするプロ向けの産直業者もいるほどです。

●情報収集をする
　近年は冷凍保存や輸送技術の進歩だけでなく、魚であれば血抜き、活締め、神経締めなどの技術の発達によって、最短で漁獲後翌日の午前中には新鮮な状態で顧客の元に届きます。珍しい野菜も、時間を置かず配送されます。コールラビ、紫やオレンジ色のカリフラワー、花ズッキーニ、ホワイトキャロットなど、お客様の目を楽しませる付加価値のある野菜が産直によって手に入ります。
　インターネットのない時代は、食材を得るには料理人が市場に足を運ぶか、売り込みにきた物の中から購入するのが常でした。店側から探し求めることは、よほど研究熱心な料理長でもない限り、ほとんどなかったのです。しかし情報が発達した現代では、それでは遅れをとります。いい食材を手に入れるには、こちらから積極的に出向くことが必要不可欠です。自ら隠れた生産者を発掘するくらいの気概を持たないと、ライ

バル店との競争には勝てません。

　支配人が直接料理を作ることはありませんが、企画を立てるにあたって食材に詳しいかどうかは大きく影響します。インターネットで珍しい魚や野菜などを日々チェックすることも、支配人が勉強すべきことに加わっています。特に近ごろの料理長は時間を見つけて自ら農家や漁場に出向き、食材探しをします。そうすることで日ごろから生産者と良好な関係を築き、たとえその時に欲しい物がなくても、後日「今朝、珍しい魚があがったよ」「この野菜はきっと気に入るよ」など、連絡が入るようにもなるのです。また、料理長同士のネットワークからも情報を得ることができます。支配人も他人ごとだとは考えず、一緒に食材探しに加わる積極性を持ちたいものです。

## 企画をあたためることも必要

　企画の良し悪しはアイデア次第。とはいえ、何もないところからアイデアを生み出すのは大変です。しかし、普段からあたためておいたものがあれば、いざという時に肉付けするだけで形になることがあります。じっくりあたためた結果、内容の濃いものが出来上がる可能性も高まります。そういう“引き出し”をどのくらい持っているかが、支配人の実力のバロメーターなのです。

　それには日頃から積極的に情報を集めることです。食べ歩きをしたり、テレビや新聞、雑誌、YouTubeを始めとするインターネットから、これはと思える食に関する話題を集めておきます。勤務中にテレビやネットを見る時間はなくても、録画しておけば帰宅後に見られます。通勤途中にスマホでチェックして、気になったページはブックマークをつけておきましょう。

●情報の先取り
　そうして集めた情報の中から、例えば「今フランスでは温かいデザートが流行っているらしい」と知れば、日本に上陸する前にそれを企画に

盛り込むことができます。あるいは「"トマトパッツァ"が料理好き女子の間で注目されている」とわかれば、一足先に店で扱えるかもしれません。今何がトレンドで、何がこれからトレンドになりそうか。ツイッターでは何が『バズって（短期間で爆発的に話題が広がり、多くの人の注目を集めること）』いるのか。インスタグラムでは何が『映える』のか。自分の足で、あるいはメディアで確かめ、仕入れていくことが大切です。近頃ブームを呼んだ「スープカレー」や「夜パフェ」は地方で生まれ、一気に都市へと広がったものです。国内外でどのような食べ物や食べ方が流行っているか、流行りそうかをチェックし、リアルな情報を自分の"引き出し"にしまっていくことです。

　ホテルや老舗のレストランの場合、自信のある新メニューを作成しても、即座に採用されるとは限らないという事情があります。そんなときでも、こうした情報の蓄積は大切です。時期的に合わなかったり、その店の雰囲気にそぐわなかったり、コストがかかりすぎるなどの理由で、却下されることがあっても、"引き出し"に代案がたくさんあれば、即座に対応でき、別の案を繰り出せます。

●企画はタイミング
　また、企画にはタイミングも大事です。せっかくいいアイデアでもタイミングを間違えてはその案は生きません。一例ですが、フランス料理店から中国料理店に移ったある支配人が、「ワインと中国料理フェア」を企画して成功させました。ワインと中国料理をコラボする企画を長い間あたため、中国料理店に移った時に、この時とばかりに提案したことによります。

　そして企画を成功させるもう一つのコツは『独りよがり』ではないということです。どんなに知恵を絞っても、それが『売れる企画』でなければ意味がありません。買ってくださる方がいてこそ成立するのが商売ですから「おいしそうだね、いただこう」と、お客様に支持してくださ

るものであることが大前提です。

　企画は一つだけでなく、A案、B案、C案というように複数案用意することが必要です。その際は同じ料理で目先を変えるのではなく、食材から違ったものにします。例えばA案がパスタなら、B案はステーキなどの肉料理、C案はシーフード系といったように、全く違うものにするのです。AがダメならB、BがダメならCというように、必ず代案を用意しておくことが大切です。


## お客様の求めているのは何か

　お店のメニューは季節の素材や、その時・その素材に合った最良の調理法、料理人の確かな技術の組み合わせなど、さまざまな根拠に基づいて構成されています。料理長は、できることならお客様一人ひとりに、料理について説明したいと思うことでしょう。それこそ、説明したいことは山ほどあるのではないかと思います。食材の産地、調理法の工夫、季節と食材の関係、調理に使用している各種調味料など、数え上げたらきりがありません。しかし、お客様は料理を楽しみに来ているのであって、料理長の説明を主な目的に来ているわけではありません。そこで、メニューのアピールやプレゼンテーションは、ポイントを絞って的を射た説明に終始する必要があります。


　大切なのは、お客様が何を求めているのかを判断すること。魚料理一つとっても、本日の魚料理について、
「いかがでしたか？」と感想を求めたら
　Ａ：「おいしいですね。どこで水揚げされたものですか？」
　Ｂ：「さすが、この時期は脂がのってますね」
　Ｃ：「近海ものならでは、ですね」
と、まちまちな答えが返ってくるでしょう。
Ａさんは産地が気になり、Ｂさんは魚の旬について、Ｃさんはもしかしたら国産にこだわりたいのかもしれません。

●会話のキャッチボール

　こうした会話のキャッチボールは、そのお客様を理解する手掛かりにもなります。

「この魚が揚がった○○港は、春の××もおいしいんですよ。ぜひ味わっていただきたいです」

「同じ魚ですが、南半球から空輸されるものはさっぱりした味わいで、△△にするとまた違うおいしさですよ」

「○○あたりは黒潮の恩恵を受けていますからね。来月には△△が揚がると思いますよ」

と、相手のニーズに合った回答で応えられれば、実りあるプレゼンテーションになるでしょう。


## 「新メニュー」を披露する

　新メニューができたら、次にそれを広く知らしめることが大切です。店のホームページで宣伝するのはもちろんですが、それだけでは限界があります。そこで地元のマスコミを利用するのです。新聞社、テレビ局、ラジオ局、タウン誌を扱う雑誌社などの担当者を招き、午後のお客様の少ない時間帯（アイドルタイム）を利用して試食会を開くのも一案です。

　マスコミを招待しての試食会は費用対効果が大きく、成果を期待できます。店のスタッフだけで行うので必要以上に人件費がかからない上、食材によってはそれを扱う取引先企業にも協力してもらえるので、原価率を下げられます。費用をかけずにいかに宣伝効果をあげるかは重要で、こうした広報・宣伝活動でも支配人の腕が試されます。

　マスコミに取り上げてもらうには、インパクトのあるメニュー作りが必要です。人気の地方食材や珍しい食材、普段食卓にのぼりにくい輸入品、旬のものや最高級品などを採用して魅力のあるものにします。

　試食会を知らせる案内状もまた大切です。目を引くものであることはもちろん、忙しい中でも行ってみようと思ってもらえるだけの文章力が

求められます。支配人は日頃からお客様と接していますから会話には長けていますが、書くのは苦手、という人が多いようです。施設によっては案内状を作成する部署があるので任せられますが、ない場合は文章の得意なスタッフに頼むことです。

## お店のブランディング

　ホテルなどの大きな施設には営業推進室や営業企画室があるので、そうした部署とタイアップしてマスコミ宣伝対応を行うことも考えられます。こうして準備を整えたところで当日、新メニューをマスコミに披露します。支配人は招待客の前で料理の特徴をしっかりと伝え、印象づけるよう、台本をじっくり練っておきましょう。ありふれた説明では記憶に残りませんから「こちらのベシャメルソースはごく一般的なソースですが、実は料理長が大変にこだわっておりまして、今日も自ら腕によりをかけてお作りしました」などと一言添えるだけでも参加者は興味をそそられます。試食会の目的はマスコミをファンにすることですから、それも支配人の会話の力にかかっています。また、最近は結婚披露宴などで料理長自ら、料理の説明に顔を出すのが人気の演出となっています。メディア発表でも同様に、日頃は裏方として調理場に引っ込んでいる料理長を表に出す、というのもいい方法です。料理長の個性や人物像が面白いのであれば、彼をスターにするという手もあります（もちろん料理の腕が一流であることが大前提ですが）。これがブランディングです。

●積極的に聞いて回る
　試食会では参加者の反応を見るだけでなく「いかがでしたか」と積極的に意見を聞いて回ることも大切です。このとき「おいしい」と言われるのは当たり前のことで、本当に知りたいのは「良くない」点に関してです。記者やディレクター、編集者から本音を聞き出し、実際にお客様にお出しする日までに修正していきます。メディアの、特にグルメ担当者はあちこちに取材に行って口が肥えています。かれらの忌憚のない意

見を聞くことも試食会の目的の一つなのです。

　もう一つ忘れてはならないのが、放映されたり記事になって出る前に内容をチェックさせてもらうことです。原稿や録音・録画テープを送ってもらい、できればチェックしましょう。誤った内容であれば訂正し、強調したい所は強調して、新メニューを最大限アピールします。

## 仕掛けて売り込む

　支配人は自分の顧客をどのくらい持っているかで評価されます。顧客を増やすには普段からアンテナを張っておいて、お客様に関するささいな情報でも集めておくことが大切です。例えば新聞にあなたの顧客が表彰された、あるいはその方の会社の商品が受賞した、などの記事が載っていたら、次回来店時にはすかさず「おめでとうございます」、あるいは黒枠広告にお身内の訃報が掲載されていたら、「お悔やみ申し上げます」と、先んじてお声がけすることができます。特に表彰や受賞のようなおめでたい話の場合は、来店を待たずにお祝いのお手紙やメールを差し上げてもよいでしょう。

　お客様は支配人が知っていることに驚かれるかもしれませんが、悪い気はしないはずです。むしろ自分のことを気にかけてくれていることに嬉しい気分になり、普段よりお金を使ってくれたり、知り合いにも紹介してくださるかもしれません。売り上げアップや新規のお客様の獲得にもつながります。

　「喜寿のお祝いを慶弔記事で拝見しました」「お孫さんの学校、甲子園に出られるそうですね。おめでとうございます」など、つかんだ情報をタイミングよく使います。スタッフにも日頃から新聞などのメディアやSNSを始めとするインターネットから常連のお客様に関する情報を集めておくように指示しておきます。

　支配人は常連のお客様が前回来店された時に何を召し上がり、どんな

175

会話をしたかまで覚えているものです。それを生かすことも大事です。例えば、前回仔羊の話題が出てお客様が興味を示されたようなら、次の来店時に仔羊料理を用意しておく、などです。「この前お話しされていたので、お出しできるようにご用意しました」とさりげなくお勧めすれば「へぇー、覚えていてくれたのか！」となり「じゃあ、いただいてみるか」とオーダーにつながるかもしれません。

●きっかけ作りをお手伝い

　食通のお客様であっても、今まで口にしたことのないものにチャレンジするのは勇気がいります。店側がそのきっかけ作りをするのです。常連のお客様を飽きさせず、店を長く愛用していただくための工夫です。「○○の牡蠣が入ったら、真っ先にご連絡します」など、こちらから積極的に売り込むのもいいでしょう。ご出身地がわかっていれば「○○県○○沖で揚がった鯛が入荷しております。いかがですか？」とさりげなくお伝えするのも粋な演出です。

　近年、飲食業界は合理化が進み、ロボットを導入する所さえ出てきています。ロボットは言われたことを忠実に実行できても、自分で考えて行動することはできません。キーワードを与えれば情報を集めることもできますが、その情報を判断することはできません。その点、人間には工夫する力があります。積極的に情報を集め、仕掛け、売り込む。それができるのは人間だけです。また、そうでなければロボットと同じです。人間だからこそできることをやる。そうでなければ、いつかロボットに取って代わられてしまうかもしれません。もてなしをうけて食事を楽しむお客様が人間である以上、最高のおもてなしができるのも人間であるはず。危機感と誇りをもって、職務に当たりたいものだと思います。

# 宴会営業の極意

　これまでにも大規模なパーティーや宴会について、折に触れて言及してきました。宴会は通常の営業とは全く異なる性質を持っています。場を用意して料理を提供し、一時、食事を楽しんでいただくことはどちらも同じですが、そもそもの成り立ちが違います。

　宴会は規模の大小もさまざまですが、日頃自店に足を運んでくださらない、新たな層を開拓し、店を知ってもらうよいきっかけにもなります。また、日頃から自店を愛用してくださっている常連さんが、宴会の話につながることもあります。宴会は対象人数が多いだけに大きな売り上げになることもありますし、逆に客単価は下げざるを得ない場合もあります。ホテルのように、日頃から大規模宴会に慣れている業態もあれば、個人経営のレストランなど、宴会にも限界がある店もあることでしょう。

　ここでは宴会セールスについて、ポイントをご紹介します。


■物を言うのは人脈

　社会経験の浅い人に、人脈が少ないのは当たり前です。しかし、日本という国で大人になるまでの時間を過ごした人なら、多少の人脈というものはあるものです。

　身近なところから、例えば家族、親族、母校の恩師、同窓生、友人など、ありとあらゆる『伝手』から人脈をたどるのも一つの手です。自分の母親や妻の、あるいは姉や妹の『女子会』だっていいのです。「○○君が働いている店、おいしいらしいよ」から始まる営業があってもいい。また、縁のある人が来てくださったら、ちょっとしたデザートをプレゼントするなどの配慮が、功を奏することだってあります。

　いきなり大規模な宴会が受注できなくても、人の伝手をたどって、一人でも多くの人に店のことを知ってもらう、それが第一歩になります。

　「とてもおいしかったから」

　「良くしてもらったから」

　「今度は友達と来たい」

そんな風に言ってもらえたら大成功です。その時の出席者が５人だった
として、その先には５人分の人脈が広がっています。お褒めの言葉をい
ただいたら「今度は是非、お友達といらしてください」と売り込んでお
きましょう。


■どんな宴会ができるか考え、提案する

　自店でどんな宴会ができるか、考えてみることも大切です。例えば、
結婚式やその二次会だと想定して、最大何人着席できそうか。立食なら
どうか。主役の新郎新婦が座る高砂席はどこに作る？ 高砂が見通せな
い、死角はできてしまうか？ など、具体的にイメージするのです。

　自店でできそうな宴会をリストアップしてみましょう。

　結婚披露宴・二次会

　同窓会

　企業の発表会やレセプション

（プロジェクターを使ったプレゼンテーションができるかどうか）

　忘年会・新年会

　歓送迎会

　クリスマス・バースデーパーティー

　ワイン会

などです。そして、そんな可能性がありそうなら、前述のように人脈を
駆使して、営業に出てみましょう。

　例えば、学生時代の友人が働いている会社の総務部を紹介してもらい、
忘・新年会やレセプション利用をお願いしてみる。自分の同窓会の会場
に名乗り出る。住んでいる自治体の役所に売り込んでみる、などです。


　小さな糸口からでも発展するのが、飲食店の営業です。個人のお客様
から団体へ、団体の中のお一人が個人のお客様へ。あらゆる機会を大切
にし、自店へとつなげる努力をしたいものです。

## 営業訪問の基本

◎営業訪問の基本は次の通りですので、身につけておきましょう。

1. 必ずアポイントを取ること
2. 時間に遅れないように早めに向かう
3. 遅れる場合には必ず連絡を入れる
4. 訪問先に入る前にコートを脱ぐ
5. 携帯電話はマナーモードにする
6. 雨をしっかりと切って傘立てを使用する
7. 約束の5分前にインターフォンを鳴らす
8. 受付でしっかり名乗る
9. 会議室や応接室では下座で座って待つ
10. コートは椅子の背もたれにカバンは床に置く
11. 手荷物は手提げ袋から出し机の上に置く
12. 名刺入れや資料を出して待つ
13. 相手が入室したらすぐに起立する
14. 上司や先輩から入室し退出する
15. コートやマフラーは訪問先を出てから身につける


## ピンチをチャンスに！

　支配人として働いていれば、さまざまなトラブルに遭遇することもあります。そのピンチをチャンスに転換できてこそ、優れた支配人と言えるでしょう。

　まず、考え得る最もシンプルなピンチは、お客様からのクレームです。クレームは後日寄せられることもあれば、当日その場で発生することもあります。いずれの場合も最も大切なことは迅速に対応する、ということです。

　クレームがあったとき、スタッフが決してしてはならないことは言い訳することです。仮にお客様の側に落ち度があっても、です。どんな状

179

況でも、お客様を怒らせたり困らせたりという「あってはならない事態」が起きたのですから「申し訳ございません」と謝罪します。

また、この謝罪は該当するお客様に対してはもちろん、周囲のお客様に対しても行われるべきです。人が怒る声や「申し訳ありません」「失礼しました」などという言葉を聞きながら食事をすること自体、お客様の大切な一時の雰囲気を台無しにしてしまうからです。

●クレーム対応

現在はクレームにもさまざまなケースがあります。残念ながらお客様側に責任がある場合もありますし、ひどい場合はSNSなどを使って「炎上」を狙われることさえあります。トラブルの現場で、いったん「失礼いたしました」「申し訳ありません」と口にするのは「お客様にご不便をおかけした」「不快な思いをさせた」あるいは「周囲のお客様に対して、お騒がせした」ことに対する謝罪です。その上で、クレームの内容を最後まで、正確に聞き取ることが大切です。その際、お客様の立場に立って耳を傾ける姿勢を忘れてはなりません。その場しのぎの言い訳は絶対に禁物ですし、通り一遍の謝罪ですませようという安易な考えは、必ず相手に伝わります。

トラブルの原因がアルバイトのスタッフによるものだとしても、支配人は「自分のこととして」「自分の責任において」、誠心誠意対応することが大切です。誠心誠意の謝罪や対処は、必ず相手の心に届くはずです。

もちろん、内容にもよりますが、その場では収まらない場合もあるかもしれません。後日訪問して改めて謝罪する。お召し物や持ち物に破損があった場合などは、誠意をもって賠償する。正しく対応すれば、いずれはご理解いただけるはずです。

●誠心誠意で対応

そんなピンチをチャンスに変えるカギも、この「誠心誠意」です。真摯に謝罪する態度に理解を示してくだされば、ふたたび店に来てくださる可能性もあるでしょう。むしろ誠実な対応に感謝してくださるかもし

れません。そんなお客様が次に来店した時こそが、最大のチャンス。必ず支配人が出迎え「○○様、本日はようこそいらっしゃいました。誠にありがとうございます」とご挨拶しましょう。その時、開口一番「先日は申し訳ありませんでした」と、過ぎたトラブルを掘り起こすことはありません。申し訳なかったという気持ちは胸におさめ、また来てくださったことが心からうれしい、と歓迎の気持ちを伝えることが大切です。

　一方、悪意あるクレームへの対処も重要です。自分のミスなのに店のせいにするクレームであれば、きちんと謝罪してその場を収めることで収拾がつくでしょう。問題なのは、SNSなどでの炎上をねらっての「故意」によるトラブルです。
　また、そこまでの故意でなくとも、過失を通り越して「横暴」のレベルのクレームに遭うこともあります。そんなとき、スタッフを守るのもまた、支配人の役割です。

●スタッフを守る
　先日ある弁当店で、酒に酔った客が温め用の電子レンジが使えないことに腹を立て（感染症対策で使用禁止にしていた）、スタッフにお金を投げつける、という事件がありました。このときはスタッフが毅然とした態度で対応したこと、その様子が一部始終、動画に収められていたことで、店は泣き寝入りを免れています。
　逆にその動画がSNSで拡散され、酔客が後日謝りに訪れた、という幕引きでした。
　このように、後日SNSで話が拡散したり、また、後日になってからクレームが寄せられるケースなどでは言った・言わない、の水掛け論になる危険性があります。そのような悪意に基づくトラブルや横暴に対しては毅然とした態度で対処すること。そのためにも、ポケットの中にボイスレコーダーをしのばせるなど、その場で何が起きていたのかを記録するという自衛策も考えられます。

## ●謝罪訪問とは

　クレーム対応のアフターフォローとして、謝罪のためにお客様を訪問することを謝罪訪問と言います。

謝りに行くのですから、ミスや失礼は許されません。

1．訪問前の事前確認

　A．クレームやトラブルの詳しい内容確認

　B．お客様の情報収集

　C．今までの類似クレームの解決策

　D．会社としての解決策

　E．受け入れられないときの代案

　F．今後の会社としての改善策

これらをしっかり把握しておきます。その上で、

2．アポイントを必ず取る

3．謝罪の際の手土産を用意するのは基本

　（必ず面談が終わった時に渡すこと、お詫びの品として渡すのではなく、時間を取っていただいたことに対する感謝の意味で渡す）

4．待たされた場合でも、緊張感から目の前にお茶を出されると、つい手が出てしまいそうですが、絶対に飲まない（相手が入室して空の茶碗を見たら本当に反省しているのかを疑うため）

5．謝罪にふさわしい服装で行くこと

6．不快に思われることへの共感を示すこと

7．解決策を提案する

8．最後は厳しい指摘への感謝を伝えること

9．クレームをチャンスととらえて今後に活かす

などの心構えが大切です。

## できる支配人は「教える」より「考えさせる」

　こうしたトラブルは、スタッフにとっても成長のチャンスです。お客様を怒らせてしまった、困らせてしまった、という経験は誰にとっても後味が悪いもの。該当スタッフには反省と今後の改善も必要になります。

　ただでさえ失敗してしまった、という自責の念があるところに、支配人から雷を落とされたのでは、場合によっては仕事を辞めてしまうかもしれません。かといって、気を遣いすぎてきちんと対処しないと、同様のミスを繰り返すかもしれませんし、他のスタッフが同じミスをおかす日がくるかもしれません。

　トラブルやクレームがあったあとは、必ずミーティングで、全スタッフに共有します。サービススタッフのミスは調理スタッフに調理スタッフによるミスはサービススタッフに共有し、皆で考えることが大切です。

　それは決して、皆の前で叱責するためではありません。その日起こったことを冷静に、客観的に、

　　1．何が起きたか

　　2．なぜ起きたか

　　3．結果どうなったか

をまず伝えます。

例えば、

　　1．何が起きたか

料理をテーブルに置こうとして、皿をひっくり返してしまった

とします。

　　2．なぜ起きたか

これについては当事者の言い分を聞き、さらにその解決策をスタッフ

　　全員で考えます。

●当事者の言い分：
　「足元にお客様のビジネスバッグがあり、それにつま先がひっかか
　ってバランスを崩した」
これを受けて、改善点を考えるのです。
　「大き目の手荷物はクロークで預かるように徹底してはどうか」
　「大き目の荷物を手元に置きたいと希望されたときは、なるべく奥
　の方に置いていただくよう、食事が始まる際に確認してはどうか」
　「すべての動作を落ち着いて行うように気をつけ、次の動作に移る
　前に一呼吸置く癖をつけよう」
などの意見が出るかもしれません。

　経験豊富な支配人が答えを教えてしまうよりも、起きたことについて
の対処をスタッフ全員に「我が事」として考えてもらう。それが再発防
止にとっても有効です。

その上で、
　3．結果どうなったか
　お客様がいかに困り、それにどう対処したのかも全員に共有します。

　ミスは誰にでも起こりうること。それを一方的に責めても、何も生ま
れません。むしろ、個々人がミス防止に努め、より良いサービスができ
るように成長できれば、このトラブルも無駄にはならなかったと言える
でしょう。

　いいことも・悪いことも、スタッフ皆が当事者意識をもって共有し、
改善につなげる。それも一つのチャンスであり、そうして成長したスタ
ッフは店の「人財」になってゆくのです。

# 第5章

# 料理と飲み物の基本

本章ではフランス料理の原点に立ち返り、歴史、料理、飲み物の基本について解説いたします。断片的な知識ではなく、系統的に料理を学ぶことは調理人と「共通言語」で語り合う機会にもなります。またサービスする側もお客様に対して、料理名や飲み物の名前だけではない、中身を理解した上で解説ができる本物の接客になることでしょう。

# フランス料理の歴史

フランス料理とは、そもそもいつ、どのようにして興ったものなのでしょうか。まず最初に簡単におさらいしておきましょう。

●**中世5〜15世紀ごろ**（日本では平安時代から室町時代）
椅子や食器は共用、スパイスは高価な解毒剤だった
フランスでは1337年、100年戦争がはじまる

●**大航海時代 15〜17世紀**（日本では室町時代）
香辛料の貿易拡大のために海外へ進出、新しい食材の流入
1492年　コロンブスがアメリカ大陸を発見

●**フランス・ルネサンス期 16世紀〜**（日本では室町から安土桃山へ）
食卓を囲むようになり、テーブルアートを楽しむようになる

●**ベルサイユ宮殿の時代 17〜18世紀**（日本では安土桃山時代）
プロトコール、フランス式サービスの確立

●**フランス革命後**（日本では江戸時代から明治時代）
1789〜1795年　フランス革命
1804年　ナポレオン法典成立
パリに一気にレストランが増加（ロシア式サービス）
1855年　第一回パリ万博開催

1898年　フランス料理の父エスコフィエと、ホテル王リッツが仕事を
　　　　スタート

1900年　ミシュランガイド発刊

●グランドツーリズム 1930〜1950年代（日本は昭和時代 東京五輪など）
　1939 〜 1945　第二次世界大戦

●ヌーベルキュイジーヌ 1970〜1980年代初頭 （日本では大阪万博）
　1973年　ヌーベル・キュイジーヌ宣言

●キュイジーヌ・ド・テロワール 1980年代以降（日本のフランスレストランブーム）
　1993年　EU（ヨーロッパ連合）発足

●新キュイジーヌ・ド・テロワール 2010年代〜

　こうした変遷を見ていると、フランスの料理はヨーロッパの歴史ととも
もにあり、常に変化しているものだということがわかります。
　特に、近代以降、フランスで興ったヌーベル・キュイジーヌ、キュイ
ジーヌ・ド・テロワール、その後の新キュイジーヌ・ド・テロワールの
変遷は、現在のフランス料理の潮流を理解する上で重要です。

## ヌーベル・キュイジーヌの宣言

1973年、レストランガイドブック「ゴ・エ・ミヨ」が「ヌーベル・キュ
イジーヌ宣言」を発表しました。
食材を尊重することや繊細で印象的な盛り付け方に特徴があり、現在の
フランス料理は、この宣言の中にあると言えます。
それまでの大皿盛りの料理から、個人盛りへ。シェフたちは皿を並べ、
まるで皿に絵を描くような盛り付けを競うようになりました。その旗手
として人気を博したのが「ポール・ボギューズ」です。

## ヌーベル・キュイジーヌの結末

1970年の後半から1980年初頭にかけて盛り上がりを見せたヌーベル・キュイジーヌは料理評論家クロード・ルブエイの記事「顧客の批判」により、終焉を迎えました。前衛的で、見た目麗しい料理ですが、味覚的に破綻した料理が登場するほどに。量もまるで足りません。その結果顧客からそっぽを向かれたのです。その後の世界的なバブル崩壊もあり、フランス人シェフは誰もヌーベル・キュイジーヌを名乗らなくなりました。

## キュイジーヌ・ド・テロワール

生まれ育った土地の風土に根差した料理や店の在り方で、地産地消よりももっと深い概念です。地元の食材を活かし料理に自分達のアイデンティティを求め、皿の上だけでなく、料理と食材を生んだ風土＝テロワールを発見してもらいたい、というのが料理人の考えでした。

## 料理分子学

調理を物理的、化学的に解析した研究、応用した方法です。液体窒素や遠心分離機などを用いて、料理に新たな魅力を加えました。料理は伝統的に継承されるものとの考え方に対して、誰もがデータを基に料理が再現できるという考え方で、例えば、低温長時間料理も料理分子学によって発達した調理法の一つです。

## 新キュイジーヌ・ド・テロワール

新テロワール派、というのは大沢晴美氏（一般社団法人 フランスレストラン文化振興協会（APGF）代表）が便宜的に名付けた名称です。90年代に新興したこの料理文化は、2010年以降、国境を越えて多様な食材や技術文化を評価しようとする好奇心と同時に広まり、どこまでも自分

のアイデンティティに固執する頑固さを持ち合わせた料理が生まれるようになりました。この潮流にも賛否はあるようでしょうが、世界一のフランスレストランと称されたデンマークのコペンハーゲンにある「ノーマ」（レネ・ゼレビ シェフ）のような数々の料理人が、現在のテロワールの中で、異彩を放っています。

## 日本におけるフランス料理の歴史

　日本人はいつからフランス料理を食べるようになったのでしょうか。フランス料理はどこからもたらされ、どのように定着していったのでしょうか。

　まず、日本において『フランス料理』とは何を指す言葉なのでしょうか。歴史が示す通り、日本という国は長い間『鎖国』を続けてきました。やがて、欧米から開国を促され、他国との本格的な貿易が始まります。
もちろん、それをさかのぼること数百年前にも、外国との交流はありました。遣唐使・遣隋使の時代には文化的交流も盛んでしたし、事実、インドから中国や南北朝鮮を経て日本にもたらされたものもたくさんあります。
　しかし、ここで言う『開国』とは、西洋文明に対して日本が門戸を開いたことを意味します。
　そして「開国」後、フランス料理をはじめ、西洋式の生活文化が流れ込んできました。日本に滞在する西洋人の数が増えれば、その食生活を支える料理人もやってきます。さまざまな形で、フランス料理は日本に入ってきたのです。

　現在、外食産業の中でも本格的な『西洋料理』と称するとき、それは主にフランス料理を指します。そうした西洋料理店で働く、あるいは運営・経営をしようとする人であれば、その基本＝フランス料理について知っておくべきでしょう。

## 明治時代の宮中晩餐会

　江戸末期を経て明治政府が発足した頃、日本にもさまざまな西洋文化が雪崩を打って流入して来ました。「ざんぎり頭を叩いてみれば、文明開化の音がする」※などともてはやされたころのことです。

　　※ざんぎり頭＝当時は武家も町民も髪を伸ばし、髷を結っていました。西洋風の服装や装いが流入した結果、髷を切り、現在のような髪型へと変わりました。その髷を切り落とした頭を「ざんぎり頭」と呼んだのです。

　その当時、1800年代の後半、ヨーロッパでの公式晩餐会は、どの国でもフランス料理が出されていました。日本でも、近代化以降、皇室による正式な晩餐会では必ずフランス料理が供されています。

　記録に残っている公式の午餐会をご紹介しましょう。
1874年9月22日。初めて日本に赴任した駐日外国人公使を招いての午餐会のメニューは、クラシカルなフランス料理のオンパレードでした。その内容は、当時の『天皇陛下の料理番』秋山徳蔵氏のメニューコレクションに記載・保存されています。

　その日以降、国賓をもてなす際に供されるフランス料理のメニューは多岐に渡り、現在に至るまで脈々と続いているのです。


## 1964年日本初のオリンピック開催

　2021年、コロナ禍の中で東京では2回目となる夏季オリンピック・パラリンピックが開催されました。みなさんご存知のとおり、東京での第1回開催は1964年です。新幹線や首都高速道路をはじめとするさまざまな社会的インフラが、この初開催の五輪に向けて用意されました。

　日本におけるフランス料理の歴史をひもとく時、この64年のオリンピックを無視することはできません。なぜならば、現在の日本のフランス料理は、この東京五輪から始まった、とさえ言われているからです。起承転結の「起」とも言えるでしょう。

●ホテルのフランス料理とビュッフェ料理の開花

オリンピック開催となると、世界各国から多くの人が日本へとやってきます。当然、ホテルは充実させねばなりませんし、要人への接遇のために必要になります。主催国である日本は、世界レベルで見ても遜色のない設備やサービスを整え、海外からのお客様にふさわしい料理も提供して、おもてなしをせねばなりません。

64年のオリンピックは第二次世界大戦の敗戦国・日本の復興を世界にアピールするイベントでもありました。その意味では、スポーツの大会として成功させるだけでなく、ホスピタリティの面でも、日本の復興ぶりと実力をプレゼンテーションする必要があったのです。

その国家的プロジェクトともいうべき事業の中心となったのは「帝国ホテル」の村上信夫シェフでした。パリのホテル「リッツ」で研修し、帰国後、帝国ホテルのメインダイニング料理長となった村上シェフが、オリンピック女子選手村食堂の総料理長として、300人以上の料理人を統括しました。男子選手村の食堂を担当したのは「日活国際ホテル」の馬場久シェフ。馬場シェフは戦前、横浜のホテルニューグランドが開業した際、その門戸を叩き、初代総料理長だったサリー・ワイル氏の愛弟子として名をはせた人でした。

ここから、本格的なフランス料理が広がっていったのです。


さらに村上シェフは、スウェーデンの「スモーガスボード」にヒントを得て、日本独自の「バイキング」を生み出しました。これが現在のビュッフェスタイルのバンケットの隆盛へとつながっています。

ちなみにビュッフェとバイキングの違いをご存知でしょうか。

本来ビュッフェとは「セルフサービス形式」の食事のことです。ビュッフェとは細長い飾り棚を意味するフランス語で、並べられた料理から好きなものを自分で取って食べる形式です。取った料理はすべて食べるのがマナーであり、取った分だけ支払うのが本来のビュッフェスタイル。つまり、必ずしも『食べ放題』ではないのです。

一方のバイキングは『食べ放題』形式です。前述のとおり、スウェー

デンの「スモーガスボード」にヒントを得、帝国ホテルでこの形式のレストランを出すことになりました。その時社内公募で決まった店名が北欧と豪快に食べるイメージから『バイキング』となり、現在はあちこちで『○○バイキング』のように使われるようになった、というわけです。

## 1970年大阪万博が開催に

　64年のオリンピックが日本のフランス料理の発展の起点だとしたら、70年の大阪万博は起承転結の「承」に相当するのではないでしょうか。主に海外からの要人をもてなすのが目的だったオリンピックに比べ、万博は多くの日本人をも対象にしていました。各国のパビリオンが立ち並びますが、その中でもフランス館、カナダ館、ベルギー館などで、初めて本格的なフランス料理に接した、という日本人料理人は少なくありませんでした。そして、多くの料理人がそのすばらしさに感銘を受け、片道切符でフランスを目指したのです。ビザの問題で働けず、近隣のスイスやベルギーで腕を磨いた、という若者たちもいました。中にはいわゆる不法滞在、不法就労でレストランの厨房に潜り込み、何とか技術を習得した、という人もいました。その一方で、正規の手続きで入国し、実力でシェフの座を勝ち取ってミシュランの星を獲得した中村勝宏シェフのような人もいます。背景も経緯も人それぞれではありますが、この時代の誰にも共通していたのは、何としてでも本場で働いて学びたい、という情熱と好奇心だったと言えるでしょう。

　一方、大阪万博は日本のフランス料理界にとっても大切なイベントとなりました。日本から若者たちが飛び出して行った一方で、素晴らしい人材が日本にやって来るきっかけにもなったのです。
　カナダ館のシェフとして来日したアンドレ・パッション氏は、日本人女性と結婚し、その後、日本に定住して、レストラン『イル・ド・フランス』を開きました。彼はここで、本場の「フランスの地方料理」を提供し、現在は「レストラン　パッション」「ル・コントワール・オクシタ

ン」のオーナーシェフとして活躍しています。

　日本へやって来た彼のような本場のシェフの下でフランス料理を基礎から学んだ日本人の料理人は数知れません。筆者も親しくさせていただいておりますが、今では日本の街場のレストランの「パパ」として、多くの料理人や常連のお客様たちから慕われています。


## フランス料理ブームが起きたバブル時代

　東京オリンピックや大阪万博以降、街場にも洋食屋とは一線を画す本格フランス料理レストランができますが、それは社会的エリートが行く高級店でした。今も知られる『マキシム・ド・パリ』や『シド』『東京會舘プルニエ』『銀座レカン』などです。

　ごく一般の人が本格的なフランス料理を楽しむようになるのは、1980年代に入ってからです。日本がバブル期と呼ばれる好景気に突入したことも無縁ではないでしょう。

　高度経済成長期からバブル期へとつながる時代は、サラリーマンの給与も右肩上がり。海外旅行を経験する人も増え、本物志向、上質志向の消費行動も増えてきました。若い世代でも可処分所得の大きい人が増え、飲食店産業はあらゆるランク、あらゆる分野で潤った時代です。フランス料理も価格帯の面でも内容の面でも多彩になり、人気店も数々登場しました。女性向け雑誌、主にファッション誌などがフランス料理店の特集を組むようになったのも、この頃です。

　70年代にフランスへと飛び出して行った日本人の若者たちは、クラシックとヌーベル（新たな潮流）の劇的な交錯を経験することになります。

　日本人として初めてパリでミシュランの一つ星を獲得した中村勝宏シェフ、その後には『タテル ヨシノ』吉野建シェフが続きました。70年代後半になると、主にフランスで修行した料理人たちが続々と帰国。30代のレストラン料理人の会「クラブ・デ・トラント（30代クラブ）」が結成されます。そのタイミングでバブル期が訪れ、若くて勢いのある料理人たちによるレストランも人気上昇。フランス料理ブームの旗本となるのです。

井上旭シェフの『シェ・イノ』、坂井宏行シェフの『ラ・ロシェル』、北岡尚信シェフの『プティ・ポワン』、石鍋裕シェフの『クィーン・アリス』など枚挙にいとまがありません。そののち話題になった三國清三シェフの『オテル・ドゥ・ミクニ』など、多くのスターシェフがマスコミをにぎわすようになったのです。『タイユバン・ロブション』の初代総支配人を務めた下野隆祥氏の活躍も目に留まります。ホテルでも「ホテルオークラ」の小野正吉シェフ、「ホテルニューオータニ」の古谷春雄シェフ「ロイヤルパークホテル」の嶋村光夫シェフなどが活躍したのもこの時期です。

## この30年間の動向

　1990年代からは、東京を始め大都市を中心にさまざまな専門店がオープン。それに合わせてグルメ雑誌や書籍が多数刊行されました。テレビでも多くの企画が生まれ、料理人の対決番組が大ヒットしたのもこの時代です。2010年代に入り、新たな動きがありました。インターネットの普及です。今までマスコミの特集番組や記事に頼っていたグルメ情報が、お客様が直接入手できるようになり、お店選びの基準が変わった事です。玉石混交ではありますが、調理人やサービス人たちにも刺激を与えたことは間違いありません。また海外のグルメガイドも相次いで創刊され、世界レベルでの評価基準で、お店選びが進んでいることです。もう一つの大きな流れとしては、先人が暗中模索で海外での修行をしてきたことを、受け手であるお店に送り手である機関（現在の一般社団法人フランスレストラン振興協会（APGF））が、組織的に多くの若者を送り出したことです。フランスのトップシェフやサービス人が来日、セミナーで直接指導をしたり、コンクールを開催することで、日本中の関係者のレベルアップが図られた結果、その後、フランスに渡り、現地で星を獲るシェフが続出しました。ついには３つ星を獲る「レストラン　ケイ」の小林圭シェフが誕生、この30年間の関係者の努力が結実した瞬間とも言えるでしょう。「カンテサンス」の岸田周三氏を代表とする若手シェ

フの台頭にとどまらず、大都市に偏在していたお店が、地方に増えてきたのも近年の特徴です。地元食材を使い、フランスや有名店で学んだ調理技術を駆使して、地元民に愛されるお店を目指しています。SNSでお互いのリアルな情報を交換しているため、地域差も生まれません。「テロワール」の考え方を実践しています。そこには食材を作る人や卸す関係者、お店を支えるお客様の連帯が見えてきます。呼応するように、グルメガイドも大都市だけではなく、地方版も相次いで発行され出しました。

　料理だけでなく、サービスも同様です。長い間料理とワインの充実度を評価対象にしていたグルメガイドが、ついにサービスも評価対象としたことです。ソムリエの田崎真也氏や若林英司氏、メートル・ドテルの田中優二氏、宮崎辰氏などの活躍に触発され、多くの若者が目指す職業になってきました。料理とサービスの両輪が評価される新しい時代に突入した現在、時代に合った料理とサービスを提供し続けるのが、これからのお店の課題と言えるでしょう。

## フランス料理そのものを知る

　フランス料理の店で働く人間にとって大切なことは数々あります。サービススタッフにとって最も大切なことのひとつは「自分が何を売っているのかを知ること」です。

　サービスのテクニックやマナーにはさまざまな技術がありますが、そもそも自分たちが何を扱っているのか、知らない・お客様に説明できない、では話になりません。

　食材・調理法・加工法、そしてそれらの取り合わせ（メニューの組み合わせ）を理解することは、より良いサービスにつながります。また、個人的な会食からパーティーや宴会といった大規模な催しに至るまで、あらゆる場面に対応する商品企画やイベント企画を立案する上でも大切なポイントです。

## 素材を知る

　調理人でもないスタッフが、素材を知る意味はどこにあるのでしょうか。どのような立場のスタッフであれ、飲食業で働く者は、自分たちが販売している商品に対して、責任を負います。

　健康を害さない＝安心なものである、という最低限の衛生管理の面はもちろん、おいしさ・食事をする価値、すべてが私たちの肩にかかってきます。

　そもそも、自分たちは何を売っているのか。商品を理解しないことには、よりよいサービスにはつながりません。近年は食に対する意識も高まり、お客様側から、素材や調理法について質問を受けることもしばしばです。そんなとき、自信を持って答えられるように、フランス料理の基本的な素材について、理解しておきましょう。


　フランス料理にかぎらず、料理とは本来その土地で生産されたり、捕獲されるもの・採取されるものを使って作られるのが基本です。ご存知の通り、物流の進化は料理の世界にも劇的な変化をもたらしました。地球の裏側の食材が、数日のうちに届くというのも珍しいことではなくなりました。その一方で、地産地消（＝その土地で生産されたものはその土地で消費すること）など、昔の食文化に立ち返ろうとする動きもあります。

　フランス料理においても、前項で説明した通り、地元に根差した食材や調理法を強く意識する考え方＝テロワールが、昨今の主流になっています。

地元の食材を積極的に活用することは、

　　・輸送コストがかからない（原価が安く抑えられる）

　　・鮮度の良いものが入手できる

などのメリットもあり、また、地場の野菜や畜産物・漁獲物を使うことで地域の活性化につながる、という側面もあります。

従来のフランス料理では使われなかった、日本独自の食材を取り入れる店も増えてきました。

　以下にご紹介するのは、フランス料理の基本の食材であり、食品です。基礎を学んだ上で、自店で使っている食材や食品にも、ぜひ注目してみましょう。


■野菜類
　野菜の多くは栽培されたものですが、トリュフやシャンピニオンのようなキノコ類の一部には、野生から採取したものを使うものもあります。野菜は、前菜やサラダにはもちろん、メインディッシュの付け合わせとしてもよく登場する食材ですが、フランス料理では米や小麦粉を使った麺類も野菜として扱います。イタリア料理にルーツを持つニョッキやラザニア、マカロニなどのパスタ類もこのカテゴリーに含まれます（パンを除く）。


フランス料理でよく使われる野菜には、
　葉物野菜＝キャベツ、ホウレンソウ など
　根菜＝玉ねぎ、ジャガイモ、カブ など
　果実類＝トマト、ナス、キュウリ、カボチャ など
　豆類＝空豆、グリーンピース、レンズ豆 など
　キノコ類＝セップ茸（ポルチーニ）、トリュフ、シャンピニオン など


などがあります。今や（一部のトリュフなどをのぞき）日本でも一般に手に入る食材がほとんどといってもいいでしょう。
　近年はベジタリアンやヴィーガンなど、動物性あるいは動物由来の食品を口にしない、という主義の人も増えています。動物性の食品を使わないレストランも登場しています。
　また、動物性食品を忌避しない人でも、健康のために野菜を多く摂ろうと心掛けている人もいるでしょう。健康に対する意識の高まりは、当然食生活にも向けられ、外食産業とて無縁ではいられません。
　また、有機栽培や自然農法など、従来の栽培法とは異なる方法で付加価値を高めている野菜も登場しています。飲食店でも使用している野菜

197

がそうした野菜である場合は、メニューに書き添えるなどして、アピールしたり、付加価値にしている場合もあります。

　これらについても、概略だけでも理解しておきましょう。


●有機栽培

有機、またはオーガニック、と呼ばれる栽培方法です。

有機栽培には定義があり、

　　・化学的に合成された肥料や農薬を使わない

　　（まったくの無農薬ではない）

　　・遺伝子組み換え技術を使わない

　　・農業生産による環境負荷をできるかぎり低減させる

農法のことを言います。『有機農産物』として認められるためには、国で定められた基準（有機JAS規格）を満たさねばなりません。化学肥料や農薬を使わずに2年以上が経過した健康な土を使っていることなど、栽培の過程にもいくつものルールが定められています。


●無農薬（減農薬）栽培

一時期『無農薬栽培（野菜）』という言葉が使われていました。「生産期間中にまったく農薬を使わない」という意味ですが、実際には土壌に農薬が残っていたり、近隣の畑から飛んでくることもあります。

また、減農薬についても同様で、「何を」「どの程度」減らせば減農薬と言えるのか、明確にするのは難しい問題です（回数を減らすのか・量を減らすのか・残存する毒素はどのぐらいか、など）。

そこで、厳密に「無農薬」あるいは「減農薬」を規定できないことから、現在は「無農薬」「減農薬」という表記は禁じられています。

●自然農法

自然農法とは「耕さない」「除草しない」「肥料を与えない」「無農薬」で栽培する方法を言います。ただし、その具体的な手法については人それぞれですし、明確な定義があるわけでもありません。有機農法のほうに一定の基準が設けられているわけでもありません。

### ■肉類

フランス料理で使用する肉類には、人間が人工的に飼育する家畜肉と、野生動物を使う料理の2種類があります。

### ●家畜肉

家畜肉で代表的なものと言えば、牛（仔牛）、豚（仔豚）、そして羊（仔羊）です。

### ★牛（ブッフ）

ご存知のように実に多くの部位に分けられますが、主にメインディッシュとなるのはロース肉（サーロイン、フィレ、リブアイロールなど）、脂身が少なく柔らかいフィレ肉（テンダーロイン）などでしょう。特に日本の宴会料理などでは、ステーキやローストビーフの人気が高いようです。牛肉は繊維組織がしっかりしているため、屠殺してすぐのものは死後硬直で硬くなり、料理には適しません。品質によって差はありますが、3～5℃の冷蔵庫で1～2週間ほどじっくりと熟成させたものが味が良く、骨から肉が外れやすくなるため扱いもしやすくなります。

### ★仔牛（ヴォー）

フランス料理で仔牛（ヴォー）はよく使われます。仔牛の中でも、乳だけで育てられた生後2～3カ月（草食を始める前）のものが特にクセがなく、独特の柔らかさと風味から珍重されます。その中でもリー・ド・ヴォーと呼ばれる胸腺肉は、成牛になると消滅してしまう部位で、さらに貴重とされます。仔牛は臓器も料理によく使われるのも特徴的です。また、仔牛を語る上で忘れてならないのが、フォン・ド・ヴォーです。フォン・ド・ヴォーとは仔牛の骨からとっただしのこと。大量の骨を沸騰させないように、細心の注意を払いながら長時間かけて煮出すもので、主に料理のソースに使います。

★羊と仔羊（ムトンとアニョ）

ラム肉とか、マトンという言葉を聞いたことがあるでしょう。ラムとは生後1年未満の仔羊のこと。マトンとはそれ以上の成羊のことをいいます。生後3〜4ヵ月の（品種によっては8〜9ヵ月の）仔羊の肉は、とても柔らかく風味豊かで、タイムやバジル、ローズマリーなどのハーブ類と合わせたり、マスタードを使ったソースとの相性もよく、メインディッシュとしても愛されている食材です。メインディッシュ時によく使われるのは骨付きの背肉や鞍下肉と呼ばれる腰の部分、股肉と呼ばれる脚の部分です。

★豚と仔豚（ポーとコショネ）

一般の家庭料理でも愛されている豚肉は、フランス料理でもよく使われます。肉そのものとしてももちろんですが、ハムやソーセージ（シャルキュトリー）、パテやテリーヌなど、さまざまな加工品にも使用されます。牛同様、ロース肉や腹肉（バラ肉）、背肉、もも肉などがソテーになったり、またひき肉にすることで多彩なメニューに活用されます。非常に用途の多い肉と言えるでしょう。

●野生動物の肉（ジビエ）

狩猟をして仕留めた獲物（鹿、野鴨、キジ、猪、野ウサギなどの鳥獣）はジビエと呼ばれ、貴族のスポーツ（狩猟）と一連の文化でした。野生動物なので、秋から冬にかけては寒さに備えて脂肪を蓄え、その時期はジビエがおいしい季節とされます。調理法も各地にさまざまありますが、フランス料理のメインディッシュと考えると、素材の味を生かしたロースト（蒸し焼き）が代表的でしょう。

日本ではスポーツとしての狩猟文化はあまり一般的とは言えませんが、猪や鹿、熊などが害獣駆除の対象となっている地域では、これらの野生動物の肉が入手できることもあります。山岳リゾートのオーベルジュなどでは、こうしたジビエの料理を名物にしているところもあるようです。

●家禽類（ヴォライユ）

日本の家庭料理で「鳥の肉」と言えば、ほぼ鶏の肉のことを指すでしょう。しかし、フランス料理ではカモ（canard ／ duck）や七面鳥（dinde ／ turkey hen）、ガチョウ（oie ／ goose）、ハト（pigeon）もよく使用される食材です。そしてなぜかウサギ（家畜として飼育されたもの lapin ／ rabbit）も鳥料理の範ちゅうに入ります。

★鶏（プーレ）

鶏は若鶏が良いとされますが、正確には雌雄や飼育方法、成長段階に応じて呼び名が変わります。一般に成長するほど肉質は硬くなり、同時に風味や味わいは深くなります。価格が安く比較的品質が安定しているのはブロイラーですが、多くの牛や豚同様、鶏も産地によってブランド品種が作られるようになりました。飼育方法も多様で、有名なところでは『名古屋コーチン』『比内地鶏』などがあります。そうした品種は『地鶏』などと表記されることが多く、ブロイラーに比べると比較的肉質が硬めで（筋肉質）、味が濃いという特徴があります。

★鴨（カナール）

フランス料理で鴨料理と言えば野生の鴨のことを指しますので、ジビエの範ちゅうになります。野生に対して、飼育された鴨（家鴨）はアヒルを意味します。フランスには野生の鴨（野鴨）とアヒルを交配した品種（クロワゼ）もあり、日本にも輸入されています。鴨は水鳥であり、かつ渡り鳥であるため、鶏肉よりも胸肉が発達しています。肉質は鶏よりも赤みが強く、オレンジなど香りのよいフルーツ系のソースを合わせることが多いのも特徴的です。

■魚介類（フリュイ・ド・メール）（魚類・貝類・甲殻類など）

　魚介類は実に多彩なものが食材となります。近頃は養殖技術が発展したため、どんな魚も安定して入手できるようになりましたが、すべて天然の素材に頼っていた時代には、季節ごと、地域ごとに獲れる魚介類は

異なり、より地域色の強い料理が各地で提供されていました。

魚料理といえば、魚や貝類、甲殻類が一般的ですが、エスカルゴ（かたつむりの一種）やカエルなども魚料理として扱われます。

●海水魚（ポワッソン・ド・メール）

島国・日本では実にさまざまな魚が水揚げされますが、フランス料理でよく使われるのはスズキ（bar）やヒラメ（turbot）、シタビラメ（sole）、サケ（saumon）でしょう。近頃ではさらに大衆的なイワシ（sardine）なども注目されているようです。

どの魚にも旬があり、フランスでの旬と日本の旬は時期が異なる場合もあります。最もおいしいとされるのは漁獲量も多く、品質も価格も安定しやすい時期でもあります。また、具体的には（雌の場合）産卵後よりも産卵前のほうが、脂がのっておいしいとされています。

●淡水魚（ポワッソン・ド・デュース）

日本でも人気のウナギ（anguille）はフランス料理でも使われます。そのほか、コイ（carpe）やアユ（sweetfish）、マス（truite）もフランス料理の食材になります。一般に海水魚よりもクセが強いとされるのは、淡水魚の多くが草食で、藻や苔を食べているからですが、ハーブやスパイス、お酒などを使って調理するフランス料理では、日本で味わう淡水魚料理よりもクセを感じることなく楽しめるのではないかと思います。

●貝類

フランス料理に登場する貝にもいろいろあります。特に知られるところでは、ホタテ貝（coquille saintjacques）、カキ（huître）、ムール貝（moule）が代表的でしょうか。特にホタテ貝やカキなど、ボリュームのある貝類はメインディッシュになることも少なくありません。また、貝そのもののうまみが強いため、良質なだしがとれるのも特徴です。

●甲殻類

フランス料理で主に使われるのは、カニ（crabe）、車エビ（crevette）、ザリガニ（écrevisse）、オマールエビ（homard）、イセエビ（langouste）でしょうか。甲殻類は日本料理店でも生け簀に入れられているのをよく見かけますが、海水魚や淡水魚と違い、生きたまま長期に保存しやすいというメリットがあります。そのため、新鮮な状態で調理でき、また素材のうまみも強いため、シンプルにグリルしたりソテーにしたり、という調理法が多いようです。一方、その深いうまみを利用して、スープやソースのだしとして活用されることも多いのがこの甲殻類です。

## 調理法を知る

食材を如何にして調理するか。それによって、同じ食材でも全く異なる料理に仕上がります。ここからは、ごく基本的な調理法と、材料にどのように熱を加えるかについて解説しましょう。

フランス料理のメニューでは、調理法がフランス語で記載されることも多いので、しっかり理解しておきましょう。

■炒める＝Sauté（ソテ）

ごく短時間で加熱する調理法で、少量の油を使います。使用する油は澄ましバターや食用油、あるいはそのブレンド。もしくは肉類の場合は素材の脂肪を使うこともあります。鍋に油をしっかりと熱し、素材を強火で一気に炒めます。

■網焼き＝Grillé（グリエ）

炭火やガスの火など、直火の上で金属の焼き網（格子）を熱し、その上に材料を載せて火の輻射熱で火を通す方法です。まず材料の表面を強火で焼き固め、内部にうまみを閉じ込めます（この手法をRissoler＝リソレと言う）。肉汁などが炎に滴り落ちて燃えることで、芳ばしい香りを燻しつけることで風味が増します。網焼きステーキなどはこの手法です。

■あぶり焼き＝Rôti（ロティ）

グリエにも似ていますが、ロティでは焼き網は使いません。ロティには、直火にかざして焼く＝ローストと、オーブンの放射熱で焼く「オーブンロースト」があります。特に肉をオーブンローストする場合は、あらかじめローストやソテで肉の表面をリソレしてからオーブンローストで内部までじっくりと火を通します。直火にかざす場合も、オーブンローストの場合も、肉のかたまりに溶かした脂肪をかけて風味付けしながら調理します。オーブンローストで代表的なのはローストビーフでしょう。

■蒸し焼き＝Poêle（ポワレ）

肉や魚を容器に入れ、ふたをして蒸し焼きにする手法をポワレと言います。油と香味野菜（ネギ、セロリ、パセリなど）と少量の液体と共に加熱するのが特徴で、ロティとブレゼ（後述）の中間の調理法です。

■焼き色をつける＝Gratiné（グラチネ）

グラタン、と言えばわかりやすいでしょうか。すでに熱を通した素材を薄い皿（グラタン皿）に入れ、ソースをかけた上におろしチーズやパン粉をふりかけ、高温のオーブンで焼き目をつけます。中にはチーズやパン粉を使わず、クリーム系のソースそのものに焼き色をつける場合もグラタンと言います。

■ゆでる＝poché（ポシェ）

ゆでることを言いますが、必ずしも水（お湯）でゆでるとは限りません。スープで加熱することもポシェと言います。ただし、ポシェは沸騰直前程度の温度を保ち、静かに加熱することで、ぐらぐらと煮立たせた中でゆでることはブイイと言います。

■蒸し煮＝Braisé（ブレゼ）

前述のポワレは「蒸し焼き」ですが、「蒸し煮」はブレゼと言います。鍋に野菜や香草（ハーブ）を敷いて少量の液体を加え、ふたをしてオー

ブンでじっくりと火を通す調理法。魚の場合は野菜と魚のだしやワイン
を合わせて蒸し煮にします。肉類の場合はあらかじめリソレ（焼き色を
つける）してうまみをとじこめてからブレゼします。


■揚げる＝Frit（フリ）
フリッター、という言葉を聞いたことがあるでしょう。揚げるための油
には、植物性の油のほか、牛や豚の脂肪がよく使われます。深い鍋に多
めの油脂を入れ、加熱して食材を揚げます。衣には、１.乾燥したまま
の小麦粉をまぶす　２.パン粉をかぶせる　３.卵白や水で溶いた小麦
粉をまとわせる　の３種類があり、材料や料理によって油脂の温度は高
温・中温・低温を使い分けます。


そのほか、燻製にする（Fumé＝フュメ）、漬け汁に漬け込む（Marine
＝マリネ）などの調理法もあります。
マリネはもはや市民権を得た言葉でしょう。燻製については、燻製温度
によって冷燻と温燻がありますし、また、何の木を使って燻すかによっ
て香りも風味も違いますので、燻製料理をよく出す店であれば、燻製に
使用する材料についても知っておきましょう。


## コース料理の成り立ちを知る

　気軽にフランス料理を楽しめる店も増えていますが、宮中晩餐会など
で供される、コース料理がフランス料理の基本です。基本のコースの内
容と成り立ちを理解しておけば、いかにカジュアル化したコースやセッ
トを提供することになっても、内容を充実させるのに役立つはずです。


●アミューズ（アミューズクール）amuse-gueule
前菜の前に出される一口で食べられる料理で、アミューズは「お楽しみ」
を意味し、最初のおもてなしとして提供されます。

●前菜（オール・ドゥーブル）Hors-d'œuvre

前菜とは一連のコース料理が始まる前に、提供される軽いもの。冷前菜（entrée froide）と温前菜（entrée chaude）があります。いずれも材料に制限はなく、野菜、肉類、魚介を自由に組み合わせることができますが、特に温前菜は、後に続くメインディッシュと素材や調理法が重複しないよう配慮が必要でしょう。

実際によく出されるのは、調理法で言えば燻製（fumé）やテリーヌ（terrine）、マリネ（mariné）、サラダ（salade）。よく使われる食材にはキャビア（チョウザメの卵）やフォアグラ（ガチョウの肝臓）などがあります。なおフランス語では、「メインではない料理」の意味です。


●スープ（ポタージュ）potage

日本人は「スープ」＝飲むもの、と解釈しがちですが、本来は「食べるもの」として位置づけられています。コンソメスープのように『具』がなくてもです。

また、ポタージュをコンソメと区別してとらえている人も多いようですが、本来ポタージュ＝スープのこと。つまりコンソメスープもポタージュなのです。

スープの基本となるだしには、ブイヨンがあります。

ブイヨンは肉類の骨は使わず、牛のすね肉や丸鶏（ここでは骨も含まれますが）と香味野菜（セロリや玉ねぎ）をじっくりと煮出します。

こうして出来上がった料理はポトフであり、その汁気の部分がブイヨンと呼ばれます。

そのブイヨンに、さらに牛のひき肉や香味野菜などを加えて煮出し完成されたものがコンソメになります。

こうして得られたブイヨンやコンソメをベースとして、そのまま透き通っただしを味わうタイプのスープもあれば、クリームなどでとろみをつけたタイプのスープもあります。


料理のベースになるだしが「フォン」です。ごく基本のものを挙げると

したら次の３つでしょう。
　　フォン・ド・ヴォー（仔牛の骨のだし）
　　フォン・ド・ヴォライユ（鶏の骨のだし）
　　フュメ・ド・ポワソン（魚の骨のだし）

これらは大量の「骨」をじっくりと、長時間かけて沸騰させないよう、細心の注意を払って煮出す作業から得られるだしです。が、これらは主に、料理のソースとして使われます。

●魚料理（ポワッソン）Poisson
魚料理は、素材となる魚介類をシンプルにソテしたものなどが多いでしょう。合わせるソースは、先にご紹介したフュメ・ド・ポワソン（魚の骨のだし）が一般的ですが、そのほかにも使用する素材そのものから出ただし（フォン・ブラン）を活かしたり、まったく異なるバター系のソース（ブール・ブラン＝エシャロットや白ワイン、バターを使ったソース）を添える料理もあります。

●肉料理（ヴィヤンドゥ）viande
肉料理の中でも牛肉は日本人に最も人気のある食材といえるでしょう。宴席のメニューではステーキやローストビーフが人気です。シチューなどの煮込み料理を例外として、肉料理はメインとなる肉のほか、脇に添えられる付け合わせのレギューム（温野菜など）、肉と野菜それぞれに合うソースの３つがバランスよく配されていることが大切です。ソースは素材となる肉からとっただしをベースにクリームや酒、ハーブやスパイスを使って仕上げますが、昨今のヘルシーブームの影響で、比較的軽めのものが好まれる傾向にあります。

## フランス料理のソースを知る

魚料理、肉料理など、いわゆるメインとなる料理には多くの場合、ソースが添えられます。食材や調理法ごとに、相性のよいソースはさまざまにありますが、料理全般を理解するために、基本的なソースを理解しておきましょう。

| 名称 | 内容 |
|---|---|
| ソース・ヴィネグレット<br>(Sauce Vinaigrette) | 野菜と相性のよい、フレンチドレッシングとして知られているソース。酢と油をかき混ぜて作る、最もシンプルなソースです。赤ワインビネガーやシェリー酒ビネガー、白ワインビネガー、アップルビネガーなど、合わせる食材によって酢の種類を選び、その数は無数にのぼります。 |
| ソース・メヨネーズ<br>(Sauce Mayonnaise) | 卵黄のもつ「乳化を安定させる性質」を利用して、酢と油を乳化させて作るクリーム状の調味料。スーパーマーケットでも市販されている、おなじみのマヨネーズです。基本のマヨネーズにスパイスを加えたり、刻んだ香味野菜を加えるなどのバリエーションも豊富です。 |
| ソース・ベシャメル<br>(Sauce Bechamel) | 日本では一般的に「ホワイトソース」の名前で知られています。小麦粉をバターで炒めてルーを作り、牛乳を加えて溶いて煮詰めて作る、白くてこってりと重たいソースです。料理に合わせて牛乳の量を調節して、ソースの濃度を変化させます。主にグラタンやクリームコロッケなど、洋食と呼ばれる分野で活用頻度の高いソースです。 |
| ソース・ヴルテ<br>(Sauce Veloute) | ヴルーテとは「ビロードのような」と言う意味。ビロード生地のように滑らかなソースのことを指します。作り方はソース・ベシャメル同様、ルーを使って作りますが、牛乳ではなくフォン（出汁）を使います。鶏の出汁を使えばヴルーテ・ド・ヴォライユ、仔牛のフォンを使うとヴルーテ・ド・ヴォ、魚のヒュメを使うとヴルーテ・ド・ポワソンとなります。 |
| ソース・エスパニョール<br>(Sauce Espagnole) | 小麦粉をバターで炒めたルーに、牛、鶏などの肉や骨、玉ねぎ、ニンジン、セロリなどの香味野菜の出汁（ブイヨン）を加え、トマトと白ワインまたは赤ワインで煮込んだ茶色いソースです。 |
| ソース・ドゥミグラス<br>(Sauce Demi-glace) | 日本ではデミグラスソースの名前でおなじみでしょう。ソース・エスパニョールに、さらにフォン・ド・ヴォーを加えて、濃い味に仕上げたソースです。 |
| ソース・オランデーズ<br>(Sauce Hollandaise) | 卵黄と水、塩、コショウをゆっくりと火を通しながら泡立て、溶かしバターを乳化させ、レモン果汁を加えた、シンプルで酸味とコクのあるソースです。野菜にも、魚などの淡白な料理もよく合います。 |
| ソース・ベアルネーズ<br>(Sauce Bearnaise) | ソース・オランデーズにレディクション（酢にエシャロットとエストラゴンのみじん切りを加え、水分がなくなるまで煮詰めて、最後にハーブのみじん切りを加えたもの）を加えたもの。上品な香りで淡白な魚料理やシンプルにグリエした肉料理を引き立てます。 |
| ソース・アメリケーヌ<br>(Sauce Américane) | オマールエビを煮込んで作るアメリケーヌ（アメリカ風料理の意味）は、その名に反してフランス発祥のソースです。カニやエビなどの甲殻類の殻と野菜を炒めてから煮出して出汁をとり、そのカニやエビのミソにトマトを加えて仕上げる、オレンジ色で風味豊かなソースです。 |
| ソース・マデール<br>(Sauce Madere) | ポルトガルのマデイラ島の特産品・マデイラ酒のソースです。煮詰めて作った甘みのあるソースで、フォアグラや牛フィレ肉などの濃厚な味わいの高級食材に合います。マデイラ酒はポルトガルでも高級酒として名高く、ソースそのものも高価です。 |
| ソース・ヴァン・ルージュ<br>(Sauce Vin Rouge) | 「赤ワインのソース」の意味。みじん切りの玉ねぎやエシャロットを炒め、赤ワインを煮詰めたソースのことで、肉料理によく合います。 |
| ソース・ブラン<br>(Sauce Blanc) | 直訳すれば「白いソース」。白ワイン、白ワインビネガー、エシャロットに、たっぷりのバターを溶かし入れて作るバターソースで、魚料理に合わせるのが定番ですが、野菜料理や淡白な鶏むね肉などにも合います。 |

●パン（pain）

小麦などの穀類から作られるものは野菜料理扱いされますが、パンは別です。日本では米飯＝主食ととらえますが、フランス料理におけるパンは、料理の合間に口の中をリセットするためのもの、という位置づけです。そのため、コース料理のどのタイミングでパンが出されるかは、その店の考え方やコースの内容によってさまざまです。料理を提供する側が「口の中をリセットして（素材や料理の）味を楽しんでほしい」と思うタイミングで、パンが登場する、と考えてよいでしょう。

パンとは、小麦粉やその他の穀類の粉と塩、水、そこにイースト菌を加えて発酵させ、焼き上げたものを言いますが、使用する粉や発酵のさせ方によってさまざまに種類があります。大麦パン、食パン、一般的にはフランスパンと呼ばれていたバゲット、バタール、胚芽入りパン、ライ麦パンなどです。また、クロワッサンやブリオッシュ生地のパンはヴィエノワズリ（菓子パン）と呼ばれ、食事というよりはお菓子の要素が強いものとして扱われます。


●チーズ（フロマージュ）fromage

フランス料理にとって欠かせないのがチーズです。

日本では、オードブル（前菜）によく出てくるもの、と思われがちですが、フランス料理のコースではメインディッシュのあと。用意されたものの中から好みのものを数種類選び、食後酒と共に楽しむのが一般的です。また、チーズには消化を促進させる働きもあります。

フランスでのチーズは「村の数と同じだけ種類がある」と言われほど種類が豊富で、世界に目を向ければ3000種とも4000種ともあると言われています。

フランスをはじめ、イギリス、スイス、イタリア、オランダ、ドイツなど、酪農が盛んな地域ではほとんどで作られています。

主な材料は動物の乳ですが、牛乳を使うもののほか、羊乳、山羊乳、水牛の乳を使うものもあります。作り方も千差万別で、基本的には原料となる乳に生クリームを加え、水分を除き、乳脂を凝固させて型に入れ、

発酵熟成させて作ります（熟成させないものもあります）。

非常に種類は多いですが、ナチュラルチーズの主な7種類をご紹介しましょう。

★フレッシュタイプ

ミルクに生クリームを加えて固めただけの、熟成させていないチーズです。食感も柔らかく、最軟質チーズとも言われます。美食家の名前にちなんだ、ブリア サヴァラン、イタリア原産のクリームチーズのマスカルポーネ、ピザにも使われるモッツァレラなどがおなじみでしょう。

★白カビタイプ

ふわっとした白カビが表面を覆って、熟成したもの。口当たりが良くクリーミーで後味がフレッシュなマッシュルームに似ています。カマンベール、ブリードモー、馬蹄型をしたバラカが有名です。

★青カビタイプ

いわゆる「ブルーチーズ」と呼ばれるものです。青カビを繁殖させて作られ、ピリッとした酸味と塩味が特徴です。フランスのロックホール、イタリアのゴルゴンゾーラ、イギリスのスティルトンが世界三大ブルーチーズと呼ばれます。

★シェーブルタイプ

ヤギの乳を使ったチーズで、爽やかな酸味が特徴です。ヨーグルト状のフレッシュタイプから、コクのある熟成させたタイプまで種類は幅広く、まんじゅう型、ピラミッド型、台形、円筒形など、形もバリエーション豊富です。「エッフェル塔」の愛称で知られるプリニー・サンピエールやサントモール、ヴァランセなどが有名です。

★ウォッシュタイプ

表面に特殊な微生物を植えつけ、外皮を塩水や地酒で繰り返し洗いなが

ら、表面の菌で熟成させて作るチーズです。独特なアンモニア臭があり
ますが、慣れるとおいしいチーズです。ポン・レベック、エポワス、マ
ンステールなどがよく知られています。

★セミハードタイプ

プレス（圧縮）して水分を少なくした、半硬質のチーズです。まろやか
な風味が特徴で、ピザ、ハンバーグ、チーズフォンデュ、オニオングラ
タンなどにも利用されます。アルプスの少女ハイジが暖炉の火であぶっ
ていたラクレット、ルブローション、オランダのゴーダなどが有名です。

★ハードタイプ

セミハードよりもさらに水分を少なくした硬質のチーズで、成熟期間が
半年から２年と長く、保存性の高さが特徴です。削ってオーブン料理や
パスタに使うと、より味にふくらみが出ます。フランスのコンテやミモ
レット、イギリスのチェダー、スイスのエメンタール、イタリアのパル
ミジャーノ・レッジャーノなどがよく知られています。

ナチュラルチーズ以外には、品質の安定したプロセスチーズがあります。

プロセスチーズとは、１種類、または２種類以上のナチュラルチーズを
粉砕して混ぜ合わせ、乳化剤を加えて加熱、均一な質感に仕上げたもの。
仕上がりにムラがなく、また、スライスしたもの、キューブ状など、さ
まざまな形に加工され、市販されています。

●デザート（デゼール）（Dessert）

デザートの語源はフランス語のdesservir、つまり「（皿などを）下げる」
です。食事が終わり、食器を下げる、から転じて「最後に出されるもの」
の意味になりました。食後にアルコール度数の高いお酒（食後酒）を飲
むのと同様、甘いもので胃を落ち着かせる、という意味もあります。昔
は食事の後に出されるチーズやアントルメ（entremets＝料理菓子）の

ことを指しました。

デザートのコースでは三種あり、①アヴァンデセールは軽いソルベやジュレ、アイス等で、その後②グラン・デセールではスフレやクレープにフルーツやソースで一皿に華やかに盛られます。（アシェットデセール）その後、ミニヤルディーズとは「可愛さ」「上品さ」を意味しデザートコースの最後に出される小さな菓子（プチフール）やチョコのことです。

デザートの歴史は料理の歴史と共にあります。昔、すべての料理が一斉にテーブルに並べられた時代には、さまざまなデザートが所狭しと並べられました。やがて、現在のコース料理のように、一品ずつ運ばれるスタイルになったことで、デザートの内容も変化しました。特に、冷蔵や冷凍の技術が進んだおかげで、冷たいデザートの提供もしやすくなり、ますます多様化が進んでいると言えるでしょう。

アントルメは次の4つに分類することができます。


■冷たいデザート（entremet froid）

ババロアやムース、プリンなど、冷やし固めたもの。これらはクレーム・アングレーズ（卵黄やクリームを使ったソース）や果物のピュレに、ゼラチンや卵白の泡立てたもの、生クリームなどを加えて作ります。また、果物をワインやシロップで煮てから冷やしたコンポートも冷たいデザートです。


■温かいデザート（entremet chaud）

温かいデザートにもいろいろあります。揚げて作るものにはドーナツやベニエがありますし、クレープ・シュゼットなどはフライパンで焼き上げ、お客様の目の前で仕上げるのでパフォーマンスとしても人気があります。


■ケーキ類（gâteaux）

ケーキにもさまざまな種類があります。フランス語では一般的なケーキのことをガトーと呼びますが、その他にもスフレやタルト、シュー、マ

カロン、フィナンシェなど、オーブンで焼いて作るものはすべて、ケーキの範ちゅうです。

ケーキ類は小麦粉などの生地を卵白の力で膨らませたり、バターを練り込んで伸ばし、サクッとした歯触りに仕上げるなど、さまざまな種類があります。提供するときにはクリームやフルーツなどを添えて仕上げます。


■氷菓（glace）

人間が冷凍の技術を身につけたことで生まれたのが氷菓です。アイスクリーム、ソルベ、シャーベットが代表的ですが、その種類は実に多彩です。原料は牛乳や生クリームのほか、卵黄や果汁、砂糖、リキュールやワイン、チョコレートなども使われます。特に果汁やリキュールを材料に、あまりかき回さず自然に凍らせてつぶつぶ状の食感を楽しめるグラニテは、ソルベとは別に扱われます。


■フルーツ（fruit）

コース料理ではフルーツ単体で提供されることは少なく、デザートの素材の一つとして、添えられることがほとんどです。以前は皮つきのバナナなど、まるごとサービスすることもありましたが、現在は食べやすくカットしてサービスするのが主流です。

　デセールフリュイと呼ばれよく提供されるフルーツには、イチゴ、メロン・キウイ・バナナ・オレンジ・桃・マンゴーなどがあり、見た目にも華やかなデザートです。


## 飲み物について

　フランス料理店では、当然のことながら料理だけを提供するわけではありません。料理とともに楽しむ、あるいは食前・食後に楽しむ飲み物についても、当然知っておかねばなりません。フランス料理、と言われて真っ先に連想されるのが、ワインでしょう。

実際、ワインとフランス料理は切っても切れない縁があり、知っておくべき知識も多いため、のちに独立した項目を設け、解説します。
　本項では、実際の店頭でよく提供される基本的な飲み物について解説します。


　前項で説明した、コース料理の流れに沿って説明するなら、フルーツやデザートの後に出されるのがコーヒーまたは紅茶です。日本でも食後にお茶を一杯、ということがよくあるでしょう。食事の締めくくりとして、口の中をさっぱりとリセットする意味合いもあります。


■コーヒー（café）
食後のコーヒーは一般的なコーヒー（cafe＝ブレンド）あるいはエスプレッソが一般的です。カフェ・オ・レなどのアレンジコーヒーは朝食などの際に飲むもので、正式なフランス料理には登場しません。
原産地はエチオピアですが、赤道をはさんだ南北25度の範囲の各区に（アフリカ大陸、中南米、ハワイなど）で栽培されています。
世の中に流通している豆は、世界三大原種（アラビカ種、ロブスタ種、リベリカ種）がもとになっています。主な銘柄は、
　・ブラジル（酸味が少ない）
　・コロンビア（苦みが少なくマイルド）
　・ジャワ（インドネシア産。苦みが強い）
　・アラビアンモカ（アラビア産。苦みが強い）
　・キリマンジャロ（タンザニア産。酸味が強く甘酸っぱい香り）
　・ブルーマウンテン（ジャマイカ産。香りが豊か）
　・ガテマラ（酸味、渋みが強めでコクがある）
　・マンダリン（インドネシア産。苦みが強く独特の風味）
などがあります。
これらの生豆（きまめ）を焙煎して作るのが飲み物としてのコーヒーですが、焙煎の度合いによっても風味は変わります。全般に浅煎りほど酸味が強く、深煎りになるにしたがって酸味が薄れ、苦みが増す傾向にあります。濃

厚で苦みのあるエスプレッソには深煎りが向いているのです。


■紅茶（thé）
食後の飲み物をコーヒーか紅茶から選べる店もあります。
紅茶も、コーヒーに負けないほどさまざまな品種・銘柄があります。そもそもの『お茶』について簡単に説明しておきましょう。
日本では一般に紅茶、日本茶や中国茶、ハーブティーなどがよく飲まれていますが、これらのうち、ハーブティー以外は、基本的に同じ原木（ツバキ科の常緑樹）からできているもので、摘み取り後の加工によってそれぞれのお茶になります。
茶葉は摘み取るとすぐ酸化酵素が活動をはじめ、発酵が始まる性質がありますが、これを利用して作るのが、飲み物としてのお茶なのです。
歴史的に見れば、そもそもお茶の製法を確立したのは中国です。中国からさまざまな茶葉とその製法が世界各地に広まり、広まった先でも栽培されるようになり、各地で独自のお茶が生まれるに至りました。
ここでは、フランス料理店で一般的に出される紅茶について解説しましょう。
まず、紅茶は完全発酵茶です。中国茶の中にも紅茶に似たものはありますが、基本的に紅茶＝西洋のお茶、とされています。


●世界三大紅茶


★ダージリン
　よく聞く名前で、もっとも一般的な銘柄かもしれません。産地はインドのヒマラヤ山のふもと周辺。香り高く水色（淹れたお茶の色）は明るめ。ストレートで味わうのに向いています。


★ウバ
　スリランカ（セイロン）産で水色は鮮やかな赤。独特の強い香りと芳醇な味が特徴で、ミルクティーに向いています。

★キームン

中国産の紅茶。漢字で「祁門」と書くこともあります。中国紅茶の代表格で、淡いオレンジ色の水色と、華やかでスモーキーな香りが特徴。ストレートにもミルクティーにも向いています。

そのほか、有名な銘柄には、

★アッサム（インド北部産。濃厚でミルクティー向き）

★ニルギリ（インド南西部産。渋みが少なく、アイスティーにしてもクリームダウンしにくい性質を持つ。アールグレイはこのニルギリに柑橘系のベルガモットの香りをつけたもの）

★ジャワ（インドネシア産。くせが少なく飲みやすい）

などがあります。

## ミネラルウォーター

コース料理が提供されている間、基本的にアルコール以外に食卓に出されるのは、お水やミネラルウォーターです。

ミネラルとはカルシウム、マグネシウム、カリウムなどの成分の総称ですが、ミネラルウォーターとはそれらの無機質を豊富に含んだ水のこと。カルシウムとマグネシウムの含有量が多ければ多いほど「硬水＝硬度の高い水」、少ないほど「軟水」とされます。日本で普通に湧き出している水は（地域によりますが）ほぼ軟水が多いため、硬度の高いミネラルウォーターは飲みにくい、と感じる人もいます。

ＷＨＯ（世界保健機関）による分類では、水1ℓに対してカルシウム・マグネシウムが120mg未満のものを軟水、120mg以上のものを硬水としています。また、水には炭酸ガスを含むものもあります。

商品名ではフランスのペリエ（Perrier）やイタリアのサンペレグリノ（S.PELLEGRINO）が有名です。ガスなしではフランスの硬水のエヴィアン（evian）やヴィッテル（Vittel）、軟水のヴォルヴィック（Volvic）があります。

## 食後酒・ワイン以外のお酒

　フランス料理のどこからが「食後」になるのか。一般にはメイン料理までを「食事」と位置づけ、その後のチーズやデザートは「食後」のお楽しみとなります。

　ここまで食後のコーヒー（紅茶）について説明してきましたが、もう一つ、食後酒というものもあります。

　前述の通り、コース料理の流れでは、デザートの前にチーズが出されます。このチーズを赤ワインやデザートワインと呼ばれる濃厚なワインと共に楽しんだり、ワイン以外のお酒を楽しむこともあります。

　ワイン以外のお酒で代表的なものを挙げておきましょう。

■蒸留酒（スピリッツ）
●ウィスキー
原料の穀類を糖化し、酵母を加えて発酵。その後蒸留器で蒸留し、樽に積めて熟成させたもの。原料は主に大麦やライ麦。
★スコッチウィスキー（スコットランドで造られるウィスキーの総称。モルトウィスキー、グレンウィスキーなどがある）
★アイリッシュウィスキー（アイルランドで造られるウィスキーの総称）
★アメリカンウィスキー（アメリカで造られるウィスキーの総称。トウモロコシが原料のバーボンウィスキーが有名）
★カナディアンウィスキー（カナダで造られるウィスキーの総称）
★日本のウィスキー（製法はスコッチウィスキーと同様。最近では山崎、響、竹鶴などの銘柄が希少価値が高まっている）

●ブランデー
ブドウを原料とする酒を蒸留したものが主流（グレープブランデー）。そのほかの果実（さくらんぼ、洋ナシ、ベリー類など）を使ったものはフルーツブランデーと言う。

★コニャック（フランス南西部、コニャック地方で作られるブランデー）

★アルマニャック（フランス、ピレネー山脈に近いガスコーニュ地方で
造られる）

★カルヴァドス（フランス、ノルマンディ地方で造られる、アップルブ
ランデー）


●ジン

オランダが発祥の蒸留酒。流通しているもののほとんどがドライジンと
呼ばれるタイプで、トウモロコシ、大麦、ライ麦などの穀類を発酵、蒸
留させたものに『ねずの実』などを加えてさらに蒸留させ、香りをしみ
こませたもの。カクテルのベースになることも多い（マティーニ、ギム
レットなど）


●ウォッカ

ロシアやウクライナなど、東欧旧ソ連圏、あるいはスウェーデンやノル
ウェーなど北欧圏、ポーランドなどの中欧圏などで幅広く生産されてい
る蒸留酒。基本的に無色・無臭でたんぱくな味わいが特徴。ブラッディ
マリーやソルティドッグなどのカクテルのベースにも使われます。


●ラム

サトウキビの搾り汁や糖蜜を使って造る蒸留酒。カリブ諸島が主な生産
地です。ダイキリやキューバリバーなどのトロピカルカクテルのベース
として使われます。


●テキーラ

メキシコの国民的なお酒。アガヴェ（リュウゼツランの一種）の球根部
分を原料とした蒸留酒。テキーラサンライズ、テキーラサンセットなど
のカクテルベースに使われます。

■醸造酒

ワインや日本酒を代表とする、蒸留しないお酒を醸造酒と言います。
世界各地で造られているワインやスペインのシェリー酒（いずれも単発
酵酒）、日本酒やビール（複発酵酒）も醸造酒です。


●ビール

ビールはもはや、世界中で生産されているポピュラーな飲み物です。麦
芽とホップ、水を発酵させたものが本来のビールですが、昨今は米など
の穀類などを加えることも許されています。

◎ビールの種類１〜製法による分類

★上面発酵ビール

　常温で発酵させたもの。ホップの苦みと香りが強い。イギリスのエー
　ル、スタウト、ドイツのヴァイツェン、アルトなど。

★下面発酵ビール

　低温で発酵させたもの。まろやかですっきりした味わい。アメリカの
　ラガー、チェコのピルスナーなど。

★生ビール

　原料を発酵させ、仕上げにろ過したもので熱処理をしていないもの。

★ドラフトビール

　生ビールをそのまま、あるいは特殊なフィルターでろ過して無菌状態
　にしたビール。

★ラガービール

　ドラフトビールを加熱殺菌したビール。


◎ビールの種類２〜酒税法上の分類

★ビール

　水を除いた、原材料における麦芽比率が67％以上のもの。

★発泡酒

　水を除いた、原料における麦芽比率が25％未満のもの。

★第三のビール

麦芽の代わりに豆類（大豆たんぱくなど）を使い、発泡酒にアルコールを加えたもの。

●クラフトビール（地ビール）

従来、年間2,000キロリットル以上を生産する工場でなければ、ビールを生産することはできませんでした。結果、アサヒ、キリン、サントリー、サッポロなどの大手企業の商品を扱う以外なかったのです。

それが、1994年の法改正で年間60キロリットル以上であれば生産可能、と大幅にビール製造のハードルが下がりました。

これにより、全国各地でさまざまな特徴を持った、いわゆる「地ビール」が誕生。それを楽しむ「地ビールレストラン」も続々と登場しました。

一過性のブームで終わったかに見えた地ビールでしたが、やがて品質の良いものも登場しはじめ、2000年代に入ってからは「クラフトビール」という呼称が使われ始めました。

地方の産品（野菜や果物、穀類など）を取り入れるなど、個性豊かなクラフトビールも増え、地域おこしや地産地消のムーブメントもあいまって、各地で人気を博しています。こうした傾向は日本にとどまらず、世界的にみられるようになってきました。


## ワインについて知る

　ご存知の通り、ワインはブドウから造られる醸造酒です。フランスはもちろん、世界各国で造られています。ワインは大きく分けると次の4種類に分けられます。

●テーブルワイン／スティルワイン（非発泡性ワイン）

★赤ワイン

果皮の黒いぶどうの、皮も種も使って発酵されたもので、健康成分としても注目されたポリフェノールを豊富に含みます。独特の渋みのもととなるタンニン、色素も濃厚に抽出され、飲み口の軽いものからどっしり

と重いものまでさまざまにあります。

★白ワイン

ぶどうの果皮や種を取り除いて発酵させた、フルーティで口当たりのよい、さわやかなワイン。果皮や種を含まないため、ポリフェノールの渋みはほとんどないが、ぶどうの品種や製法によって、甘口から辛口までさまざまにあります。

★ロゼワイン

　ロゼワインの色は赤ワインと白ワインの中間。文字通りロゼ＝バラ色（ピンク色）をしています。造り方は、赤ワイン同様、果皮や種を含めたまま発酵させ途中でそれらを取り除くセニエ方式と、白ぶどうと黒ぶどうを混ぜて造るアッサンブラージュ製法などがあります。

●スパークリングワイン（発泡性ワイン）

発酵による発泡のあるワインのこと。フランスではシャンパン、イタリアではスプマンテ、スペインではカヴァ、ドイツではゼクトなどがよく知られています。

中でもシャンパンはフランス・シャンパーニュ地方で産出されたもののみが名乗ることを許され、それ以外の産地の発泡性ワインは「スパークリングワイン」であり、フランスでは「ヴァンムスー」と呼ばれ、地方名が付いたものは「クレマン」と呼ばれます。

一口にシャンパン、またはスパークリングワインといっても、甘口から辛口まで個性もさまざま、製法もさまざまにあります。また強いガスが苦手な方には微発泡性ワインも作られています。

●フォーティファイドワイン（酒精強化ワイン）

ワインを作る過程で、あるいは出来上がったワインにブランデーを加えたもの。アルコール度数が高く、コクのある味わいが特徴です。シェリー酒やポートワインが代表的です。

●フレバードワイン　別名：アロマタイズドワイン（混成ワイン）
出来上がったワインに、香草や薬草、果物、はちみつなどを加えて風味
を加えたもの。香草・薬草系ではヴェルモット、果実系ではサングリア
が有名です。


■ぶどうの主な品種を知る
原材料となるぶどうの品種は、ワインの味や個性を大きく左右されるも
のであり、ワインの名称にも記載されることが多いものです。おおまか
な産地や品種を覚えておきましょう。


■ワインの産地を知る
【フランス】
世界のワイン生産地の中でも、特に品質の高さを誇るのがフランス製。
ブドウの栽培に適した気候と土壌のたまものです。
フランスではワインの規制が非常に厳しく、1935年に原産地統制呼称法
（Appeliation d' Origine Contrôlée ＝ AOC）が制定されました。
AOCとは、ワインに限らず、チーズやバターなど、国内で生産される
加工食品に適用されるもので、原料や品質はもちろん、製造過程につい
ても厳しく管理するものです。
特に優れたワインに限っては、原産地の名前を付けることが許されてい
ますが、すべてその生産地域内で作られたぶどうを使って作られている
こと、ぶどうの品種や糖度、果樹の樹齢など、9項目にもわたる厳しい
条件を満たし、品質を保証するものでなければ、AOCワインを名乗る
ことは許されません。
フランスワインの主な産地には、
　　◎ボルドー（地区ごとに、メドック、グラーブ、サンテミリオン、ソ
　　　ーテルヌなど）
　　◎ブルゴーニュ（地区ごとに、シャブリ、コート・ドール、ボージョ
　　　レなど）
　　◎シャンパーニュ

　　◎コート・デュ・ローヌ

　　◎ロワール

　　◎アルザス

などがあります。


## 【ドイツ】

ドイツはぶどう栽培の最北限に位置しています。世界のワイン生産量か
らみれば、決して大きなシェアを持っているわけではありませんが、上
質な白ワインの産地として知られ、日本にも多くが輸入されています。


## 【イタリア】

ほぼ全土でブドウが栽培され、地域ごとに個性豊かなワインを産出して
いるのがイタリアです。フランス同様、厳しい品質管理を行っており、
他国産のワインとブレンドすることも禁じられています。品質の良いも
のが多く、高級な統制保証原産地呼称ワインから一般的なテーブルワイ
ン（日常的なワイン）までさまざまなものがあります。

主な産地には、

　　◎ピエモンテ州

　　◎ヴェネート州（州都はヴェネツィア）

　　◎トスカーナ州（フィレンツェなどで有名）

　　◎エミーリア・ロマーナ州

　　◎プーリア州

　　◎シチリア島（州）（イタリア最大の生産量）

などがあります。


## 【スペイン・ポルトガル】

ワインの中でも、酒精強化ワインで知られる生産地です。

スペインのシェリー酒、ポルトガルのポートワインやマディラは世界三
大フォーティファイド・ワイン（酒精強化ワイン）とも言われます。

また、スペイン北東部のエリオハ地方では、スパークリングワインの「カ

ヴァ」や、カットした果実や果汁、砂糖、赤や白のワインなどを加えた
ワインカクテル「サングリア」の産地として有名です。

ポルトガルといえば、日本人にとってはフランスシスコ・サビエルが有
名でしょう。1549年、来日した際に、島津藩主・島津貴久にポルトガル
ワインを献上したというのは有名な話です。つまり、日本に初めてもたら
されたワインはフランス産ではなく、ポルトガルワインだったのです。

【アメリカ】

アメリカのワインといえば、カリフォルニアワインがおなじみでしょう。
気候が温暖で雨が少ないカリフォルニアはぶどうの生産に適しているの
です。カリフォルニア州でも、ナパバレーやソノマ郡に、歴史あるワイ
ナリーが集中しています。

【オーストラリア】

広大で肥沃な大地を誇るオーストラリアは、世界でも有数のワイン産出
国であり、輸出国でもあります。主な産地は、

　　◎サウス・オーストラリア州
　　◎ニュー・サウス・ウェールズ州
　　◎ヴィクトリア州
　　◎タスマニア州

などですが、ご存知の通り、南半球は北半球と季節がずれています。そ
のため、ほとんどの産地が集中している北半球よりも、半年ほど早くぶ
どうの収穫期を迎え、早い段階で新酒（ヌーヴォー）が出荷されるとい
う特徴もあります。

【チリ・アルゼンチン】

南米のワインも人気があります。スペインの植民地だったという歴史か
らも、ワインは人々の食生活に深く浸透しています。チリでは一部高級
ワインも作られていますが、南米ワインは品質のよいテーブルワイン（一
般的なワイン）の産地として知られています。

【日本製ワイン】

前述のように、日本に最初にもたらされたワインはポルトガル製でした。しかし、日本国内でワインを生産するようになったのは、さらにずっと後、明治時代に入ってからのこと。山梨県でワイン用のぶどうの生産が研究され、ワイン造りが始まりました。日本人の食卓にワインが浸透するようになったのは第二次世界大戦後のこと。日本国内の産地としては、山梨県のほか、北海道、山形県、長野県、岡山県などが有名です。日本のワインには「日本ワイン」と「国産ワイン」があります。同じことでは？　と思われるでしょうが、「日本ワイン」は国産ぶどうを100％使用し、国内で醸造されたワインのこと。もう一方の「国産ワイン」は海外から輸入したぶどうや濃縮果汁を使って国内で醸造されたワインのことを言います。

世界的には1930年代に制定された「ワイン法（果実酒などの製法品質表示基準）」があり、産地や製法の表記が厳しく決められていますが、日本には該当する法律もなく、区分も自主規制だのみ。しかし、「日本ワイン」と「国産ワイン」ではまぎらわしいとの指摘もあり、ついに2015年、日本にもワイン法が制定。2018年10月以降は、明確に「日本ワイン」と「国内製造ワイン」に区分されることになりました。

日本では欧米のように厳しい法的管理は行われていません。品種も生産地域もさまざまなぶどうを取り混ぜて醸造することも、完成されたワインを（国内外の製品を）ブレンドすることも、一般に行われています。国内産のぶどうを50％以上使っていれば『国産（または〇〇県産）ぶどう使用』、100％使用で初めて『国産（〇〇県産）ぶどう100％使用』と表示することが許されています。産地のほか、ぶどうの品種名や収穫年を表示する場合は、その年の、その品種のぶどうを75％以上使用していることが条件となります。

# 「テロワール」について理解をする

　「テロワール」という言葉は、ワインを説明する時によく出てきます。そもそもはラテン語の「領地＝テリトリウム」から派生した言葉のようですが、おおよそ「その土地固有の」という意味で使われています。

　ワインに限らず、チーズやバター、ひいては料理そのものについても使われることの多い言葉ですが、例えばワインを例に説明するならば、「同じ品種のぶどうであっても」「畑ごとに味わいが違う」ということです。当然、そこから作り出されたワインの味も、違ったものになります。また、同じ畑であっても、その年の気候や作付け条件によっても、仕上がりは違ったものになります。

　ワイン以外のものにも「テロワール」という言葉は適用されますが、例えば、同じ地方で作られたワインやチーズ、同じ地方で採れた肉や魚介類は「テロワールが同じ」＝相性がいい、とも言われます。

　これほどまでに流通や食品保存の技術が進む以前の食文化を考えれば、同じテロワールのものを組み合わせるのは必然であり、その中からその土地の郷土料理が生まれてきた、とも言えるのです。

　地産地消の考え方からいっても、同じ産地のもの同士、相性がいいのは当然のこと。ワインの世界の繊細なテロワール（畑単位で違うぶどうの個性）から、料理全体を見渡してのテロワール（同じ産地・地方で産出された食品の組み合わせ）まで、「テロワール」を重視する、という概念を理解しておきましょう。

# ワインをお勧めする

　フランス料理とワイン。いわば当たり前の関係だと思われがちですが、これまでにご説明してきた通り、ワインには実にさまざまな種類があり、味も個性も多種多様です。同じ銘柄であっても、ぶどうのヴィンテージ（収穫年）、造り手などで全く違う味わいになるのが当たり前とされるほどなのです。

ワインの個性を決定づける要素は、
- ・ぶどうの品種
- ・生産地
- ・収穫年（ヴィンテージ）
- ・生産者

の４つです。しかし、前述のとおり、同じ生産地、同じ生産者であっても、その時のぶどうの出来・不出来によって、あるいは熟成年数によっても、出来上がったワインの個性は変わります。

　ワインについて学ぼうする人は、酸味、甘味、渋味、果実味、アルコール度の５つの要素も意識しながらワインを飲み比べ、それぞれの味わいの特徴や個性を知る必要があります。

　フランス料理店でワインを提供する場合は、ボトル単位で販売する場合と、グラスワインでお出しする場合、あるいはデキャンタ（小分け容器にいれて提供する）場合があります。

　ワイン選びについては、お客様から相談を受けることもあるでしょう。ソムリエがいる店であれば、ソムリエが対応するのがベストですが、支配人も一定の知識を備えている必要があります。

　ワインをお勧めする際には、お客様の要望（味について、何と合わせたいか、予算など）を伺った上で、店にあるもののうち、最適と思われるものを提示します。

　銘柄が決まったら、抜栓せず、ボトルのまま席までお持ちして、ラベルを提示。指定された銘柄であることをご確認いただきます。

## 白ぶどう品種
（主に白ワインに使用されます）

| 品種名 | 主な産地 | 特徴 |
|---|---|---|
| シャルドネ<br>(Chardonnay) | フランス／ブルゴーニュ地方、<br>シャンパーニュ地方<br>アメリカ／カリフォルニア州<br>オーストラリア、チリ、<br>アルゼンチンなど | 高品質な白ワインを生む白ぶどう品種のひとつ。世界中で栽培されている。産地によっては、何年間も保存が可能であり、シャープでスッキリとしたタイプから樽熟成されたリッチでコクのあるワインになる。 |
| ソーヴィニヨン・ブラン<br>(Sauvignon Blanc) | フランス／ボルドー地方、<br>ロワール地方<br>アメリカ／カリフォルニア州<br>ニュージーランドなど | 気候の影響を受けやすく、寒冷地と温暖地とで特性が異なる。<br>イキイキとしてフレッシュな酸味と果実味の爽やかなタイプが多い。セミヨン種と合わせて、極甘口のソーテルヌやバルザックが造られることも。 |
| ピノ・グリージョ | チリ／イタリア | フレッシュで上品なアロマ、洋梨やはちみつのような芳醇な香り。辛口で厚みがあり、ミネラル感もあるエレガントな味わいが特徴。 |
| シュナン ブラン<br>(Chenin Blanc) | フランス／ロワール地方<br>アメリカ／カリフォルニア州<br>オーストラリア、南アフリカ<br>アルゼンチン、<br>ニュージーランドなど | 辛口から甘口まで、さまざまなスティルワインだけでなく貴腐ワイン、スパークリングワインなど、さまざまなワインが造られる品種。酸味が強く、フルボディのワインが造られる。熟成によってはハチミツや花の香りを感じる。 |
| リースリング<br>(Riesling) | フランス／アルザス地方<br>ドイツ、オーストラリアなど | 果実は小さく、完熟する晩熟タイプ。甘みと爽やかな酸味が特徴で、辛口から甘口までさまざまなワインが造られる。リンゴを思わせるような香りがあり、繊細で気品のある味わいが特徴。 |
| ミュスカデ<br>(Muscadet) | フランス／ロワール地方 | 果実味が豊かでフレッシュな酸味、花や香水のような香りも持ち、ライトボディのワインが造られる。中粒中房で果皮は薄く、比較的若い段階で飲むのに適した辛口のワインに造られる。 |
| 甲州<br>(こうしゅう) | 日本 | 日本の固有品種。果皮は薄紫色で、軽快で穏やかな香りとスッキリした味わいが特徴的。ここ数年で品質が向上し、人気も上昇している。 |

## 黒ぶどう品種
（黒ぶどう品種の果皮の色の濃淡は、ワインの色調に影響します）

| 品種名 | 主な産地 | 特徴 |
|---|---|---|
| カベルネ ソーヴィニヨン<br>(Cabernet Sauvignon) | フランス／ボルドー地方<br>アメリカ／カリフォルニア州<br>オーストラリア、チリなど | 世界で最もよく生産されている品種。タンニンを多く含み、長期熟成タイプのワインが造られる。果皮は厚く、色調の濃い、味わいのしっかりとしたワインができる。 |
| メルロー<br>(Merlot) | フランス／ボルドー地方<br>アメリカ／カリフォルニア州<br>チリ、イタリアなど | 濃厚でありながら、なめらかなタンニンと酸味は比較的穏やか。近年人気が上昇し、栽培面積も増えつつある。長期熟成型で丸みがあり、力強いワインが造られる。独特の濃い赤色が特徴的。 |
| ピノ ノワール<br>(Pinot Noir) | フランス／ブルゴーニュ地方、シャンパーニュ地方、アルザス地方<br>アメリカ／カリフォルニア州<br>カナダ、ドイツなど | 高品質な赤ワインを生む黒ぶどう品種のひとつだが、栽培を選ぶ。比較的寒冷な土地を好み、房は小さい。果皮はやや薄く、サクランボやイチゴ、ラズベリーなどの香りに、タンニンが穏やかで果実味の豊かなまろやかなテイストが特徴。 |
| シラー<br>(Syrah) | フランス／ローヌ地方<br>アメリカ／カリフォルニア州<br>オーストラリア、<br>スペインなど | ぶどう果皮の色調が濃く、濃密でパワフルな、非常にコクのあるワインができる。タンニンと果実味が豊富で、若いうちから飲用に向く。果実味があり、スパイシーな味わいが特徴。熟成させるとまろやかでしっかりとしたワインになる。 |
| テンプラニーリョ<br>(Tempranillo) | スペイン／リオハ など | 主にスペインで生産される品種。比較的早く熟すが、果皮は濃厚で厚みがある。黒い果皮の果実、シナモンやタバコの香り、アルコール度は高めで長期熟成型のワインが多く造られる。 |
| ガメイ<br>(Gamay) | フランス／ボージョレ地方、ロワール地方など | フランス・ブルゴーニュ地方が原産とされる。現在は主にボージョレ地方で栽培されており、栽培の適応範囲は広い。色調は鮮やかで、口当たりの良いフルーティーなワインができる。日本ではボージョレ ヌーボーが有名。 |
| マスカット ベリー<br>（ベイリー）A<br>(Mascat Baily A) | 日本 | 新潟の「日本ワインの父」と呼ばれる川上善兵衛氏が、1927年、アメリカのベイリー種とヨーロッパのマスカットであるハンブルグ種を交配して作り出した、日本独自の品種。渋みが少なく、酸味も控えめでフルーティーな味わいが特徴。 |

必ずお客様の目の前でコルクを抜き、ホストのグラスに注いで味を確認（テイスティング）していただきます。

なお、テイスティングしていただいた結果、「思っていた味わいと違う」「酸味が苦手」など、気に入っていただけない場合もあります。
　その場合には、
1. デキャンタなどに移し替える（酸素が混じる）ことで味わいが変わる可能性がある。
　→お客様とご相談の上、それでも口に合わないかどうか試していただくなどの提案をする。
2. どうしても口に合わない場合はキャンセルを受け付ける。
　→品質の劣化などによるものでなければ、そのボトルの代金はお支払いいただく。
のが基本の対応となります。


## 料理とワインのペアリング

　料理とワイン（お酒）の相性の重要性は皆さん理解しているでしょう。ぴったりマッチすると、よりおいしく食事が楽しめます。最近では料理の一品一品に合わせて「ペアリング」を楽しんでいただくのも人気です。その組み合わせの妙を結婚になぞらえて「マリアージュ」と呼ぶほど、大切に考える必要があります。
　ソムリエはお客様からワイン選びの相談を受けた際、必ず「甘口・辛口」のお好みを伺います。多くの方が極端にふれることを恐れて「中くらいで」と答えるようですが、この「中くらい」も、ワインの幅広さを考えたら、少しも絞り込めたことにはなりません。
　また、高いワイン＝おいしい、とも限らないのがワインの難しく、楽しいところでもあります。
　一般的には白ワインは魚料理に、赤ワインは肉料理に合うとされますが、これは長年の経験から言われている定説です。フォアグラにはソー

テルヌ、生牡蠣にはシャブリなどはもはや定理のようなものです。

　ではなぜ赤は肉料理に、白は魚料理に合うのでしょうか。
赤ワインのタンニンは肉料理の脂っぽさを和らげてくれます。
魚のたんぱくな味わいは、さわやかな白ワインの酸味（酒石酸やクエン酸など）と見事に調和します。

　しかし、料理とワインの組み合わせは、素材だけで決まるものではありません。これらは「決まりごと」ではないのです。最も大切なことは、ワインとともに「食事を楽しむ」こと。定理や原則に従って選んだものが苦手なら、料理を楽しむことはできないでしょう。

　近年では、食材やソースの色とも合わせたりします。魚も白身には白ワイン、サーモンにはロゼワイン、マグロのような赤身や脂ののった物には軽めの赤ワイン。肉も鶏肉や豚肉のような白身には白ワイン、牛肉や鴨、羊といった赤身には赤ワインを。ただし一般的には、魚料理には白ワイン、肉料理には赤ワインが良いでしょう。

　また、フランス料理は素材とソースからなる料理ですから、好きな方にワインを合わせるのも一つの方法です。

　このように料理とワインのペアリングには幅があるのですが、一般的なセオリーとして、しっかりとした味つけの料理にはフルボディやミディアムボディのワイン、あっさりとした料理にはライトボディのワインです。ただし例外もあって、ビーフシチューには重いワインが、また、香辛料が強い料理には軽いワインのほうが向いているでしょう。


●ワインの選び方
　ワインの選び方にも決まりはありません。お客様のご予算の範囲内でお選びいただくことも大切ですが、季節や気候によっても、味わいたくなるワインの傾向は変わるものです。

　ワインの適温は、そのワインによって異なります。赤ワインは温度が低すぎるとタンニンの渋みが強く感じられるようになりますし、逆に高すぎるとフルーティーさがなくなってしまいます。一般に赤ワインは常温、などとも言われますが、軽い口当たりのものなら、少し冷やしても

おいしいでしょう。

　白ワインは冷やしたほうがいい、というのも、そのほうが酸味が引き締まり、フレッシュさが強調されるためです。辛口のものなら6 ～ 13℃程度、甘口ならさらに低く、4 ～ 8℃程度がおいしいとされます。しかしそれも、その時の外気温、室温、体温によっても微妙に異なるでしょう。


●ワインの飲み頃

　ワインの飲み頃についても同様、それぞれの個性があります。
よく、ワインは生産年号が大切、などと言われ「この年は当たり年だ」などという人がいますが、ワインそれぞれに「飲み頃」は違います。全般に長期熟成タイプのほうが高級なのは確かですが、早めに飲んだほうがおいしいものもあるのです。

　早飲みタイプは白ワインなら3年以内、赤ワインなら5年以内が最適とされます。一方、長期熟成タイプの高級銘柄には、15年以上経過してようやく飲み頃を迎えるものもあります。

　とはいえ、ただいたずらに長い年月、寝かせておけばおいしくなるという単純なものでもありません。ごく一部の最高級ワインを除いて、ただただ寝かせておくのは品質の低下を招くだけです。また、ワインは「生き物」と言われるほど、品質管理や保管方法には十分な配慮が必要です。

　温度はなるべく12 ～ 14℃に、湿度は70 ～ 80%程度に保つのが理想的です。湿度が低すぎると、コルク栓が乾燥して瓶に空気が入りやすくなり、変質を招きます。湿度が高すぎると、ラベルやコルク栓の表面にカビが生えるなどの弊害もあります。

　直射日光は避けるようにしましょう。ワインの品質を劣化させる紫外線は大敵なので、紫外線を発する蛍光灯も避けるのが正解です。

　ワインは振動にも敏感です。店の周囲の環境によっては、外を大型車が通るたびに揺れるような所があるかもしれません。ワインの保管庫はなるべく外からの振動や、温度・湿度の変化、直射日光や紫外線の当たらない環境を整えたいものです。

# 増えている「日本酒」とのペアリンク

　2012年に和食が世界無形文化遺産に指定されたこともあり、日本の食文化は広く世界に知られるようになりました。低カロリーで高たんぱくな健康食として人気なだけでなく、その繊細な味わいに、世界中の人々が魅了されつつあります。

　お酒についても同様で、日本酒も世界中に広まりつつあります。中にはフランスで醸造される日本酒まで登場しているほどですし、ワイングラスで日本酒を飲むシーンも増えてきました。

　一方、世界の名だたるシェフたちが、自分の店のお酒のラインナップに日本酒を並べるようにもなりました。

　ご存知の通り、日本酒は米（酒米）を使って醸造して造る、日本独自のお酒です。その日本酒を蒸留して造るのが焼酎です。

　日本酒の原材料は米と水と麹。ここで使われる米は主食として食べる品種とは違い、酒米（酒造好適米）と呼ばれるものです。

## 特定名称による日本酒の分類

●吟醸酒
　　原材料は米、麹、水と醸造アルコール。精米歩合（酒米を削って精米する際、残った精米の比率）は60％以下のもの
●大吟醸酒
　　吟醸酒のうち、精米歩合が50％以下のもの。香りが華やかで繊細な味わいが特徴
●純米吟醸酒
　　精米歩合60％以下の白米を使い、米と麹、水だけで作った日本酒
●純米大吟醸酒
　　精米歩合50％以下の白米を使い、米と麹、水だけで作った日本酒
●特別純米酒
　　白米と麹、水のみで造られる純米酒の中でも、香りや色、ツヤが特に

良好なもの。または特別な製法で作られたもの。製法は容器に説明表示することが義務付けられています

●純米酒

白米、麹、水だけで造られる日本酒で、香りや色、ツヤが良好なもの

●特別本醸造酒

精米歩合が70％以下の白米と麹、水、一定量以下の醸造アルコールで造られる日本酒のうち、香りや色、ツヤが特に良好なもの。または特別な製法で造られたもの。製法は容器に説明表示することが義務付けられています

●本醸造酒

精米歩合70％以下の白米と麹、水、一定量以下の醸造アルコールで造られる日本酒のうち、香りや色、ツヤが良好なもの

●普通酒

特定名称酒以外のもの


これらの分類のほか、貯蔵期間や貯蔵方法による分類方法もあります

◎新酒

その年に造られた新しい酒。ワインでいうヌーヴォーにあたる

◎古酒

前年、またはそれ以前に造られた日本酒のこと。貯蔵することで熟成が進み、よりまろやかな味わいになります

◎生酒

一切の火入れ（加熱）をせずに容器詰めされた日本酒のこと。新鮮な味わいが特徴ですが、酵素の働きは止まっていないため、低温で管理するなど注意が必要です

◎生詰酒

通常、貯蔵前と瓶詰時と2度の火入れをしますが、貯蔵前の火入れのみで、2度目の火入れをしない日本酒です

◎生貯蔵酒

生酒の状態で貯蔵して熟成させたもの。容器に詰める際、初めて加熱

する

◎原酒

　割水を一切使わず仕上げた日本酒。アルコール分が18 ～ 20％ほどあり（通常の日本酒は15 ～ 17％）、濃厚な風味が楽しめます

◎生一本<sub>き いっぽん</sub>

　昔は「混じりけのない酒」の意味で使われた名称ですが、現在は単一の製造所（自社生産）で作られた純米酒にのみ、この表示が認められています


日本酒にも個性がさまざまにあり、刺身に合うお酒もあれば、揚げ物などに合うお酒もあります。その点では、ワインと同様と言えるかもしれません。

　フランス料理の何と日本酒が合うのか。それはワイン同様、お酒を扱うスタッフが味の傾向を理解し、自店の料理の何と相性がいいのか。調理人と一緒に研究して、自信をもってお客様にお勧めできるようにしておきたいものです。

# 「日本酒」の
# 味と香りで分かれる **4** タイプ

## フルーティな タイプ

~~~~~~~~ **香 り** ~~~~~~~~

華やかで透明感を感じさせる、
果物や花の香りが特徴。

~~~~~~~~ **味わい** ~~~~~~~~

甘さと丸みが程よく、爽快な
酸との調和がとれている。

## 熟 成 タイプ

~~~~~~~~ **香 り** ~~~~~~~~

スパイスやドライフルーツのような、
力強く複雑な香りが特徴。

~~~~~~~~ **味わい** ~~~~~~~~

トロリとした甘みと、熟成で
マイルドになった酸が調和する。

複雑
華やか
**香り高い**

軽やか
**若々しい味**
シンプル

旨味
**濃醇な味**
複雑

## 軽快でなめらかな タイプ

~~~~~~~~ **香 り** ~~~~~~~~

穏やかで控えめな香りが
特徴。

~~~~~~~~ **味わい** ~~~~~~~~

清涼感を感じさせる味わいで、
口当たりがさらりとしている。

## コクのある タイプ

~~~~~~~~ **香 り** ~~~~~~~~

樹木の香りや、乳製品のような
旨味を感じさせる香りが特徴。

~~~~~~~~ **味わい** ~~~~~~~~

甘み、酸味、心地良い苦味と、
ふくよかな味わいが特徴。

シンプル・おだやか
**香り控えめ**
軽やか

飲んだ酒の名前や味の
感想などをメモしておけば、
オリジナルの日本酒バイブルも
作れます。

（出典　日本酒造組合中央会）

# 第6章

## サービスのスキル

ここからはサービスのスキルについて学んでいきましょう。

　サービスの内容や種類、使用する道具などは、それぞれの店によって
さまざまだとは思いますが、基本（テクニック）を確認することであら
ゆる場面に応用（スキル）できます。


## テーブルセッティングを理解する

　まずはじめは、基本のテーブルセッティングを理解しましょう。

　テーブルセッティングでは、食器（チャイナ＝陶器・磁器）、カトラ
リー（シルバーとも言いますある程度＝ナイフ、フォーク、スプーンな
ど）、グラスなど、それぞれの位置が決まっています。

　一般的には右利きの人向けに配置しますが、事前に左利きの人の席が
決まっている場合や要望があれば、左右を反転させてセッティングしな
おします。

　次の図は右利きの人向けの、コースディナーでのセッティング例です。

一つひとつの構成をご紹介しましょう。
◎ショープレート
　飾り皿のこと。この皿に食品や料理が載ることはありません
◎ナイフ・フォーク
　ナイフ右側に。フォークは左側に並びます。どれも同じに見えるかも
　しれませんが、料理が出される順に従って、外側から使います
◎スプーン
　ナイフの外側か、外側から２番目に置きますが、その時のコースメニ
　ューによってはブイヨンスプーンになります
◎パン皿とバタースプレッダー
　フォークより左側に置かれます
　この図にはありませんが、パン皿の上に、バタークーラー（あるいは
　角形のバター）とバターナイフが載った皿が置かれます

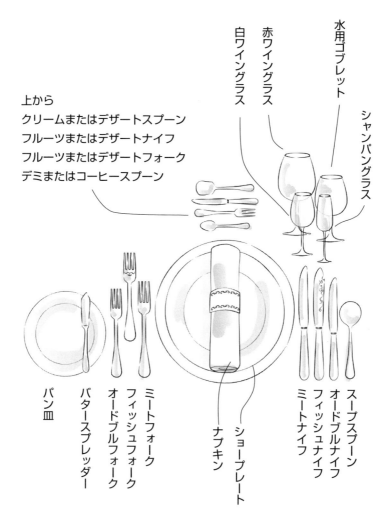

上から
クリームまたはデザートスプーン
フルーツまたはデザートナイフ
フルーツまたはデザートフォーク
デミまたはコーヒースプーン

水用ゴブレット

赤ワイングラス
白ワイングラス

シャンパングラス

パン皿

バタースプレッダー

オードブルフォーク
フィッシュフォーク
ミートフォーク

ナプキン

ショープレート

スープスプーン
オードブルナイフ
フィッシュナイフ
ミートナイフ

このとき、バターを皿から取り上げてパン皿に移すのがバターに添えられた「バターナイフ」、パンにバターを塗り広げるのが、パン皿の上方または皿に載せられた「バタースプレッダー」です

◎メインプレート上のカトラリー

・デザートスプーン

アイスクリームやシャーベットを食べるためのもの

・デザートフォーク

デザートのフルーツのためのもの

　　・コーヒースプーン

　　食後のコーヒーのためのもの

◎グラス類

　　グラスは右上方に置くのが基本です。その位置が最も取りやすく、ひっかけて倒したり、こぼしたりする恐れが少ないからです

　　左利きの人のために配置を変えることもある、と説明しましたが、これらのレイアウトの中で例外もあります。特に宴会などで出席者が多い場合など、パン皿とグラスについては基本の位置のままにさせていただきます。これらの位置を左右逆にしてしまうと、右パン皿やバタークーラーが２セット並んでしまう、左隣の人の右手にグラスが２セット分並んでしまうなどのイレギュラーが発生してしまうからです。これでは、どちらが自分のものか、わかりにくいことになります。

　　一般の宴席では、左利きの方は持ち替えていただいても、マナー違反にはなりません。


## ランチやア・ラ・カルトのセッティング

　　これらのテーブルセッティングは、あくまでもコース料理の際のもので、最もフォーマルなスタイルです。

　　ア・ラ・カルトではもっとシンプルで、料理用のナイフとフォークが一対、赤ワイン用と水用のグラスが一つずつ、他にパン皿とバタースプレッダーが置かれるだけ。それ以外は注文に応じて、必要なカトラリーやグラスが順次、加えられてゆきます。また、シルバーレスト（カトラリーを置くもの。和食の箸置きのようなもの）がある場合は、メインプレートの右側に。その場合はすべてのカトラリーをそちらにまとめて置きます。

　　また、店によってはランチの営業をすることもあるでしょう。ランチコースを設定する店もあると思いますが、その場合もコース内容に合わ

せて、必要な物のみをセットします。コースが数種類あって、出される品数が違う場合などは、ア・ラ・カルト同様、基本のセッティングのみしておき、選ばれたコースの品数に合わせて、順次追加してゆきます。

## 宴会様式と基本の「設え」

　お店での食事会にはさまざまなスタイルがあります。プライベート間の夫婦や家族、恋人同士など、ごく少人数での内輪の集まりもあれば、ビジネス間の接待などを目的とした、少人数ながらも形式を重んじる場面もあります。一方、国際間のサミットや晩餐会、もっと卑近な例で言えば、企業の周年パーティーや結婚披露宴など、大勢が一度に集う大きな宴会もあります。
ここでは、それぞれの宴会のスタイルについて理解しておきましょう。


■ディナースタイル（着席形式）
晩餐、午餐とも呼ばれるスタイルです。
着席スタイルの宴会は一般に会食やディナースタイルと呼ばれ、晩餐（dinner）、ディナーは社交上、重要な催しと位置づけられます。中でも「宮中晩餐会」は有名でしょう。お客様をおもてなしする饗宴の中でも最も上位であり、フォーマルなものとされます。また、午餐（昼餐＝luncheon）もこれに準じます。
ディナースタイルでは、お客様の人数に応じてテーブルと椅子が用意されます。すべてのお客様に同一メニューでサービスを提供するのが特徴です。
その内容は、会食の趣旨や時間帯などにより、
　　・フルコースメニューが提供される正餐スタイル（結婚披露宴など）
　　・朝食会や昼食会で簡単なコース料理を提供するスタイル（ランチミーティングなど）など、サービスもグレードもさまざまです。
サービスの内容もメニューや求められるグレードによりますが、1卓(席数8〜10名）に1名のスタッフを配置するのが目安です。

■カクテル・ブッフェスタイル（立食形式）

大規模な宴会の中でもポピュラーなスタイルです。基本的に椅子は用意
されませんが、高齢者の出席が多い場合などは、ホスピタリティとして
会場の壁際や一角にテーブルと椅子を用意するケースもあります。

　さまざまな種類の料理や飲み物がブッフェボード（元卓）や模擬店に
用意され、バーコーナーも用意されます。お客様は自由に料理や飲み物
を選び、会場内を動き回りながら、誰とでも歓談できるという特徴があ
ります。そのため、ビジネス色の強い集まりで、人と人の交流を促した
いという目的がある場合に、よく選ばれるスタイルです。

　また、ステージ上でショーや余興を催すなど、趣向を凝らした企画・
演出を行う場合もあります。

ブッフェスタイルに対応するスタッフには、

　・総責任者（当日の会場設営からサービスまでのすべてを指揮する）
　・ブッフェボードサービス係
　・会場内の飲み物サービス係
　・下げもの係
　・バー係
　・ワゴンサービスの調理スタッフ

などの役割があり、お客様15〜20名につき1名の割合で人員を配置する
のが一般的です。


■セダン・ブッフェスタイル（着席ブッフェ形式）

着席形式と立食形式のよいところを生かしたスタイルです。

会場には着席形式によるテーブルと椅子が配置され、テーブル上には当
日のメニューに合わせた、一般的なコース料理のセットがなされます。
料理はブッフェボードに並び、飲み物もバーコーナーに用意され、お客
様は好みのものを自分で選んで取り、自席に座って食べる形式です。

■カクテル・サービススタイル（カクテルパーティー形式）

立食形式の一つにカクテルやレセプションがあります。

カクテルパーティーとも呼ばれ、ディナーの前（日本の場合は午後5時ごろから午後7時ごろ、欧米諸国では午後7時ごろから午後9時ごろまで）に、宴会場の前室やロビー、ホワイエなどで行う場合もあります。出席者の歓談の場としてだけでなく、ホストがゲスト同士を紹介する場としての役割もあります。

飲み物はアペリティフ（食前酒）が中心で、一口サイズの可愛らしいフィンガーフードやカナッペなどが提供されます。

■オンテーブル・ブッフェスタイル（卓盛り形式）

着席形式で、テーブルの上に回転式のテーブル（ターンテーブル）がセットされています。中国料理店でよく見かけるスタイルで、大皿から各々が料理を取り分けます。仲間内やグループ等で和気あいあいに会食する事ができます。

## 会場設営の手順とポイント

　さて、それぞれのパーティースタイルの違いがわかったところで、そのためにはどのような準備が必要でしょうか。もちろん、スタイルや人数に応じて、使用するテーブルの形や数、配置は違うでしょう。パーティーの概要が決まったら、会場の構成を決め、段取り良く設営をします。その設営の手順とポイントを整理しましょう。

■ディナースタイルの設営手順

このスタイルで一番多く見られるのが結婚披露宴です。

卓上のセッティングは料理の内容、サービスの方法などによって異なりますが、通常、次のような手順で作業を行います。披露宴会場では、効率良く作業を進めるため、皿を配る者、カトラリー類を並べる者など、スタッフそれぞれが役割分担して作業を行います。

●テーブルクロス

1．アンダークロスを掛ける

アンダークロスとは、クッション用の布クロスのことで、使用しない場合もあります。

テーブルのサイズに合ったものを用意し、クロスの継ぎ目が凸凹にならないように注意します。また、あくまでもクッション用なので見えないようにすることも肝心です。余計な長さがある場合は、角を折り込むなどの工夫をして見えないように注意します。


2．テーブルクロスを掛ける

テーブルクロスを掛けるときには、折り目の凸部（山）と凹部（谷）の位置と方向に注意が必要です。凸部（山）は上座（上席側）に、凹部（谷）が下座（下席側）にくるようにセットします。また、会場によっては設営の現場で霧吹きをかけブラッシングをしたり、ハンディタイプのスチームアイロンなどを使って折り目を消す場合があります。もちろん、凸凹を気にしない店もあるでしょう。（最近は一枚掛けの、シワになりにくいポリエステルのクロスが主流になりつつあります。各店の方針に従えば問題ありません。）

テーブルクロスを実際に掛けるときの様子は、次の図を参照してください。


・流しテーブル（長方形）や方形のテーブルの場合

折り目の凸部（山）の線は、テーブルの長辺と平行になるようにします。また、四隅の垂れ部分は、テーブル表面から45cm程度にする（垂れ止め）のが一般的です。テーブルの隅に座るお客様の椅子の座面に、つくかつかないか程度の長さであれば、座る際にクロスを巻き込んだり引っ張ったりする心配はありません。


・丸テーブル（円卓）の場合

クロス中心の凸部（山）線は上座に対して横に向けるようにします。垂れは約35cm位（垂れ止め）に調節するのが一般的です。

・一つのテーブルに一枚のクロスしか使用しない場合

クロスの中心とテーブルの中心が重なるように掛けます。

すべてのテーブルクロスを掛け終えたら、シワやたるみがないかをチェックし、テーブル用ブラシでブラッシングして折り目をきれいに伸ばします。

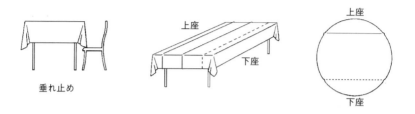

●食器類

1．必要なチャイナ類（食器類）をセットする

料理及び飲み物のメニューや会場によって異なる場合がありますが、基本をご説明します。

・ショープレート（飾り皿）

一人分約70cmの間隔を標準として、等間隔に正確な位置に置く（この皿は卓上セッティングを行う上で、位置の基準となることから「決め皿」とも呼びます）

・パン皿

その他のカトラリーやグラス類がセットされてから配ると、上手にスペースが確保できます。

2．必要なカトラリー（シルバーウェア）類をセットする

料理の内容に沿ったカトラリーを、それぞれ各自のショープレート脇と奥にセットします。効率よくセットするために、カトラリーはあらかじめ種類別に分けておきます。

　また、カトラリー類は衛生面を考慮して、必ず柄の部分を持って扱うこと。汚れのついたもの、傷のひどいもの、変色しているものがないか

確認しながら作業をし、もしそのようなものがあれば、確実に交換するようにしましょう。

　すべてのカトラリーをセットし終えたら、各テーブルごとに全体を見渡し、所定の位置にすべてそろっているか、バランスの悪いところはないか確認します。


３．必要なグラス類をセットする

提供される予定のドリンク類に合わせて、必要なグラス類をセットします。セットする際には、カトラリー同様、衛生面に注意が必要です。口をつける縁の部分やグラスの内側には触れないこと。清潔な手で扱うこと、汚れなどに気づいたら、すぐに交換することが必要です。また、置く位置は、お客様が座ったまま手を伸ばして無理なく取れる距離にすること。ナイフの上方にセットするグラス類については、店によってセット方法が異なる場合もありますので、店舗の決まりに準じましょう。


●食器以外の卓上のもの

１．ナフキンなどをセットする

ナフキンは会場の雰囲気や会の趣旨やコンセプトに合ったものを用意します。清潔なものを、雰囲気に合った折り方で美しく演出しましょう。折り方にはさまざまありますが、ここでは代表的なものを紹介します。形を整えて折ったナフキンは、ショープレートの中央にセットします。


２．卓上アイテムをセットする

　卓上アイテムとは、卓上花や席札、メニュー表など、食器類以外のもののことです。また、調味料を用意する場合もあります。


・席札はナフキンの前に立てかけます。このとき、席次表を見ながら、正しい場所に席札を置くよう、確実に作業しましょう。また、もし可能ならば、席札に誤字・脱字がないか、汚れがないかも、この段階で確認できれば安心です

## ナフキンの折り方

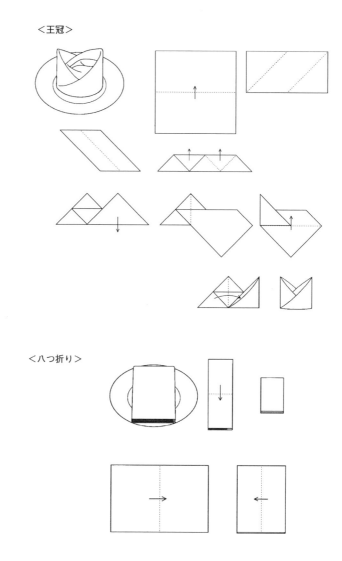

＜王冠＞

＜八つ折り＞

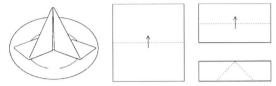

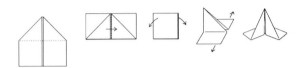

<扇>

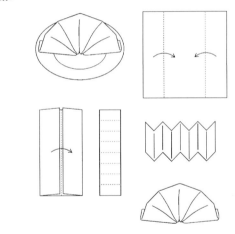

<ロール>

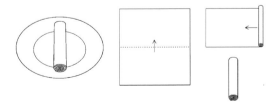

・卓上花やメニューも所定の位置に置きます
・結婚披露宴の引き出物やパーティーのお土産品などをあらかじめセットする場合は、所定の位置に置きます
・バタークーラーは2～3人に1つの割合でセットします。お客様が座ったままで無理なく手を伸ばして取れる位置に置きましょう

●椅子
所定の位置に椅子をセットする
テーブルの上が整ったら、椅子を配置します。ショープレートの中央と椅子の中央が合うようにセットし、椅子の汚れやがたつきがないかを確認、必要に応じて取り替えます。

●その他
サイドテーブルをセットする
サイドテーブルには、予備のカトラリーやグラス類、ナフキン、ストロー、つまようじ、カスターセット（塩・コショウなど）を用意しておきます。

■立食ブッフェスタイルの設営手順

立食ブッフェ会場のセッティングの手順を大まかに言うと、
1．料理を載せるブッフェボード（元卓）やメインテーブル
2．ちらしテーブル（お客様が利用するテーブル）
これらをテーブルプラン通りに正確に配置することから始まります。
　続いてカトラリー類やチャイナ類（皿など）グラス類を。最後に料理の順にセットします。
　会場内に椅子を用意する場合は、テーブルをセットしたあとで、所定の位置に配置します。この時も必ず汚れやがたつきがないことを確認しましょう。

もう少し詳しく、セッティングの際のポイントをチェックしましょう。

## カトラリーや皿、グラス類のセッティング

　ブッフェボードに備えるナイフやフォーク、箸、取り皿などを用意します。ボードの一方の端にセットする場合もあれば、数か所に分けてセットする場合もあります。

　取り皿（通常はデザート皿）やフォーク（通常はデザートフォーク）、箸などは、お客様の人数の3倍（1人3替り分）は準備しておくようにします。

■立食パーティー（ブッフェ）のレイアウトについて
ブッフェ形式は、会場の広さ・宴会の目的などによって、さまざまにレイアウトされます。主なレイアウトの特徴を説明します。

●センターブッフェスタイル
会場中央にブッフェボードを設け、周りに小丸、中丸テーブルを散らしテーブルとして配置。それぞれに紙ナフキンスタンドやグラスなどをセットする方式。このレイアウトの場合、会場中央にブッフェボードが設置されるため非常に華やかに見えるという特長があります。その一方で、中央に料理を配することで、広い会場が分断される、という面もあります。

●サイドブッフェスタイル
会場の壁側にブッフェボードを設け、中央部分に大丸、中丸、小丸テーブルをバランスよく配し、それぞれに紙ナフキンスタンド、グラス類などをセットする方法。

　いずれのスタイルでも、お客様はボードから料理を取り分け、小丸、中丸テーブルなどの散らしテーブルで立食で食事をします。
各担当者の業務は次の通りです。

●ブッフェボード（メインテーブル）担当

ブッフェボード係はキッチンスタッフと協力して、料理の盛り付け、レイアウト、料理の差し替え等を行います。特定の料理が早々になくなってしまったり、補充が遅れることで逆に余らせてしまう、ということのないよう、目配りをする必要があります。

一方、取り皿やカトラリー、割り箸、紙ナプキンなどの補充も欠かしてはなりません。

●散らしテーブル担当者

使用後の取り皿やカトラリー、グラスなどを下げる作業を行います。また、各テーブルにビールやグラスが配られている場合は、空き瓶を確認し、新しいビールやグラスを補充するのも大切な仕事です。

●ドリンク担当者

ビール、ウイスキー、ワイン、焼酎、ウーロン茶、ジュース類などのサービスと下げを行い、ドリンクの出具合に充分気を配ります。また、ドリンク担当には、バーコーナーに常駐してドリンクの管理を行う担当と、会場内をドリンクを持って回り、お客様にお勧めする（配り終わったら、空いた食器やグラスを下げることもあります）担当がいます。

　これら①と②が代表的なブッフェスタイルですが、宴会の目的や格式によってはそのほかのスタイルが採用されることもあります。

③フードイーチテーブルブッフェ（大丸立食ともいう）

ブッフェボードを置かず、いくつかの大丸テーブルに和洋中ミックススタイルの料理を中・小プラッターに盛り付けたものを並べるスタイルです。

　この場合、冷たい料理は前菜または先付けとし、開宴乾杯後に温かい料理を配ります。また、終宴前に料理皿や使用後の皿を片付け、デザートをプラッターに盛り付けて供します。

この場合の卓上セットは、取り皿、カトラリーや割り箸、紙ナフキン、ビール、ソフトドリンクなどとグラスを用意しておきます。

　その際のサービスは開宴前に冷たい料理と、乾杯用のビールやソフトドリンクとグラス類を用意しておき、乾杯後に前菜類の提供と空き皿や料理皿の下膳をしながら、入れ替わりに温かい料理のサービスや皿交換などを行います。料理が終わったら料理皿をすべて下膳し、終宴前にデザートと取り皿をお出しします。


●オンテーブルブッフェスタイル（卓盛り形式）
「コンビネーションオンテーブル」とも言います。基本はテーブル上に出された料理をお客様が各々の取り皿に取り分けるスタイルで北海道、東北地方などに多く見られます。

　大丸テーブルの中央にターンテーブル（回転卓）をセットし、卓上花やカスターセット（塩、コショウ）などを置きます。テーブルセットは取り皿（大）（小）二種、割り箸、デザートナイフ・フォーク、ナフキン、グラスなどを用意しておきます。

　開宴後に、まず冷たい料理を提供し、お客様が各々の取り皿に取り分けて食事が始まりましたら、補助サービスをします。ある程度食事が進み、プラッター上に料理が残っている場合は、取り分け皿におよそ1人分ずつの量になるように盛り分けて卓上に並べ、空いたプラッターを下膳します。それと並行して温かい料理のプラッターを提供します。お客様の手元に使用後の取り皿やグラスなどがないか、常にチェックし、新たに提供された料理に合った取り皿（西洋料理・日本料理・中国料理・デザートなどに応じて）を用意することも大切です。

　使用後の食器や料理プラッターの下膳の際には、できるだけテーブル上のクリーンナップ（割り箸の袋やおしぼりの空き袋などのゴミを取り除く、など）を行い、新しい料理用と、そのための食器の提供を繰り返し行います。

　その間、ドリンクのサービスも行い、不足のないよう補充を心がけます。

# テーブルプラン

　テーブルプランとは、宴会や会議における会場コーディネイト（ステージやテーブル、イスなどのレイアウトを示した図面）のことです。

　当日、どのようなテーブルプランにするかは、料理の内容などと共に、お客様と会場側の事前の打ち合わせで決定し、予約受付書に記入されています。会場スタッフはそのテーブルプランに従って、会場にバンケット用のテーブルを配列します。

　近年、バンケットの内容が多様化するに従い、宴会で使用するテーブルにも様々な種類が用いられるようになりました。テーブルの組み合わせもバンケットホールの広さやお客様の人数により、さまざまに考えられます。どのようなプランにするにせよ大切なことは、宴会場をより華やかに、料理を豪華に美しく見せる工夫することです。

　ここでは、テーブルプランの基礎知識（テーブルの種類、着席のテーブルプランと立食のテーブルプラン）について学習します。

## ■テーブルの種類

　宴会で使用するテーブルは、以下のようにレギュラーテーブルと円形テーブルに大別されます。

| 種類 | サイズ（単位：mm） | 用途 |
|---|---|---|
| レギュラーテーブル | 幅450×長さ1800 | ●スクール形式の会議などで使用されることが多いテーブルです<br>●2つ合わせて1間のテーブルとして使用することもある |
| | 幅600×長さ1800 | ●一般に「ニイロク」テーブルと呼ばれる<br>●元卓や流しテーブル、会議などで使用される |
| | 幅900×長さ1800 | ●一般に一間テーブルもしくは「サブロク」テーブルと呼ばれる<br>●元卓や流しテーブル、受付などで使用される |
| | 幅900×長さ900 | ●変形テーブルや着席ブュッフェのちらしテーブルとして用いる<br>●半間テーブルと呼ばれている |
| | 幅900×長さ1200 | ●変形テーブルとして用いる |
| 円形テーブル | 直径900 | ●4〜5席用　正餐スタイルで4席 |
| | 直径1200 | ●4〜6席用　正餐スタイルでゆったり5席 |
| | 直径1350 | ●5〜7席用　正餐スタイルで6席 |
| | 直径1500 | ●6〜7席用　正餐スタイルで7席 |
| | 直径1800 | ●8〜10席用　正餐スタイルでゆったり8席 |

## ■テーブルプラン

宴会の目的や趣旨、参加人数などを加味して、さまざまなテーブルプランを作成します。

### 【ディナースタイル（着席）】

#### ●流しテーブル

「一本流し」とも呼ばれ、会場に一列だけテーブルを配置するプラン。会食やミーティングに利用され、遠足スタイルとも呼ばれます。お客さま同志がお互いに向かい合って座り、客席の間隔は通常、60 〜 80cmに設定します。

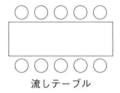

流しテーブル

#### ●コの字型

「U字型」とも呼ばれ、「コ」の字の形にテーブルを配置するスタイルです。スクリーンを使ったミーティングで最も多く使われるスタイルです。

コの字型

#### ●ヨの字型

「E字型」とも呼ばれ、「コ」の字型より人数が多い場合に利用されます。等間隔に３列に配したテーブルからメインテーブルを切り離して配置する変形プランもあり、「三本流し」とも呼ばれます。会合や会食、ウェディングにも利用されます。

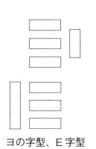

ヨの字型、E字型

## ●T字型

「Tの字型」にテーブルを配置するスタイル
です。企業の株主総会や各種団体の総会など
に多く利用されます。

Tの字型

## ●口の字型

「口」の字型にテーブルを配置するスタイル
です。ミーティングや会食に多く利用されま
す。テーブルの組み合わせ方で、長方形や正
方形にもなるため、会合の種類、目的、出席
者数などに応じてスタイルを変形できます。

口の字型

【カクテル・ブッフェスタイル（立食)】

立食の場合、料理はブッフェ式です。テーブルプランにはセンター・ブ
ッフェ、サイド・ブッフェ、大型センター・ブッフェなどがあります。

## ●センター・ブッフェ

ブッフェ・ボード（料理ボードまたは元卓）を会場の中央に配置するプ
ランでチラシテーブルを配します。センター・ブッフェの特徴は、ブッ
フェ・ボードを囲むように列席者が集うため、会場が落ち着いた雰囲気
になることです。

## ●サイド・ブッフェ

ブッフェ・ボードを会場の壁際に配置するプランで、中央部分にチラシ
テーブルを配します。会場を広く有効的に使用できるため、開放感が感
じられるという特徴があります。

## ●大型センター・ブッフェ

広い会場の中央にブッフェ・ボードを配置するだけではなく、舞台や模

擬店、バーコーナー、デザートコーナーなど、料理テーブルの配置にも
趣向を凝らしたもの。大規模宴会で用いられるケースが比較的多いのが
特徴で、宴会内容の進行によってテーブルプランは変わります。

どのスタイルにせよ、ブッフェ式は立食が基本。ですが、高齢者や年配
者、休憩者に対する配慮として椅子を用意するケースも多く見られるよ
うになりました。

■立食ブッフェ式（センターブッフェ）のフロアプラン例

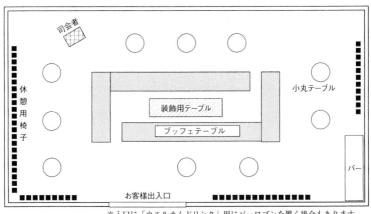

※入口に「ウエルカムドリンク」用にバーワゴンを置く場合もあります。

# 料理店のサービス

　ここまで、主な宴会のスタイルとサービス、その準備について解説してきました。

　一通りのプロセスを学ぶこともちろん大切ですが、最終的に問われるのは、各サービススタッフが、いかに優れたテクニックを身につけ、お客様の満足度につながるサービスを提供できるか、ということです。その指導をするのも支配人の役割です。

　ここからは「サービスする」という業務そのものについて、そのテクニックやさまざまなスタイルについてご紹介します。

## サービスの基本テクニック

　「サービス」とはお客様に料理を提供し、食事を補助すること全般を指す言葉です。

　そこには基本となる、身につけておきたいテクニックがあります。ここからは、どんな個性の店であれ、サービスに携わる人間なら身につけておきたい、基本テクニックをおさらいしましょう。

■サービストレー（お盆）の持ち方・運び方
宴会の場合、サービストレーを使う場面は、
- ・皿盛りの料理
- ・カトラリー類の補充
- ・水割りやソフトドリンク類の提供
- ・ブイヨンカップのスープの提供
- ・ソルベ（シャーベット）の提供
- ・サラダの提供
- ・コーヒーカップの提供

などでしょう。

通常トレーは丸型で直径40cm程度のものが使用されます。素材はステンレス、銀など金属が使用され、ノンスリップタイプ（滑りにくい加工がされたもの）などもあります。その他、使用目的によって大小さまざまなサイズのものがあったり、長方形、正方形、楕円形のものもあります。

　サービストレーに料理や飲み物を載せて提供することを「トレーサービス」と言い、料理店でのサービスの基本となります。その一方、汚損事故が多いのもまた、トレーサービスなのです。ここではトレーサービスのポイントと注意点をしっかりと学習しましょう。

●ポイント
トレーは基本的に利き手で持ちます。手のひらの中心がトレーの中心に来るように、指をいっぱいに広げ、各指と手でバランスを取りながら安定を保つように持ちます。

・トレーを持つ方の肘を90度に保ち、手首が上がらないように、胸よりやや低い位置で持ちます。

・視線は前方に向け、かつお客様の動きに注意を払います。

・トレーはお客様の口にするものを運ぶ器材です。常に清潔に保つことが大切です。特にコロナ禍を経た今、衛生管理の重要性はますます高まっています。こまめなアルコール消毒を欠かさない配慮が必要です。

・ビール瓶やワインのボトルなど、背の高いものを運ぶ際は特に注意が必要です。重心が高く安定性が悪いためです。無理にトレーを使

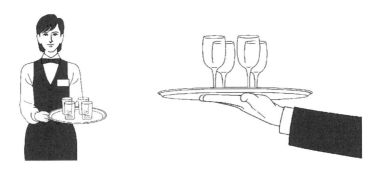

わず、素手で持つ・6本入るボトルキャリアー（ドリンクバスケット）を利用するほうが確実かつスマートです。

・基本の姿勢は図を参照してください。指先だけで支えたり、お神輿を担ぐような持ち方はしないこと。

・常にトレー上にあるものの重量のバランスを考えましょう。載っているものが少ない場合はなるべく中心に置きます。多くのものが載っていて、順番にサービスしてゆく（減っていく）場合も重心が極端に偏らないよう、バランスを考えながらトレーから下ろします。

・バランスよく物を載せる・下ろすためにはコツがあります。
　載せる場合＝中心から外に向かうようにまんべんなく載せてゆきます。また、背の高いものほど中心に、背の低いものが外側になるように配置します。
　下げる場合＝外側から下ろすよう心掛けます。

・トレーを持ち運ぶ間はもちろん、料理の載せ・下ろしの際も、トレーの傾きに注意をしましょう。


■皿（料理）の持ち方

高級料理店では、高価な皿を使っている場合も少なくありません。取り扱いには十分注意する必要があるでしょう。格式あるホテルであったり、また、宴会の内容によっては、白手袋を着用してサービスすることもあります。

また、皿の「状態」にもさまざまあります。

・冷たい料理のためにあらかじめ冷蔵庫で冷やされて、お皿の表面が湿っているもの

・ウォーマーなどで予熱された皿

・見た目を重視した、不安定な形状の皿

・野趣あふれる、重量感のある陶器

などなどです。

一般的なプレートサービスについて説明しましょう。なお、利き腕は右を基本として解説します。


★2枚持ち…片手で2枚の皿を持つことを言います。

①1枚目の皿は親指と小指を皿の縁
　にかけます。皿の下に左手の人差
　し指、中指、薬指を当てて支えます。

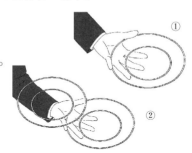

②2枚目の皿は親指と小指の付け根
　に糸底がくるように置き、手首を
　含めた3点で皿を支えるようにし
　てバランスをとります。

★3枚持ち…片手で3枚の皿を持つことを言います。

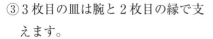

①1枚目の皿の糸底に人差し指を当
　て、親指を皿の縁にかけます。

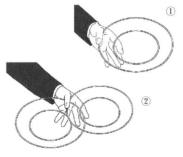

②2枚目の皿を1枚目の下に添え、
　1枚目と2枚目の皿の間に人差し
　指を挟まないように注意します。
　親指の付け根のふくらみから生命
　線のあたりへ押し込むように挟み、
　2枚目の皿の縁に人差し指を添え
　るようにしながら、皿の下を中指、
　薬指、小指で支えます。

③3枚目の皿は腕と2枚目の縁で支
　えます。

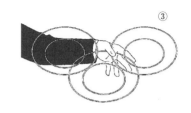

　3枚目の皿を傾けずに水平に持つ
　ことは、肘の角度がポイントにな
　ります。肘を脇腹につけ、脇が開
　かないようにします。腕は身体の
　正面から45度外に開くことにより、
　自然と3枚目の皿を乗せる腕の面が平らになります。

■料理の出し方

料理の出し方は、ホテル、レストラン、式場によってサービス方法が異なりますので、職場の決まりに従いましょう。ただし、飾り皿の右上に置く飲物は右側から、パンやサラダなど飾り皿の左側に置くものは左側からサービスするのが基本です。

●右側から料理を出す場合

右手親指の付け根のふくらみを皿の縁にかけ、他の4本の指を皿の下に当てます。その際注意が必要なのが親指の位置です。皿の表面に指紋がつかないよう、親指の先は皿の縁よりも外に向けます。

料理の皿をお客様の前へと進める際には、ナイフの上方にあるグラス類を倒さないように気をつけましょう。

●左側から出す場合

右手親指を時計の7時の位置に、人差し指は糸底にかけ、中指は糸底の外側に当てます。お尻がお客様にぶつからないように気をつけながら皿を進め、皿を置いたら、手の平を返す（甲が上になるように）手を引くと所作がきれいです。

●ポイント

左右どちらから出すにせよ、注意すべきポイントは共通です。

・2枚持ち、3枚持ちの場合

　左手のお皿を平行に保つこと、料理やソース類がお客様にかからないよう、細心の注意をはらいましょう。

・料理の向きを確認する

　料理の向きをしっかり確認した上で、確実に置くこと。位置はテーブルの縁から親指の第一関節（約3〜4cm）が目安です。飾り皿がある場合は、料理の皿が偏ることなく、同心円になるようにセットします。

■皿（料理）の下げ方

食べ終わった皿を下げる（下膳）際は、2枚持ち、または3枚持ちの要領で、効率よく下げるよう心がけます。また、皿を下げる際には左腕にトーション（アームタオル）をかけておきます。

★2枚持ちの下げ方

①右側から右手で皿を取り上げ、左手の親指と小指を皿にかけ、裏側に人差し指、中指、薬指を当て支えます。皿には使用済みのナイフとフォークが載っているので、落とすことのないよう注意しましょう。フォークの柄の部分を親指で押さえ、ナイフの刃部分が手前を向くようにして、フォークの下に入れるようにします（フォークでナイフを押さえるように）。

②2枚目の皿を持ち上げ、糸底が親指と小指に載るようにしながら腕との3点で支えます。残飯はフォークを使って1枚目の皿の手前に移します。その際、ソース類がお客様にハネないよう、やや後ろ向きで処理します。2本目のフォーク

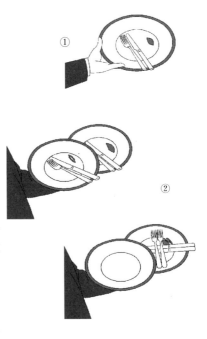

クは1本目と並べ、一緒に親指で押さえます。ナイフも1本目同様、刃を手前に向けて、フォークの下に入れて落ちないように押さえます。

③3枚目以降の皿は、すべて2枚目の皿に重ねていきます。その際、カトラリーはすべて1枚目の上に並べ、残飯も1枚目手前に載せるのも同じです。

以前は一度に8～10名分ほどの皿を下げたものですが、優雅さに欠けることや、汚損事故につながりやすいことを考慮し、4～5枚を2回に分けて下げる指導をしている職場も多いようです。難度の高いサービスですが、最終的には1卓分のお皿が下げられるように練習しましょう。

★3枚持ちの下げ方

①右側から右手で皿を取り上げます。左手に持ち替えますが、まず親指を縁にかけつつ、皿の上のフォークの柄を押さえます。ナイフは刃を手前に向けて、フォークの下に（フォークで押さえるように）します。人差し指は糸底にかけ、残りの指は自由にしておきます。

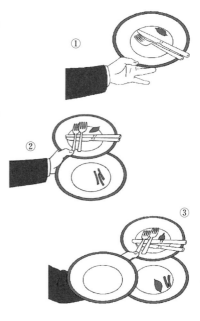

②2枚目の皿は1枚目の下に添えるようにし、親指付け根のふくらみ、生命線のあたりまで差し込むようにしながら、皿の下から中指、薬指、小指で支えます。ナイフとフォークは1枚目に移して、フォーク同士、ナイフ同士まとめるようにします（ナイフはフォークの下に）。残飯は2枚目の皿にフォークで移します。その際も2枚持ちの下げ方同様、やや後ろ向きで処理します。

③3枚目の皿を取り、左腕と2枚目の皿の縁にかけます。その際、3枚目の皿の糸底が2枚目の皿にしっかりかかるよう、左手首をやや内側にします。4枚目以降の皿は3枚目に重ねていきます。

■サーバーサービス
●サーバーの使い方

立食パーティーやブッフェレストランなどに行かれると、大きなスプーンとフォークが料理の横に添えられているのを、見たことがあるでしょう。また、ブライダルや正餐のようなフルコースのサービスの時には、サービススタッフがこの大きなスプーンとフォークを使って料理が盛り付けられたプラッター（大皿の銀盆）やサラダボウルから、料理を取り分けます。

　このように、スタッフが大皿から料理を取り分けて回るサービスをプラッターサービス「持ち回り」と言います。また、前述のようなブッフェスタイルの場合でも、スタッフがそばに控えて、料理を取り分ける場合もあります。サービングスプーン・サービングフォーク（まとめてサーバーと言います）を使いこなせるようになることは、ホテルやレストラン、式場等で働く上で身につけなければいけない大切なポイントです。

　サーバー以外にも、デザートスプーンとデザートフォークの組み合わせやサービストング（サーバーがピンセット状になったもの）などを使うケースもあります。

　高度なテクニックが必要になりますので、じっくり説明していきましょう。


◎ジャパニーズ・スタイル・フォールド

　（箸を使う要領なので『箸持ち』とも）

人差し指と親指の間にサーバーの柄の部分を挟み、薬指の爪と第一関節の間にスプーンを、中指の爪と第一関節の間にフォークを載せます。人差し指をフォークに軽く添え、中指を上手く使って動かして料理をしっかりと挟みます。サーブするものがメロンやパンなど、キズがつきやす

い料理の場合にはフォークを上向きにするか、サーバーで下からすくう
ようにするとキズがつきにくくなります。

◎アメリカン・スタイル・フォールド
　（初心者向け。『ウェスタン』とも呼ばれる）
まずスプーンから持ちます。スプー
ンを上に向け、人差し指と薬指がス
プーンの上に、中指と小指が下にく
るようにして持ちます。このとき、
小指をスプーンの柄の部分を引っ掛
けるように曲げるとしっかりホール
ドできます。次に親指と人差し指で

フォークの柄をしっかりと持ちます。フォークを動かして料理を挟みます。

◎フレンチ・スタイル
　（欧米の一般的な方法で『ヨーロ
　ピアン』とも呼ばれる）
中指、薬指、小指の3本でスプーン
を、親指と人差し指で挟むようにし
てフォークを持ちます。パスタの取
り分けなどにも便利です。

◎ワゴン（ゲリドン）サービス・スタイル（両手を使ってサービスする
　方法）
右手にスプーン、左手にフォークを
持って、両手を使って料理をサービ
スする方法です。主にワゴンの上で
プラッターから盛り付ける時に用い
る方法ですが、料理の内容によって
は、この方法が用いられます。

このように、サーバーの使い方にはさまざまありますが、婚礼やディナーで「持ち回り」を行う場合はジャパニーズとアメリカンの持ち方が一般的です。最初から上手にできる人はいませんが、最終的にはジャパニーズスタイルだけはしっかりマスターしておくべきでしょう。その理由は2つあります。

1. アメリカンスタイルはジャパニーズスタイルに比べて、料理を取る時に脇が大きく開きやすく、料理の取り分けをする際に肘が張ってお客様にぶつかってしまったり、恐怖感を与える可能性があるため

2. 一度プラッターやサラダボウルにサーバーを置くと、ジャパニーズに比べてすぐにサーバーを持つことが困難なため

■スープチューリンによるサービス
大人数の婚礼やディナーでスープをサービスする際、スープチューリン（スープ専用容器）によるサービスが行われるケースがあります。銀器で作られたスープチューリンは重厚感があり、サービス自体にもテクニックが必要ですが、非常に優雅に見える演出の一つでもあります。テーブルのお客様全員（8〜10名）に温かいスープを一度にサービスできる反面、未熟なサービスマンにとっては難度の高いサービスの一つで、汚損事故の原因にもなりかねません。しっかりと手順を理解しておきましょう。

①スープチューリンの台座の部分を左手でトーションで包むようにしっかりとつかむ。
②脇を閉めてお客様の左側に立ち、一礼をし「スープをサービスさせて頂きます」「お熱いのでお気をつけください」などの声をかけ、注意を促してからサービスにかかる。
③左足を一歩前に出し、左膝を軽く折る。その際腰を落とすのではなく、前かがみになる要領でスープボウルの左真横にチューリンを近づける。

④スープの具材がよく混ざるように撹拌する

⑤レードルに8分目程度を2杯ほど、静かに
　注ぐ。スープをすくった後にレードルの底
　をスープに一度つけてから、瞬時にスープ
　ボウルに注ぐとポタポタと垂れない。

⑥全員にサービスが終わりましたら、「どう
　ぞ、温かいうちにお召し上がりください」
　などの声をかける。

■ドリンクサービス

●ボトルによるサービス

シャンパン、ワイン、ビールなど、ボトルでサービスする飲み物は、客
席の右側からサービスします。ボトルの下の部分を持って、お客様にラ
ベルが見えるようにラベル部分を上に向けて注ぎます。一定の量を注い
だら、ボトルの口をゆっくりと上向きにしながら、ゆっくりと右にひね
って雫を切り、トーションでボトルの口を拭いて雫が垂れないように注
意します。

　ワインボトルの1本の量は世界共通で750ml。グラスの大きさにかか
わらず、1本で8杯とるのが基本なので、1杯あたり93mlになります。
ぴったりと等量に注ぎ分けられるよう、事前に量の目安を把握しておき
ましょう。

また、シャンパンやビールなど発泡性の飲み物は一気に注ぐと泡が溢れ
る場合があるので、何回かに分けて注ぎます。

ビール　　シャンパン　シャンパン　　ワイン　　　ワイン　　　お水

注ぐ目安

●ワインの注ぎ方

どの飲み物もこぼしてはなりませんが、赤ワインは特に落ちにくいので細心の注意が必要です。

①右手でしっかりとボトルを持つ。

　ラベル（エチケット）がお客様に見えるように、ボトルの下の部分をしっかりと握るように持つ。

②お客様の右側から入り、右足を深く入れ、体をお客様に向け、背筋を伸ばす。

③肘が張らないように手を伸ばし、ゆっくりとワインを注ぐ。このとき、グラスにボトルの口がつかないように注意する。

④適量まで注いだら、ゆっくりと右方向にボトルをひねり、雫を切る。

⑤グラスの上20㎝程度までボトルを上げ、左手に持った畳んだトーションでボトルの口を下から支え、ボトルを下げる。この作業により雫はグラスの中に落ち、ボトルの口はトーションで拭けている状態になる。

　ワインサービスはトレーサービスに次いで汚損事故が多いものです。その原因の多くはグラスの上でしっかりとボトルの口が拭けていないことによるものです。

　一滴のワインの雫（特に赤ワイン）が白いテーブルクロスに垂れただけでも、自分もお客様もいい気持ちはしないものです。食事の間中、そこに一点のシミが残り「失敗した感」と「失敗された感」が続くからです。ましてやお客様の服や体に雫が垂れてしまっては、大変な問題になります。

　サービスに慣れた人でさえ、ワインのサービスは緊張するもの。雫を垂らしてしまうことだってあります。それを防ぐには、一つひとつの動作を丁寧に確実にすること。心を落ち着けて（深呼吸してから）ゆっくりと注ぎ、グラス上でのトーション処理を必ず行うよう心がけることが大切です。

## テーブルサービスの種類

　ここまで、主な宴会のスタイルと準備、サービスの基本について解説してきました。

　料理店のサービススタッフとして働く人間として、もう一つ知っておきたいのは、サービスにもさまざまなスタイル・種類があるということです。

　サービス方法によって分類すると、ロシアン・サービス、アメリカン・サービス、ブッフェ・サービス、フレンチ・サービスに大別できます。それぞれのサービスの方法には、次のような特徴があります。

■フランス式サービス（French service）
「プラッター・サービス（platter service）」「持ち回りサービス」とも言われ、調理場でプラッター（銀の大盆）に数人分をまとめて盛り付けた料理をテーブルまで運び、お客様に料理をプレゼンテーションしてから、各人の皿に取り分けるスタイル。もともとはお客様に取ってもらうのが一般的でした。

「調理場で料理を盛り付ける時間」と「お客様への料理の提供時間」の短縮が図れる反面、サービススタッフにはそれなりのサービススキルが要求されます。

　近年では皿の形状や料理の盛り付けも進化しているため、あまりこのスタイルは採用されなくなりましたが、欧米諸国の大規模なパーティーでは今でも一般的に行われています。

■アメリカ式サービス（American service）
「プレート・サービス（plate service）」「皿盛りサービス」とも言われるスタイルです。あらかじめ調理場で個別のプレート（皿）に盛り付けた料理をお客様のもとへ運ぶサービススタイルです。調理場は盛り付けに時間がかかること、盛り付けのためのスペースを要すること、料理を冷めないうちにお届けするにはそれなりの手際の良さが必要とされます。一方サービススタッフは、きれいに盛り付けられた料理を崩さないよう、しっかりと皿を持ち、手際のよいサービスが要求されます。

■ブッフェ・サービス（Buffet service）
すでに前項でご紹介したとおり、各種料理やデザートなどを「ブッフェボード」「元卓」「料理ボード」などと呼ばれる大きなテーブルに並べておき、お客様がセルフサービスで自由に取って召し上がるサービス方法です。宴会の格式によっては、飲み物はサービススタッフが提供する場合と、飲み物もセルフサービスの場合があります。
欧米では「スモーガスボード」などという呼び方もありますが、日本の「バイキング」と「ブッフェ」は厳密には意味が違います（P.196参照）。
　ブッフェサービスにはブッフェスタイル（立食）とディナースタイル（着席）の2種類があります（P.255参照）。

■ロシア式サービス（Russian service）
「ワゴン・サービス」「ゲリドン・サービス」とも言われ、主に高級レストランで提供されるサービス方法です。サーモンやローストビーフの切り出し、クレープシュゼット、チーズのサービスなどが一般的です。お客様の目の前で料理を切り分けたり、ソースなどをかけて最終的な調理の仕上げを行うなど、エンターテインメント性のあるサービスです。出来立てを各自の皿に盛り付ける、最も優雅でハイクラスなサービス方法ですが、手間もかかり、技術も要するため、少人数で特別に格式を重んじるサービス方法です。その一方で、近年では立食パーティーなどでも、演出の一つとして利用される傾向にあります。

# レストランと宴会サービス　仕事の進め方の違い

　レストランサービスは一定の客席数の範囲で予約と予約なしのお客様にも対応します。それぞれの顧客の料理や飲み物の好みを分析し、お勧めのお料理や飲み物を提供することが重要視されます。食事中のサービスはもちろんのこと、店内の装飾やBGM、使用される食器類まで、顧客満足度を醸し出すことに重点を置きます。来店からお見送りに至るまでの、一連の時間を充実したものにするために、必要な料飲の知識や、清潔な店内・身だしなみ・顧客の管理・お客様との会話や対応能力が求められます。こうした能力を通じて顧客満足度を上げ、リピーターやファンを創り出していくのが、レストランサービスなのです。
つまり、レストランサービスと宴会サービスとの違いは、
1．予約客の他に予約なし客の対応がある
2．多人数ではなく個人を中心としてサービスに重点を置く
3．営業訪問がある
4．予約がなくてもサービススタッフを配置する
5．料飲業務を中心としている
ことだと言えるでしょう。


　では宴会サービスとはどのようなものでしょうか。
主催者（クライアント）と会場側が宴会予約という「契約」を結びます。宴会とは、そこで決定した内容に則した、すべてのサービスを意味します。多くの宴会はリハーサルが行われることなく、開催当日に初めて具体的な形であらわれるものです。その分、主催者にとっては催事を行うことの効果、参加者（カスタマー）にとっては参加した結果の満足度が、非常に大きく期待されているのだということを認識しなければなりません。主催者にとっても会場にとっても、宴会はやり直しができないイベントです。「宴会は生き物」とも言われ、催事途中のハプニングも含め、支配人やスタッフは「何が起きても冷静沈着な対応」が求められます。その一方で、「宴会はスタートすれば半分成功」とも言われます。それだ

け事前の準備が非常に重要だとも言えます。会場設営のプラン作りから後片付けに至るまで、料飲以外の業務が多く、一度に多人数のお客様のサービスを担当するのが宴会サービス。レストランサービスとは違う、独自のノウハウが求められるのは、そのためです。

●顧客満足の考え方
　顧客満足（CS）Customer Satisfactionはすべてがお客様とその期待から始まるという考え方のもとにお客様に満　していただくために、何をどのように提供していくのかを考え、それを達成するための仕組みをどう作り上げていくかが職場ごとに必要になります。お客様が不満足で帰られた場合の影響としては特に2点に注意しておく必要があります。

1．レストランの場合は不満を持った時に苦情を言うのは一部の人に過ぎず、多くの人は、黙って次回から来店しない。しかし、宴会やブライダルのような場合は招待客はもとより本人の一生に一度の晴れ舞台ということもあり、お客様の苦情も厳しくなる。
2．不満を抱いた人の非好意的口コミは、満足した人の口コミよりも影響が大きく、特に近年ではSNSの普及により、ネット上での不評の書き込みもあるので注意しましょう。

# 第7章

## テーブルマナー

お店とはスタッフだけが作り上げるものではありません。また、お客様だけのものでもありません。店側とお客様が共に作り上げるものです。そうすることで上質の雰囲気が生まれ、店は発展する方向へと向かい、お客様も心おきなく食事や会合を楽しみ、かつ、ご自分がいっそう磨かれていきます。

　そのように、スタッフ側とお客様が阿吽<ruby>阿吽<rt>あ うん</rt></ruby>の呼吸でつながること。その方法の一つが、「テーブルマナー」なのです。

　また、お客様に尋ねられた時のためにも必要な知識です。


# マナーは誰にとっても必要なもの

　マナーは、誰にもあてはまるものです。お客様が守るべきマナーもあれば、スタッフのマナーもあります。立場が違えばマナーは違いますが、お互いのマナーを理解しておくことはとても大切です。

　また、スタッフも、他店に食事をしに行けば、お客様です。お客様としてのマナーを発揮する必要があります。店を作り上げる双方の立場を理解する上でも、テーブルマナーを身につけておきたいものです。


**●最上のサービスを提供するために**

　人は自分を映す鏡です。相手が笑顔なら、こちらも笑顔になります。礼儀正しく、スタッフを尊重してくださるお客様なら、また来ていただきたい、と思うのが当然でしょう。丁寧に接してくださる方には、こちらもより良いサービスで応えたいと思うものです。

　しかしそれは、ニワトリと卵の関係です。より良いサービスを提供しようにも、お客様が何を望んでいらっしゃるかがわからないと、お応えしようがない場合もあります。お店を利用し慣れているお客様なら、要望を伝えるのも上手かもしれません。しかし、世の中そんな方ばかりではありません。そこでスタッフはお客様の言葉にならないサイン、ふるまいから、要望を察する必要があります。

　例えば、来店時にお客様を客席に案内する場合。宴会なら席次は決まっていますが、一般のレストランに食事に来た方の場合は、その時に空いている席の中からご案内することになります。

　「お席のご希望は？」と声をかけても「どこでもいいです」とか「おまかせします」と言われてしまったら、それ以上、お応えのしようがありません。

　しかし、お客様の身なりや雰囲気、複数人数ならばどのようなご関係なのか、失礼のない範囲で観察して、ある程度把握することはできます。もしかしたら、どなたかのお誕生日や記念日かもしれません。ロマンティックな雰囲気がお望みかもしれないし、折り入ってゆっくり話したいから、静かな席を求めているかもしれません。

　「夜景のきれいな窓際のお席もございますし、少し奥まった場所になりますが、比較的静かなお席もございます。どちらがよろしいですか？」と提案してみるのもいいでしょう。上手に相手の要望をつかむこと、それも支配人の務めです。


●場にふさわしいドレスコード

　高級店であるほど、ドレスコードがあるものです。ドレスコードとは服装（＝ドレス）の基準（＝コード）の意味。その店の雰囲気を損なわないための服装のルールです。

　一昔前までは、男性なら「ジャケットにネクタイ着用」というドレスコードが多かったものですが、今は「ジャケット着用」「半ズボンやサンダル履きのような軽装での入店はご遠慮いただいています」など、ドレスコードも変わってきています。

　以前のようにネクタイ着用を強要しないのは、時代が変わり、今やスタイリッシュなノーネクタイのファッションを好む方が多いことにもあるようです。

　女性に関しては、ほとんどの店でドレスコードはありません。女性がパンツスタイルでいけないことはありませんし、肌が多少露出していても、フォーマルなドレスになるほど、デコルテ（両肩から胸元にかけて）

が開いたドレスを着用するものです。ですが、それがどんなにおしゃれであっても、また、高価なものであっても、結婚式にジーンズで出かける人はいません（カジュアルな飲み会感覚の二次会なら別でしょうが）。つまり、ドレスコードとは、

・店の雰囲気を壊さず
・他のお客様に不快感を与えないためのもの

大きく分けて、フォーマル・セミフォーマル・インフォーマル・スマートエレガンス・カジュアルエレガンス・ビジネスアタイア・スマートカジュアルがあります。ドレスコードがホームページなどに明記されていなくても、非常識な服装や、歩くたびにカツカツと耳障りな音の出る靴は自ら避けるのがマナーです。

　これまで、日本では「お客様は神様です」とよく言われたものです。神様なのだから、どんなに理不尽なことを言われても・されても、店側は我慢して受け止めなければならない。そう誤解されたまま、言葉だけが広まったのです。しかし近年は、お客様と店はあくまでも対等であることが周知されるようになってきました。

　店とお客様、立場が違うだけで、同じ人間です。マナーをきちんと守っていただけないお客様には、店側も毅然とした態度をとるようになってきました。高級料理店に騒いだり駄々をこねたりする幼いお子さんを連れて来る、サンダル履きに短パンで来店するなど、マナーに違反している場合は入店をお断りすることもあります。


**●小さな子どもの同伴は避ける**

　ドレスコードではありませんが、小さいお子さんを同伴するのも、店によっては好ましくない場合があります。店ごとの方針によりますが、事前に確認していただくのがよいでしょう。

　これまでわが国では、食事に小さなお子さんを連れて行くことに寛容でした。少々騒いでも、店側も周囲のお客様も眉をひそめるだけで我慢しているのが常でした。

　しかし、レストランは大人が食事を楽しむ場所です。欧米では各自がそう認識していますから、格式あるレストランを利用する時は、子ども

はベビーシッターなどに預けます。しかし、日本はその意識が低く、また、日常的に利用できるベビーシッターなども一般的ではありません。結果、当たり前のように小さなお子さんを同伴することになります。中には高級料理店に赤ん坊を連れて来る人さえいます。そして、幼い子供はどこであろうとじっとしていません。騒いだり、泣いたりします。それが悪いというのではなく、それが子どもというものなのです。しかしこれでは周囲のお客様は落ち着いて食事を楽しめません。レストランは非日常の世界。普段味わえない世界に人は料金を払い、食事を楽しむのです。それが子どもの泣き声や騒ぎ声で邪魔されたら、すべてが台無しです。

　そこで近年、高級料理店では子どもの年齢制限をしているケースが見られます。ホームページなどで「16歳以上を除き同伴不可」などと明記し、予約の際にも説明するようにしています。ランチ、ディナーに関わらず、ファミリー対象の店でない限り、レストランに幼いお子さんを連れて行くのは誰にとってもよい結果にはなりません。

　もし、あなたが働いている店がファミリー向けであるなら、何ら問題はないでしょう。お子さんの来店を制限している場合には、事前（予約）の段階で確認する必要があります。また、予約なしで来られたお客様の場合、もし個室があって、そこを融通できそうなら、あらかじめ個室にご案内する、などの臨機応変が必要になる場合もあります。


●レディーファーストについて

　マナーというと堅苦しい感じがしますが、基本は「相手を尊重すること」ひいては「自分より弱い相手に寄り添う行為」に他なりません。男性が女性をエスコートする「レディーファースト」は、まさにこれに当たります。これは中世ヨーロッパの騎士道精神から来たもので、女性をいたわり守るためのマナーとして今に伝わっています。

　しかし日本人男性は日常的に慣れないせいか、どうしても取って付けたような、ぎこちない行為になりがちです。形ばかりまねしようとせず、「女性をいたわり守る」という本来の目的を考えれば、自然とレディーファーストになるはずです。

例えば、レストランに向かう一組のカップルがいるとします。道を歩く時、車の往来があれば、男性は車道側を歩き、女性を守ります。また、女性の歩く速度に合わせ歩く。これらは事故から女性を守る、男性としての立派なレディーファーストです。

お店がビルの中にある場合、エレベーターやエスカレーターを使いますが、レディーファーストの観点から考えると、エレベーターでは男性はドアを押さえて女性を先に乗せ、あとから自分が乗り込むのがスマートです。降りる時もドアを押さえておいて女性を先に、自分はあとから降ります。いずれも女性を背後から守るためで、エスカレーターの場合も同様です。高齢者や身体の不自由な方が閉まりかけたエレベーターに乗ろうとする時、安全に乗り込むまでドアを押さえて差し上げるのと同じです。弱者を守る行為であると考えれば、誰でも自然と行動に移せるでしょう。お店でお客様を案内する際も、先導するスタッフの次に女性が、そのあとに男性が続きます。これは、万一女性がつまずいたりした時、後ろから支える役目を担っているのです。

## ●ビジネス会食の場合

ただしビジネス関係の会食の場合はその限りではありません。女性同伴であっても、接待相手を優先します。また女性が部下の場合は、男性が上位の席に座ってもかまわないとされます。

昨今、ジェンダーの問題として、男女同権の意識が高まっています。しかし、体力の面で、一般に女性のほうが男性より弱いのは事実です。男女の間で「上下」があるわけでも、ましてや差別でもありません。国際社会において、レディーファーストはいわば共通認識であり、プロトコール（国際儀礼）なのです。


一方、サービススタッフはお客様を尊重しながら自然に振る舞うスキルを身につけています。男女のお客様が来られた時、さりげなく男性のレディーファーストを補佐して差し上げるのも優れたサービススタッフの務めなのです。

## ●席に着いたら手首はテーブルの縁に

　椅子に座るのにも、左右どちらから座るかは決まっています。着席は左側から、が基本ですので、スタッフは椅子を引き、お客様が座りやすいように誘導します。

　しかし、お客様が左利きだったり、テーブルが壁についている場合などはそれでは座りにくいでしょう。その場合は反対側からでもかまいません。お客様がごく自然に、無理なく着席できるように、相手をよく観察することが大切です。

　着席については、深く腰かけていただくよう工夫しましょう。浅く座ると、どうしても前かがみになって姿勢も悪く、犬食いになりやすくなります。品がなくだらしなく映る上、ネクタイやシャツにシミがついたり、ズボンやスカートに料理をこぼしたりする恐れが出てきます。座り方が浅くならないよう、椅子はしっかりと押します。無言でぐいぐい押すのではなく、「もう少しお進みください」と一声かけるとスムーズでしょう。テーブルと身体との間は、握りこぶし一つか二つ分ほど空けるのが適当です。

　ちなみに、着席したら手はテーブルの上に見えるように置くのがマナーです。畳に正座する時のように膝の上に置くのは、西洋料理のレストランではタブーとされています。ヨーロッパではその昔、テーブルの下に手を置くと、武器を隠しているのではないかと疑われたのです。武器を持っていないことを示すために、テーブル上の縁に手首を掛けるようになったとされます。

## ●お客様の手回り品をどうするか

　お客様の手回り品（荷物、バッグ、コート、傘など）をどうするか。それは店ごとに違うでしょう。大きな荷物がある場合（旅行途中のスーツケースなど）は、他のお客様の邪魔にならないよう、スタッフがお預かりしておくのが一般的です。クロークがある場合はそちらで預かることになります。大型のビジネスバッグ（書類カバンなど）も同様です。

　女性のハンドバッグは、よほど大きなものでない限り、席まで持ち込

みます。その場合、ハンドバッグは椅子と背の間に置きます。ビジネスバッグがクロークに預けられない場合は、テーブル内の空いている椅子に置くか、足元に用意された収納入れにしまっていただきます。

　日本人は椅子やソファにバッグ類を置きがちですが、本来バッグは（小さなポーチやハンドバッグを除いて）、床に置くものです。女性のバッグでも、大型のものになると、底面に金属の鋲が打ってあります。これは床に置いても底面が傷つかないようにとの配慮からです。

　大型のビジネスバッグなどを床に置く時は、サービススタッフの動線の邪魔にならない場所に置いていただくよう、ご案内しましょう。

### ●携帯電話はOFFにするのがマナー

　会食の間、携帯電話は切っておくのがマナーです。ビジネスでいつ必要な電話がかかってくるかわからない時は、マナーモードにして留守番設定にしておきます。会食中、テーブルの上に携帯電話を置きっ放しにしている方をよく見かけますが、この行為は相手に対して失礼です。バッグやポケットにしまっておくのがマナーです。

　電話がかかってきても、その場では会話をしないこと。かけ直さなければならない時は、現在の料理を食べ終え、空いた皿が下げられ、次の料理が出てくるまでの間がかけ直すタイミングです。もちろん席を外し、店の外に出てからかけるのが正解。携帯電話が鳴った瞬間にその場で話し込むのは厳禁です。スタッフの立場からすれば、着信音が鳴り響いたり、ましてその場で電話に出て話が始まってしまうような場合、「ご遠慮ください」と声をかけるのもやぶさかではありません。個室でのことならばまだしも、他のお客様のご迷惑になりますので、毅然とお願いすることが大切です。

### ●料理のシェアについて

　「おいしそう、それちょっとちょうだい」「じゃあ、私はそっちのを」などと、料理をシェアするお客様がいらっしゃいます。料理は、料理長が一皿ずつ心を込め、お一人分を絶妙なバランスで盛り付けています。

ところがシェアされると、盛り付けだけでなく、料理長のその思いもあっさり崩されてしまいます。本来はシェアすること自体、控えていただくべきことです。それでも、家族間や親しい友人、カップルの間で、どうしてもという場合もあります。あれこれ食べてみたい、という心理もわかります。料理を楽しんでいただく、そのサポートをするのがスタッフの役目ですので、「取り皿をお持ちしましょうか？」と声をかけたり、あまりにも毎皿ごとに分けているようであれば「お分けしてお持ちしましょうか？」という提案もアリでしょう（もちろん、厨房側としっかりコミュニケーションして、そのような対応ができることを確認した上で）。

　料理に込めたシェフの思いを十分に受け止めていただきながら、食事を楽しんでいただくために、臨機応変な対応を心がけたいものです。


## ●嫌われる行為

　食事中に見かける良くない行為の一つが、足を組んだり、靴を脱いだりすることです。テーブルクロスで見えないだろうと思っても、他のお客様からもスタッフからも、よく見えるものです。レストランは非日常の世界です。お客様はそれぞれ食事をしながら、楽しい一時を過ごすために来られます。その雰囲気を壊す行為は、誰であっても許されるものではありません（急病人などの緊急事態は別です）。

　声高におしゃべりしたり、ガチャガチャ音を立てたり。そんな気になる行為があった場合は、スタッフが対処する必要があります。不愉快に感じたお客様から「何とかして」とクレームされることもありますが、それ以前に、スタッフが目を配り、トラブルを未然に防ぐことが肝心です。そのような行為を見かけたとき、誰が・どう対処するのか。それは店ごとに取り決めをしておくべきです。支配人や上級スタッフから接客に携わるメンバーに、その取り決めを周知しておくことが大切です。

　もっとも避けるべきは、お客様同士でトラブルになること。これでは不愉快な思いをする当事者の数が増えるばかりでなく、場合によっては店も損害を被ります。最悪、ケンカにでもなれば、警察のお世話になる

ことだってあり得るでしょう。

　そうなる前に、店側が対処すること。それがもっともスマートで賢明なやりかたです。


●喫煙について

　改正健康増進法により2020年4月から、飲食店やホテルなどで喫煙が全面禁止になりました。受動喫煙防止のためです。以前は喫煙席と禁煙席を分けて設けている店もありましたが、それも撤廃され、喫煙家には厳しい状況となっています。そこで、タバコを吸う人のために、駅の周辺などには喫煙スペースが設けられています。

　ホテルやレストランでも喫煙できる場所が造られていたりしますが、ほとんどの場合、屋外で、しかも目立たない場所に設置されており、建物内にあるのは珍しいほどです。タバコを吸いたいお客様がいらっしゃるときは、喫煙場所をご案内します。とはいえ、喫煙場所は数も少なく、席からは遠い場合も珍しくありません。食事の途中であれば、その間、席を空けることになります。特にお連れの方がお一人であれば、その方がポツンと取り残されることになってしまいます。できれば食事中の喫煙は我慢していただきたいものです。


●カメラのマナー

　近年、インスタグラムなどのSNSに、スマホなどで撮った写真を投稿することが流行っています。料理やスイーツなど、美しく盛り付けられた、おいしそうな写真は特に人気だと言います。しかし、店には他のお客様もいらっしゃいます。また、料理長もサービススタッフも、温かいものは温かいうちに、冷たいものは冷たいうちに、最高においしい状態でお出しできるように工夫しています。もし、どうしても写真を撮りたい時は、スタッフに一声かけていただけるとありがたいと思います。一皿ごとにスマホを取り出しては「カシャ」とやっているようでは、他のお客様のご迷惑にもなります。ましてフラッシュを使うような場合は、ご遠慮いただくようお願いする必要があるでしょう。

　また、記念写真についても同様です。みんなでカメラに収まろうとすれば、誰かしら、席を立たねばなりません。それだけで周囲のお客様は気になります。その上、シャッター音やフラッシュの光があれば、さらに気が散ります。他のお客様に迷惑になるのは確かでしょう。写真を撮りたいときは、まずスタッフに断っていただきたいところです。許可を得れば、短い間のことですから、他のお客様のご理解も得やすくなります。また、その際には、他の席のお客様が写り込まないようにお願いするようにしましょう。どのようなご事情で会食しているかわかりませんから、その写真がSNSなどで公開された時、もしものことが起こるのを防ぐためです。

　食事が終わり、集合写真を希望される場合は、テーブルではなく、他のお客様から離れたキャッシャーや入口付近でお願いしましょう。この時、スタッフがよく頼まれるのがシャッターを押す役です。みなさんのカメラやスマホを預かって、次々に頼まれることもあります。お客様のせっかくの思い出を作るお手伝いをするのですから、スタッフも一番いい写真が撮れるように練習をしておくことが必要です。

### ●テーブルの上のトラブル

　食事中、ちょっとしたトラブルはよくあります。例えばフォークやナイフを誤って床に落とした場合。その時は、サービススタッフを呼んでいただくのが基本です。しかし、それを知らずにご自分でかがんで拾おうとする方もいらっしゃいます。スタッフは全体に目を配り、そのような方がいらっしゃったらそばに行き、お声がけをしましょう。落とされたのがどのカトラリーかを確かめ、すぐに新しい物をお持ちします。お客様に拾わせてしまうのは、サービススタッフとして失格です。飲み物をこぼしてしまった時も、同様です。すぐサービススタッフを呼んでいただければいいですが、慌ててご自分で拭こうとする方がいらっしゃいます。カトラリーの落下以上に、周囲の方が声を挙げたりしがちなので、比較的スタッフも気づきやすいでしょう。

　こぼれた量が多量の時は、隣りのテーブルが空いていればそこにセッ

ティングをし直し、お客様に移っていただきます。もし空いていない時は、拭き取ったあとにその箇所に新しいナフキンをかけて急場をしのぎます。グラスが割れてしまった時は、お客様にケガがないことが第一です。破片が飛んだ可能性のある場所からお客様を一時的に遠ざけ、掃除をします。このとき、スタッフもケガをしないことが大切です。また、おおげさに掃除機などを持ち出さないことも心得ておきましょう。グラスが１つ割れた程度であれば、ほうき、ちりとり、クロス（あまり美しくない雑巾は避けましょう）で十分です。

　そのほか、ソースや飲み物がお客様の衣服にかかってしまうこともあります。これにはスタッフによるミスと、お客様ご自身によるミスがあります。スタッフのミスであれば、常備しているシミ抜きスプレーや炭酸で濡らしたタオルでよく叩くなど、できる限りのことをしてから「クリーニング代をお支払いしますのでご請求ください」と、責任者の名刺を添えて申し出ます。お客様のミスの場合も、おしぼりやタオルをお持ちし、それで拭いていただき、店側でできるだけのことは行うようにします。

### ●メニューが２種類ある場合

　お店の通常営業の場合、お客様がテーブルに着いたら、まずメニューをお持ちします。メニューは店の顔です。メニューを見れば、店のコンセプトが伝わってきます。デザイン一つとっても、写真やイラストを使って視覚面を強調する物から、反対にそれらを排除し、シンプルさで高級感を出す物まで、いろいろです。

　メニューは、料理名の下に料理の説明が添えられているのが普通です。また、ドリンクが併記されている物、ドリンクは別メニューになっている物など、各店によってさまざまです。中には、白紙のメニューさえあります。お任せコースだけを提供する店で、旬の新鮮な食材を使うので日によって料理が変わり、決まったメニューに設定できないためです。また、高級店になるほど、メニューは「金額の書いてある物」と「書いていない物」の２種類が用意されています。書いてある物はホストに、

書いていない物はゲストに渡すのです。

　ゲストを招いての会食の場合、接待した側はゲストに値段のことで気を遣わせたくないのです。またゲストの側も、値段の入ったメニューから料理を選ぶのは気がひけるものです。そこで、店では 2 種類用意するのです。

　これが、事前にご予約いただいたお客様なら、どちらがゲストで、どちらがホストか歴然としているので問題ないのですが、難しいのは予約なしで来られた方の場合です。どの方がホストで、どの方がゲストなのか、支配人は席にご案内するまでの間に見極めなければなりません。それを間違うととんだミスにつながりかねません。会話のやりとり、敬語の使い方、席の譲り具合などから判断するのです。メニューをお渡しする際はゲスト、高齢者、女性、ホストの順に。また、お客様の右側からお出しするのが基本です。少人数の場合にはメニューを開いてお渡ししますが、大人数の場合は時間がかかるので、閉じてお渡しすることが多いようです。

●メニュー選びには時間をかける

　欧米人と日本人の違いが現れることの一つが、メニュー選びです。欧米人はたっぷりと時間をかけますが、日本人はメニューをさっと見るだけで、注文しがちです。店側としては、料理人が腕によりをかけてお作りする料理ですし、素材、調理法、料理長のこだわりなどを、メニューから読み取っていただきたいと思います。また、メニューの内容がわからない、どれを選べばよいかわからない、という悩みに直面するお客様もいらっしゃいます。メニューについての質問（食材や調理法、味、どんなワインに合うか、など）に答えられるよう、しっかり勉強しておきたいものです。

## テーブルマナーの基本

### ●ナイフ＆フォークの正しい持ち方

ナイフとフォークの持ち方は料理によって多少違います。肉料理の場合、身を切るのに少々力がいりますので、ナイフの刃先を下に向け、刃の付け根部分に人差し指を添えて握ります。このとき、げんこつで握りしめるような持ち方はスマートではありません。

一方、魚料理は、肉料理のように切るのに力がいりませんから、ナイフの刃の付け根に指をかける必要はなく、ペンを持つように握ります。

フォークは肉を切る際には必ず押さえる、切った肉を口に運ぶ、という動きをすることから、先端を下向きにして使うことが多いのですが、時として上向きで使うこともあります。それはライスや細かな豆などを口に運ぶ時です。お客様の中には今でもフォークの背にライスを載せる方がいますが、これではフォークの歯の間からこぼれ落ちる心配があります。ライスはフォークを上向きにしてすくっていただきましょう。

### ●ソーススプーンは山側から

ソーススプーンというカトラリーがあります。フィッシュスプーンとも呼ばれ、主にソースのかかった魚料理をいただく時に使います。これはちょっと変わった形をしていて、片側が山状になっています。ペンを持つ要領（ペンホールドと言う）で持ち、身を切る時は山を上にして切り、ソースをすくう時は山からすくいます。ナイフとスプーンの二つの役目を持つカトラリーです。

### ●ナイフ＆フォークによるサイン

中座するとき、または食事終了のサインは、ナイフとフォークで示します。それを見て、サービススタッフは皿を下げるか、そのままにしておくか判断します。

「まだ食べているので下げないでください」というサインは、ナイフとフォークを皿の上に八の字に置きます。八の字にして皿に立てかけても

かまいません。（ただし皿からずり落ちないように気をつけます）

ただし、アメリカ式は少し違っていて、ナイフは刃先を向こうにして左上から右下に斜めになるようにし、フォークは手前に横向きに置きます。これは食べ方からきています。一般には右手に持ったナイフで肉を切り、左手に持ったフォークで口に入れますが、アメリカ式の場合、身を切ったらいったんナイフを皿に戻し、フォークを左手から右手に持ち換えていただきます。そのため、このような置き方になるのです。

　食事終了のサインは、ナイフが向こう、フォークが手前になるように両方を揃えて置きます。ただし置く位置はいろいろです。皿の中央に真横に置くのがフランス式、中央に縦に置くのがイギリス式、中央に斜めに置くのが日本式。日本式より少し上方に同様に斜めに置くのがアメリカ式です。

食べている途中のサイン

食べ終わった時のサイン

### ●ナフキンの上手な使い方

着席して最初に手に取るのがナフキンです。しかし、このナフキン、いつ広げていいものか迷う人もいます。親しい間柄の会食であればいつでもかまわないですが、招かれた場合は配慮が必要です。ホストより先では失礼にあたるからです。ホストが広げるのを確認したら、おもむろに自分の膝に当てるのが礼儀にかなったやり方です。

　では、ホストはいつナフキンを広げればいいのでしょうか。前菜が運

ばれる前あたりと言われたりもしますが、もっと早くてもかまいません。スタッフもそのほうがサービスしやすいのです。ナフキンは一番初めにはショープレート（飾り皿）の上に置かれていますから、そのままでは食前酒を選ぶ時にも邪魔になってしまいます。あまりにも早く広げると、いかにもお腹をすかせて待ちかねているようで気がひけますが、その心配は無用です。ホストが「どうぞナフキンをお取りください」と一声かけ、ゲストがそれに従うと迷いがなくてスマートでしょう。しかし、ホストの中にはなかなかナフキンを手に取らない方もいて、ゲストも広げられずにいることがあります。そんな時はサービススタッフが「ナフキンをお取りください」と声をかけましょう。

　ショープレートから取り上げたナフキンは二つ折りにして膝の上にのせます。その場合、折り目が手前にくるように置くのが一般的です。こうするとナフキンの内側の左上隅で口を拭くことになり、女性は膝に戻しても口紅のあとやソースのシミが表から見えずにすみます。また、それらでお召し物を汚す心配もいりません。

## ●ナフキンでしてはいけないこと

ナフキンは口と指を拭くために用意されている物です。それ以外に使うのはマナーに反します。ソースが洋服にかかった、カップに口紅がついたなどは、ご自分のハンカチやポケットティッシュを使用していただくことになります。また、ナフキンを首にかけたり胸に当てたりしてはいけない、とマナーの本などにも書かれています。実際、そうしたナフキンの扱い方は現代的とは言えません。が、中にはお召し物にシミをつけたくない、などの理由から胸に当てたい方もいらっしゃるでしょう。着物でなければ、あらかじめブローチなどを用意し、ナフキンをさりげない形にしてからそれで留めておくと、中世ヨーロッパの貴族を彷彿させてスマートですね。着物の場合は帯に挟む、という方法もあります。また、カトラリー同様、ナフキンも床に落としがちなものです。サービススタッフの対応はカトラリーと同様、お客様に拾わせない。新しいものとお取り替えする。そのため、いつでも予備を用意しておきましょう。

## ●ナフキンによるサイン

食事中に席を立つ時は、ナフキンで意思表示をします。従来のマナーの本などには「ナフキンを椅子の背にかける」のがサインとされてきましたが、これは隣りの席の方の目障りになるのでやめた方が無難です。ナフキンを簡単に畳んで皿の横に置いてから席を立つのが自然です。あるいは、ナフキンを四つに折りたたんで、目の前の皿の下にはさんでテーブルから下げておく、というやりかたもあります。高級店の中には、お客様が席にお戻りになる前に、ナフキンを畳み直して皿の脇に置き直したり、新しい物をご用意することもあるので、店の方針に従いましょう。

　食事を終えて席を立つ時は、ナフキンを軽く畳んでテーブルの上に置いておきます。昔は、きれいに畳んであるのは「料理に満足しなかった」の意思表示、とされたものですが、今はそこまで考える店はあまりないようです。反対に、わざとくしゃくしゃにして置くのも品がありません。「使用済み」とわかる程度に軽く畳んでおくくらいがお勧めです。

## ●皿は動かさない

西洋料理では、どんな場合でもお客様はご自分で皿を動かさないのが原則です。皿はそれぞれの用途によって置かれる位置が決まっており、サービススタッフは所定の位置にセットするはずだからです。お客様が動かしがちなのがサラダです。手元から少し離れたところに置かれているので取りづらいのでしょうか。手前中央に移動される方がいますが、これはタブーです。なぜなら皿を動かせば中央のスペースがふさがります。するとサービススタッフが次の料理を置きづらくなります。もしお客様が皿を移動させて中央がふさがっている場合は、それを元の位置に戻し、空いたところに次の料理を置くようにします。

　サービススタッフはお客様に満足いただけるようにサービスをするのが仕事です。が、お客様も仕事の妨げにならないように、この種の原則は守っていただきたいものです。

## ●スープの正しいいただき方

「スープを飲む」とよく言いますが、スープはシュフがこだわりを持って作る料理の一つであり、「飲む」というよりも「いただく」と言うのが正しい表現です。スープはスープボウルかブイヨンカップのいずれか出されます。

　スープボウルは口の広い浅めの器です。どっしりとした大きめの、スープスプーンを使って、最後までいただきます。

　ブイヨンカップは両側に取っ手がついていて、主にコンソメスープに用いられます。スープスプーンではなく、手のひらにおさまるくらいのブイヨンスプーンがつきます。そのブイヨンスプーンでいただくのは最初の一口だけ。熱いスープにいきなり口をつけてやけどをしないように、このブイヨンスプーンで温度を確かめるのです。あとは浮き実をいただく時にスプーンを使います。浮き実をスープごと口に入れてしまうと唇の上に浮き実がつく恐れがあり、そうならないようにするためです。そのあとは、取っ手を持って口に運びます。利き手で片方の取っ手をしっかり持ち、もう一方の手は反対型の取っ手の下側に添えます。

　スープのすくい方は、器にたっぷりある時はスプーンで一口すくって、そのまま口に運びます。スープが残り少なくなってすくいにくくなったら、器の手前を持ち上げる（イギリス式）のが一般的です。向こう側を持ち上げては器の裏底がお連れの方の目に触れます。これは失礼にあたるというので、日本では一般的に手前を持ち上げる方法が取られます。なお、フランス式は反対に奥から手前にすくいます。

残りが少なくなった場合　　　　たっぷりある場合

## ●スープをいただく時のタブー

これだけはやってはいけないこと、それはズルズル音を立てることです。欧米人の間で最も嫌われる行為なので注意しましょう。食べ終わってスプーンを戻す時は、皿の手前にスペースがあれば、口に入れたカトラリーなので、そこに横向きにして置きます。ない時は皿の中に戻します。スプーンを裏返して入れるのは間違いです。

## ●パンのマナー

パンというとわが国ではご飯の代わりのような捉え方をしますが、西洋料理では違います。パンは食事中に、舌のお掃除的な役割をする物なのです。パンによって口の中をリセットし、次の料理に備えるのです。そのため、パンは料理と料理の間に食べるのが正式です。ただし、ビジネスランチでは例外で、パンは最初から手をつけてもかまわないとされています。多忙の合間を縫ってのランチ、という位置づけですから、時間を省略する意味で例外となるのです。ところが、実際にサービスしながら拝見していますと、パンが運ばれるや空腹をまぎらわすかのように口に入れる方がいます。中には早々に食べきって、お代わりされることも。お代わりは何度してもかまいませんが、あくまでもパンの役割は「舌のリセット」であることを考えると、メインディッシュの肉が出るまでは、パンはテーブルに残っていなくてはなりません。

　また、パン皿はメインディッシュの皿と共に下げられます。その時残ったパンを慌てて口に押し込まないように、食べる量とペース配分には気をつけたいものです。とはいえ、このようなパンのマナーを知らない方は多いものです。お皿を下げるべきタイミングで、まだパンが残っているときは「お下げしてもよろしいですか？」と一声かけるようにしましょう。

## ●パン皿がない時

パンは常にパン皿の上にあるとは限りません。店によってはテーブルクロスの上に直接置かれることがあります。なんとなく不潔な感じがしま

すが、そもそも西洋ではテーブルクロスは口を拭くナプキンの前身でした。そのため、そこにパンを直接置いても不作法ではないと考えられています。テーブルクロスはお客様がお帰りになるたびに新しい物に取り替えますので、安心して召し上がっていただけます。位置としては料理の左やや上あたり。料理の皿の上に置いてはいけません。

## ●パンは一口サイズにちぎる

出されるパンはバゲット（細長い形のフランスパン）が多いのですが、指先で一口サイズにちぎって食べるのがマナー。しかしバゲットは、ちぎる際にパンくずが飛び散りやすいのが難点です。上手にちぎるコツは、カリカリの外側とフワフワの内側の境目に親指を入れて割ること。この時、パンの1か所を皿につけておくと、滑らずにうまくいきます。また、パン皿の上で一口サイズにちぎれば、パンくずが散らばるのも防げます。

　一口の大きさは個人差がありますが、3cmぐらいを目安にするとよいでしょう。くれぐれも、パンにかじりつくのは品がないので避けましょう。また、高齢社会が本格化したことで、バゲットでは小さくちぎっても食べにくい、というお客様がいる可能性もあります。予約の段階でアレルギーのある方がいらっしゃらないか確認しますが、もし高齢の方や歯の調子が悪い方がいらっしゃる場合には、柔らかいパンに変更して差し上げるぐらいの配慮があってもいいと思います。

## ●パンくずはそのままにしておく

パンくずが出ると、お客様の中にはご自分で寄せ集める方がいらっしゃいます。テーブルをきれいにしたい、という思いの表れだとは思いますが、その必要はありません。皿の上でちぎれば、さほど散らからないはずですが、それでも散ってしまったものは、そのままに。サービススタッフは「ダストパン」という器具でテーブルをきれいにします。パン皿を下げるタイミングでテーブルをきれいにし、デザートを出す準備を整えるのです。

## ●パンでソースを拭ってもいい

ソースを最後までいただきたいが、上手にすくえないという時。接待や両家の会食のようなあらたまった席でなければ、パンでソースを拭っても無作法とはされません。マナー違反どころか、むしろ調理場では「ソースを最後までこんなにきれいに食べてくださった」と大歓迎されるものです。ただし魚料理の場合は、そのためにフィッシュスプーンが用意されているのです。あらかじめセットにフィッシュスプーンがない場合も、お客様の要望があればお出しできるようにしておきましょう。

　ただし、スープの場合は例外です。ソースは料理につける物なのでパンで拭ってもかまいませんが、スープはそれ自体が一品の料理。スープの器をパンで拭うのはマナー違反です。

## ●バターの扱い方

バターの出し方は店によって異なります。1人分に切り分けた物を各自の皿に載せる場合もあれば、それを共用の皿に並べることも。あるいはまとめてバタークーラーに詰めてお出しするケースもあります。この中でも、特にお客様がまごつくのは共用の皿で出された時でしょう。5cm四方くらいの大きめのバターが、かたまりのまま皿にぽんと載っていたら、取りづらいものです。そんなときは、バターナイフで縦横に切れ目を入れ、一つ分をすくって自分の皿に移すやりかたがお勧めです。こうすると他の方も安心して自分の分を口にできます。

　共用の皿に入れて出される時は、必ず添えてある共用のバターナイフを使って自分のパン皿に移します。パン皿がない場合は、料理の皿の端に載せます。そしてご自分のバタースプレッダーでバターを塗ります。バタースプレッダーがセットされていなければ、料理用のナイフを使います。くれぐれも共用のバターナイフで塗ってはいけません。もし、共用のバターナイフをバタースプレッダーとして使ってしまったお客様に気づいたら、さりげなく、新しい共用のナイフをお出ししましょう。新型コロナ感染症対策の観点からも、共用と個別用は厳に分けるべきです。

　バターはパンを一口サイズにちぎってから塗るものです。塗ってから

ちぎると手が汚れやすいですし、マナーに反します。なお近年はバターではなく、ヘルシー志向からオリーブオイルも人気です。

**●魚料理のスマートないただき方**
「魚料理」と一口に言っても、切り身、骨付き、一匹まるごと、と形状もいろいろです。どの場合にもこれだけはやってはいけないのは、裏返すことです。フィッシュナイフとフィッシュスプーンをうまく使っていただきましょう。

・皮なしの切り身の場合
利き手にフィッシュナイフ、反対の手にフォークを持ちます。やわらかい切り身なら、ナイフをペンを持つ要領で持ち、利き手と反対側から一口大に切っていただきます。

　ソースのある料理の場合は、フィッシュナイフの代わりにフィッシュスプーンが添えられます。フォークで身を押さえ、フィッシュスプーンで同様に一口サイズに切ります。そのあとフィッシュスプーンで皿の上のソースを集め、身にかけ、からませます。この時、フォークで身を刺して口に入れてもいいのですが、基本的にはフィッシュスプーンに載せていただきます。

　ソースの中でもタルタルソースの場合は、それを皿の手前に取り、好みの量を身につけて食べると、必要十分かつ、美しく食べられるでしょう。

　切り身の中に細かな骨があった場合は、フォークやフィッシュナイフで取り除き、皿の上、奥側の端にまとめておきましょう。

・皮付きの切り身の場合
魚の皮が苦手な方は、まず最初に皮を剥がします。フォークで身を押さえ、皮と身の間にフィッシュナイフの先のとがった部分をそっと差し込むようにして剥がしていきます。剥がした皮は、たたむようにして皿の上、奥側の端に置いておきます。皮は苦手ではない、という場合も、同様にして皮をいったん外しておき、身を食べたあとでいただきます。た

だし、パリパリの皮の薄い魚であれば、皮と身をいっしょに一口サイズに切って食べるとおいしいです。


・骨付きの魚・一匹丸ごとの魚

舌平目のような魚の場合、まれにヒレの部分がついた状態で出されることがあります。また、一尾丸ごとが出される場合も同様です。まずフォークとフィッシュナイフでヒレを切り取り、皿の上、奥側の端に置きます。次に中央の背骨に沿って横一文字にナイフを入れ、身を外します。次に、骨との間にナイフを差し込んで、滑らせるようにして背骨（と頭）を外します。外した骨はヒレといっしょに、皿の上、上方にまとめて置いておきます。あとは切り身の場合と同じです。フォークとフィッシュナイフ、あるいはフィッシュスプーンを使って一口大に切っていただきます。

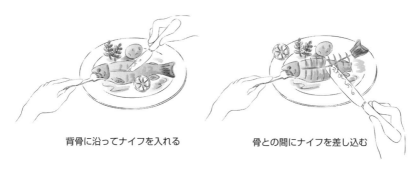

背骨に沿ってナイフを入れる　　　　　　骨との間にナイフを差し込む


## ●ステーキを美しくいただく

日本人に人気のある料理の一つがステーキです。一般に知られる焼き方には、ブル（レア）、セニャン（ミディアムレア）、アポワン（ミディアム）、ビアンキュイ（ウェルダン）の４段階がありますが、中でもレアは「生焼け」の印象があるのか、食中毒の心配をされる方がいらっしゃいます。レアとはいえ、生ではなく、表面はしっかり焼かれ、中も温かく仕上っているので安心して召し上がっていただくことのできる、れっきとした調理法です。不安に思われるお客様にはそのようにご説明して、それでも不安に思われるようであれば、よりよく焼くようにお勧めするとよい

でしょう。いずれの焼き方でも肉をおいしく食べられるように調理するのがシェフの腕ですから、どの焼き方が一番おいしいか、という問題ではなく、あくまで好みの問題といっていいでしょう。

　もちろん、厳密に言えば、肉の部位や性質によって、ベストな焼き方、というものは存在します。お客様からお勧めの焼き方を相談された時のために、あらかじめシェフにお勧めを聞いておくとよいでしょう。

### ●コツに秘密あり

日本人はナイフとフォークを扱うとき、皿に対して手首を水平にして持ちがちです。一方、欧米の方は手首を若干上げて持ちます。ナイフとフォークを立て気味に扱うので、しっかりとした肉でも切りやすく、見た目もスマートに映ります。心もち、カトラリーの上の方を持つことで、指も長く美しく見えます。これは食事の時の所作としてのコツであると同時に、お客様の前で料理を切り分けてサービスするスタッフにも応用しやすいコツなので、覚えておきましょう。

　切り方にもコツがあります。ナイフとフォークをハの字にすると扱いやすくなるのです。なかなか切れない時は、肉を刺したフォークの部分にナイフが当たるように（フォークの歯に沿うように）切ると、よりスムーズです。このとき、ナイフとフォークの位置が離れるほど安定感に欠け、切りづらくなります。

　ステーキはフォークを持つ手の側から切り始め、切り取ったものをそのまま口に運びます。右利きの方なら左側から、ということです。最初

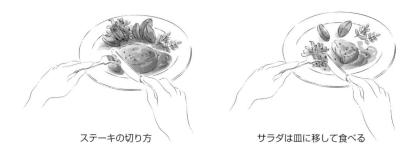

ステーキの切り方　　　　　　　サラダは皿に移して食べる

に全部切ってしまうと、肉汁が流れ出て、おいしさが半減してしまいますので注意しましょう。小さめのサイコロ状に切ると、口に入れやすく、はたから見ていて優雅に映ります。

　また、脂身が苦手な方は残して一向にかまいません。その場合は皿の上、奥側の端にまとめておきます。

## ●サラダにもナイフを使う

サラダは、フルコースでは肉料理と一緒に出されることが多く、また、前菜としてコースの前半で提供されることもあります。野菜サラダをいただく時、フォークだけを使う方が多いようです。間違いではありませんが、かしこまったレストランではきちんとフォークとナイフを使っていただくのがスマートです。サラダはお皿に移し、水菜やかいわれ大根のような細い棒状の野菜は一口大に切り、少量の束にまとめてから、ナイフを添えながらフォークで刺していただきます。　ベビーリーフなどの薄い葉ものは重ねてまとめ、フォークで刺します。レタスはフォークとナイフで一口大に切ってから口に入れます。決して大きいまま口にしないようにします。また、ミニトマトやアスパラガスのように、丸くて転がりやすい野菜は、ナイフの面に当てて動かないようにしてからフォークを刺すと扱いやすくなります。豆類やコーンも転がりやすく食べにくい食材です。一般に食べ物をつぶして食べるのはマナー違反ですが、豆類やコーンに関しては、上手にすくえない場合、フォークの背中でつぶしてからすくっていただきます。

## ●食べるのが難しい肉料理

肉料理の中には食べ方が難しそうな料理があります。どう食べたらいいのか迷いそうなときは、お出しする際、食べ方のアドバイスを口添えする場合もあります。

　例えば、手を使わないと扱いにくそうな、骨付きの肉料理の場合などは、あらかじめフィンガーボウルを用意します。フィンガーボウルがない場合はナフキンで脂のついた指を拭ってきれいにしていただきます。

手を使ってはいけないのだと思い込んでいるお客様もいらっしゃいますから、「食べにくい場合は、どうぞ手でお召し上がりください」とご案内すると安心されるでしょう。


・骨付き肉

骨付き肉料理には、鴨肉のコンフィや豚のスペアリブ、仔羊の骨付きローストなど、さまざまにあります。手に持ってかぶりつきたいところですが、ナイフとフォークを使って優雅にいただきましょう。コツは、フォークで肉を刺して固定し、ナイフを骨に沿うように入れることです。こうこうして骨から身を切り離し、ナイフとフォークを使って一口ずついただきます。最後に残った骨を紙ナフキンで持ち、身を食べ終えます。

　しかし、どうしてもフォークで骨を上手に押えられなかったり、ナイフを使うにも不安定な場合は、紙ナフキンを使って骨を手で押さえてもよいのではないかと思います。


・ブロシェット

ブロシェットとは串焼き料理のことです。１本の太い金串に肉と野菜を交互に刺して焼くものです。召し上がるときは、まず、ナフキンを折って利き手と反対側の手に持ち、それで金串の手元（輪などがついています）をしっかり挟みます。次に金串を下に向けて皿につけ、肉と野菜の間にフォークを差し入れて、一つずつ外していきます。このとき、串を回しながら食材を押し下げると、勢い余って飛び出すこともなくスムーズにいきます。

　ブロシェットをいただく時に大切なのは、熱いうちに金串から外すことです。時間がたつと身がしまり、肉が抜けにくくなるのです。サービスする際には外し方をご案内するとともに、「温かいうちに外していただいたほうが、扱いやすいかと思われます」と一言添えましょう。

　外した金串は皿の上方に置いておきます。外した肉や野菜はナイフとフォークで一口ずつ切っていただきます。

## ●フィンガーボウルは指先だけ

フィンガーボウルは汚れた指先をきれいにするための物です。蟹やエビなどの料理をいただいた際の臭味を消すために、レモン水やジャスミン茶が入っていることもあります。使う時は両手をつけず、片手ずつ交互に指先だけをつけ、ナフキンで拭きます。ハンカチを使う方がいますが、ナフキンは口と指を拭くために用意されている物なので遠慮はいりません。フィンガーボウルをお出しする際、「フィンガーボウルです。お使いください」とお出ししますが、その時のお客様の反応を見て、戸惑っていらっしゃるようならば「指先をすすいで、ナフキンでお拭きください」と一言添えると、お客様も安心なさるでしょう。

## ●食後酒で余韻を味わう

食事の前にいただくのが食前酒なら、食事の後でいただくのが食後酒です。食事の余韻を楽しむためですが、他に消化を促進する目的もあります。

　食後酒の解説は（P217）項でご紹介しました。しかし、無理して飲む物でもなければ、だらだらといつまでも飲む物でもありません。1～2杯をゆっくりと、食事の余韻を楽しむために飲むものです。

　バーのある店ならば、食後酒を場を移してカクテルで楽しむ、という粋な演出もあります。もちろんカクテルは食後にだけ飲む物ではなく、食前向きのカクテルはプレディナーカクテル、食後向きのカクテルはアフターディナーカクテル、時を選ばずに気軽に飲めるカクテルはオールデーカクテルと呼ばれます。

　一般社団法人日本バーテンダー協会（NBA）がカクテル・ランキングの集計結果を発表していますが、ここ数年はロング・カクテル部門では1位がジン・トニック、2位がジン・リッキー、3位がモスコミュール。ショート・カクテル部門では、1位がギムレット、2位がマティーニ、3位がサイドカーとなっています。また、ノンアルコールのカクテルもあるので、アルコールにあまり強くない女性にもお勧めです。こう

した食後酒の知識を身につけておけば、お客様にご提案しやすくなるので覚えておきましょう。

## イタリア料理

　イタリア料理の場合、コース料理の品数はフランス料理よりも少ないですが、一皿の量は多いのが特徴です。

　イタリア料理も高級店からカジュアルな店までさまざまにあります。高級店は「リストランテ」、家庭的な店を「トラットリア」、居酒屋的な店を「タベルナ」庶民的な食堂を「ベットラ」や「オステリア」と呼びます。

## イタリア料理のフルコース

　イタリア料理のコースの構成を、出される順に解説しましょう。

●アンティパスト

前菜のこと。食欲を高める役目があります。代表的な料理が「インサラータ　カプレーゼ」。カプリ島風サラダのことで、薄切りのトマトとモッツァレラチーズ、バジルの葉をあしらった上からオリーブオイルをかけたもの。日本でもおなじみの一品なので、ご存知の方も多いのではないでしょうか。

その他、

・アンティパスト　ミスト
　ブロスケッタや生ハム、チーズ、燻製、カルパッチョなど軽くつまんで食べられるもの

・アンティパスト　フレッド・カルド
　冷前菜または温前菜があります。

●プリモピアット（第一の皿）

ズッパ（スープ）、パスタ、リゾットが出されます。ピザやニョッキが出されることもあります。

●セコンドピアット（第二の皿）

メインディッシュです。魚料理と肉料理があります。

・魚料理

　アクアパッツァ（魚介類をトマトやオリーブ、白ワインで煮てハーブを添えたもの）やフリットミスト（魚介類や野菜の揚げ物）などがよく出されます

・肉料理

　オッソブーッコ（仔牛のすね肉、トマト、白ワイン、ブイヨン、香味野菜の煮込み）やサルティン・ボッカ（仔牛肉を包み焼にしたローマ料理）などがよく出されます

●コントルノ

　付け合わせ、という意味。サラダや温野菜をメインディッシュに付け合わせます。野菜のソテーやボイル（茹でた物）が一般的です。

●フォルマッジョ

チーズのこと。フランス語ではフロマージュです。コースに含まれないケースも多いので、希望する場合は別途注文を。

●ドルチェ＆カフェ

ドルチェはデザートや果物。カフェはもちろんコーヒーです。食後の甘いものとコーヒーでお腹を落ち着かせます。

代表的なものには、

ドルチェ

　・パンナコッタ　　　・ティラミス　　　・ジェラート　　など

カフェ

　・エスプレッソ

　・カプティーノ

　　ミルクたっぷりで人気がありますが、これを頼むと「お腹がいっぱいにならなかった」という意思表示だと受け取られることもあるのでご注意を

301

# テーブルマナー教室を開く

　昨今は「食にまつわる教育」＝「食育」というテーマに注目が集まっています。テーブルマナー教室も、以前のように単に「正しいマナー・食事のいただき方」を学ぶ場にとどまらず、食にまつわる幅広いテーマを学ぶ機会になってきています。例えば最近、ホテルやレストランでのイベントでも「親子で楽しむテーブルマナー教室」や「エグゼクティブのためのテーブルマナー」のような新しいニーズも発生しており、筆者も依頼を受けています。こうした企画は、外食産業の多様性が進む今、自店を広く知ってもらう、よいきっかけにもなります。

　講座開催が決まったら、当日はどんな方々が集まるのかをよく考え、内容を構成する必要があります。参加者の年齢層や立場と企画の趣旨を考え合わせ、出席者が楽しく・興味を持って講義を受けられるように工夫する必要があります。

## 「伝える技術」を学ぼう

　マナー教室の内容がどんなに濃くても、聴きづらかったり、難解だったりしては、参加者は興味を持ってはくれませんし、記憶にも残らないでしょう。日々、お客様に接していても、大勢を前に話をするというのは全く別次元の問題です。「緊張」については、ある程度場数を踏むことで慣れることもできますが、わかりやすく「伝える技術」は慣れだけで身につくものではありません。

　・全員が同じレベルで興味を持つとは限らないこと
　・話の理解度にも違いがあること

を理解し、講師はまず、全員の様子をよく観察すること。一方的にしゃべるだけでは楽しい講義にはなりませんから、時には参加者にクイズや質問を投げかけ、考えてもらうなどの工夫も必要です。店でのエピソードを交えたり、昨今話題の時事問題を織り交ぜてみるなど、参加者が興味を持ってくれそうな話題を常に用意しておくこともポイントです。

## スタッフ同士の連携で作り上げる

　テーブルマナー教室の成功には、なんといってもおいしい料理が不可欠です。そのためには参加者の年齢層や趣旨を考え、どうすれば喜ばれるかを考えてメニュー構成を決める必要があります。高齢者が多いならどうするか。ワイン好きの集まりが開く講習会なら、何を出すか。そのためにも、調理スタッフを始め、すべてのスタッフとの連携が大切です。教室そのものの進行も、講師が一人でできることではありません。進行に合わせ、絶妙なタイミングで料理が運ばれること。ここでも調理・サービス、両スタッフが息の合った動きをする必要があります。

　テーブルマナー教室を企画したら、まずすべてのスタッフを巻き込んで、綿密な打ち合わせをしましょう。参加者と趣旨を明確にして、良い教室になるよう、各スタッフからも提案してもらうなど、協力体制を整えておきましょう。

## 講師は責任者。キーマンはサービス担当責任者

　テーブルマナー教室ではスムーズな進行が大事とお伝えしました。絶妙なタイミングで次々と供されるおいしい料理に、参加者は感動することでしょう。実りある内容を学ぶこと、おいしい料理を楽しむこと、参加者には二つの目的があるのです。

　その目的をスムーズに満たすには、全体の進行をコントロールする『司令塔』が必要です。講師自身は講義で手一杯ですし、参加者の理解度に合わせて臨機応変に話を進めるだけで精一杯でしょう。そこで、よどみなく流れるような進行にするためには、講師のペースに合わせながらサービススタッフとキッチンを動かす、コンダクター（指揮者）が必要になります。

　大抵の場合は、ホールのサービス担当責任者などが適任でしょう。指揮者と講師の間で合図を決めておくなどすれば、よりスムーズに進行できるようになるはずです。

## テーブルマナー教室の目的を明確にすること

　なぜ、テーブルマナー教室を行うのか。さまざまな理由はありますが、大切な目標の一つに「お得意様を増やす」ということがあります。テーブルマナー教室を通じて店の味を試していただき、楽しい経験を通して、店のファンになっていただければ、最大の成果と言えるでしょう。そのためには、適切な企画を立てることも、スムーズに進行することも重要ですが、イベントをやりっ放しにしないことも大切です。具体的には、教室終了後にアンケートなどを実施して、参加者の率直な意見に耳を傾けることなどがあげられるでしょう。また、講師一人の観察力では、全員の様子までは把握しきれないかもしれません。参加者がどんな表情をしていたか、講義のどのあたりで楽しんでいたか、つまらなそうにしていたかなど、サービスの担当者にも観察してもらい、終了後の反省会で報告してもらうと、反省を次に生かしやすくなります。料理への満足度は、厨房に下げられたお皿にどのくらい食べ残しがあったかで、推し量ることができます。調理場のスタッフにとっても、顧客について学ぶ機会になるのです。

# マナーとエチケットとプロトコール

　マナーとはいったい、何でしょうか。決まり事、という意味ではルールに近いものだと思う人もいるかもしれません。礼儀作法という意味ではエチケットとどう違うのでしょうか。

　「食」は人が生きる上で欠かせない行動です。そこからさらに進んで、人と人が出会い、つながりを持ち、食事を共にすること。それが『快食』です。大切なコミュニケーションの場であり、そこから人間関係が発展したり、社会が成熟する一助になることさえあります。その会食をより心地よいものにするためには3つのポイントがあります。

- 個人間においては本質的に、相手の存在を認めて受け入れ、「エチケット」（行儀・品性）を持つこと
- ビジネス間においては共に食事をすることに感謝し、相手をもてなす作法「マナー」（礼儀・品位）を心得ること
- 国際間においては互いに共通するルールの「型」「プロトコール」を理解し、（儀礼・品格）を実践すること

まず「他人を認めて受け入れること」は、すべての大前提です。その上で、
　・自分の心身を律し、行儀（行い）を正すこと＝エチケット
　　→くしゃみや咳をする時は、口に手を当てましょう。これはエチケットです。周囲に人がいてもいなくても、自分を律して行うことと言えるでしょう。

　・食卓を共にする相手に楽しんでもらえるよう、誠意をもってふるまうこと＝「マナー」
　　→食事の席でテーブルに肘をつかない、余計な音を立てないようにする。これはマナーです。周囲の人に不快を与えず、食事を楽しむ邪魔をしないための作法です。

・世界共通の型（ルール）を理解し身につけておくこと＝プロトコール
　→最も「プロトコール」が重要視されるのは、国際会議のガラディ
　ナーやノーベル賞・宮中晩餐会など、フォーマルな場面でしょう。
　国や宗教、言葉、文化の違う人々が同じ食卓を囲み、気持ちよく食
　事を楽しむためには、一定のルールがあります。それを全員が理解
　することで、どんなに文化的背景の違うもの同士でも、互いを尊重
　しつつ、理解を深め合い、食事を楽しむことができます。

　日常生活において、プロトコールが必要とされる場面は、ほぼないで
しょう。しかし、「プロトコール」を最上級の国際儀礼と位置付ければ、
そこから少しずつ、日常の場面にふさわしいものに解きほぐしたものが
「マナー」であり、「エチケット」である、と言えるのではないでしょうか。

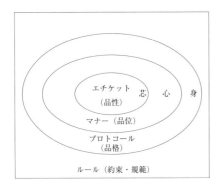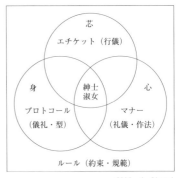

2006. A. Ohtani

## 参考文献

『「フランスレストラン」に魅せられて』 大沢晴美（キクロス出版 以下同じ）

『奇跡を呼ぶレストランサービス』 田中優二

『大人のための「テーブルマナー」の教科書』 大谷 晃

『中国料理のマネージャー』 中島將耀・遠山詳胡子

『「できる部下」を育てるマネージャーは教えない！』 遠山詳胡子

『なぜ、あなたの教え方は「伝わらない」のか？』 金子孝弘

『西洋料理の食卓作法』 （一社）日本ホテル・レストランサービス技能協会

『宴会セールスの極意』 石井啓二

『「旅館ホテル」のおもてなし』 大谷 晃

『日本料理の支配人』 大谷 晃

『宴会サービスの教科書』 大谷晃・遠山詳胡子・二村祐輔

『イラストで見る接客の基本とコツ』 渡邊忠司 （学研プラス）

### NPO法人 日本ホテルレストラン経営研究所

ホスピタリティ産業（旅館ホテル・レストラン・ブライダル・観光・介護福祉）へのサポートを通じ業界全体の発展を目指す。親子で学ぶテーブルマナー、日本料理の食卓作法など、「食」に関する多くのセミナーを開催。飲食業界向けにコンサルタントも行っている。日本人・留学生向けの検定事業、教育を充実させ、サービスの現場で活躍する人材の育成を行っている。理事長を大谷晃が務める。

http://www.npo-hrm.org/

## おわりに

　ここまでお読みいただいたことに心より感謝申し上げます。

締めくくりに、これからのこと、飲食産業を取り巻く未来について思い
を馳せてみたいと思います。

　現在、世界中で深刻な問題となっているのが食品ロスです。それは、
本来食べられるはずなのに捨てられてしまう食品のこと。日本は年間
2550万t もの食品を廃棄処分していますが、その中で食品ロス分は612
万t にも達しています。

　その一方で、世界には飢えに苦しむ人々がいます。2018年の世界人
口・約77億人のうち、約８億2100万人が飢えに苦しんでいるという試算
もあります。換算すると、全人口の９人に１人という数なのです。

　このような格差をなくすために、先進国に住む私たちにできるのが
『食品ロスを減らすこと』ではないでしょうか。この動きは一般家庭は
もちろん、飲食産業にも及んでいるのです。

　限られた資源を無駄にすることなく、食材を大事に扱い、使い切るこ
と。飲食業界もSDGs（持続可能な開発目標）とは無縁ではいられない
時代を迎えています。


　ではなぜ、これほど問題になるまで、私たちは食を粗末にしてきたの
でしょうか。それは、食事をいただく＝命をいただくことへの感謝の念
が希薄だったためではないかと思います。

　「いただきます」とは、食材の命をいただくことから来た言葉。「ご馳
走様」は、おいしいものを調達するために、素材を求めて奔走する（馳
せ走る）ことを意味します。

　食材の生産者、おいしく整える料理人に対する感謝の言葉なのです。

　まずは食を生業とする私たちから、改めて食への感謝の心を思い出す
こと。その思いを料理やサービスに載せて、お客様にお伝えする努力を、
続けていかねばなりません。「食べる」という行為の原点に立ち返る必

要があるように思うのです。

　原点に返ると同時に、最新技術も積極的に活用すべきだと思います。インターネットの発達は、すべての産業に大きな変革をもたらしました。

　予約の受付は電話が主流でしたが、今やネット経由でも受け付けられます。お客様は深夜・早朝でも予約フォームに情報を入力できるので、営業時間外でも定休日でも予約が受け付けられるのです。

　店の評判はネット上の口コミやＳＮＳで大きく拡散することができます。お店で働く若いスタッフたちこそ、こうした最新技術に習熟した『戦力』です。彼らに学ぶべきは学び、彼らを頼りにすることで、若いスタッフのスキルやモチベーションの向上につなげることも、不可能ではないでしょう。

　あとがきが長くなりました。

　お店は「食」の楽しみを演出し、人々の日々の暮らしに、人生に彩りを添えるすばらしい舞台です。

　時代と共に変わるもの・変わらぬものを今一度見つめ直し、より良い未来が切り拓かれることを、切に願っています。

大谷　晃（おおたに　あきら）

1960年東京都生まれ。
都内の一流ホテルで、宴会およびレストランの現場でサービスの経験を積んだ後、フランス料理店及びイタリア料理店に勤務。厚生労働大臣許可㈱H.R.M.を設立、代表取締役に就任。内閣府認証NPO法人 日本ホテルレストラン経営研究所を設立。理事長に就任。食、マナー、接客、接遇に関する教育、指導、講演をする傍ら、ユニセフ、メイクアウイッシュの活動に協力。㈻日本ホテル学院理事。フランスよりグルメ、ワイン、チーズの騎士団より七つの騎士の称号を叙任。シャンパーニュ騎士団よりオフィシエ・ド・ヌール受章。シュバイツァー博士顕彰協会より教育・社会貢献功勲章受章。
2021年（秋の叙勲）瑞宝単光章を受章。
著書に「大人のためのテーブルマナーの教科書」「大人の男の品格を上げる『知的快食術』」「宴会サービスの教科書」、監修書として「旅館ホテルのおもてなし」「旅館ホテル・観光の教科書」「日本料理の支配人」など多数ある。

URL:http://www.npo-hrm.org

本文イラスト　小菅静華
協力　料飲サービス研究家　中島將耀

フランス料理店　支配人の教科書

2022年3月12日　初版発行

著者　大谷　晃
発行　株式会社 キクロス出版
　　　〒112-0012　東京都文京区大塚 6-37-17-401
　　　TEL.03-3945-4148 FAX.03-3945-4149
発売　株式会社 星雲社（共同出版社・流通責任出版社）
　　　〒112-0005　東京都文京区水道1-3-30
　　　TEL.03-3868-3275 FAX.03-3868-6588
印刷・製本 株式会社 厚徳社
プロデューサー　山口晴之　　エディター　浅野裕見子
©Otani akira　2022 Printed in Japan
定価はカバーに表示してあります。　乱丁・落丁はお取り替えします。

ISBN978-4-434-30173-5 C0063

# 西洋料理・日本料理・中国料理・パーティーの知識を凝縮

大人のための
# 「テーブルマナー」の教科書

NPO法人 日本ホテルレストラン経営研究所
理事長 大谷 晃 著

NPO法人 日本ホテルレストラン経営研究所

理事長 **大谷 晃** 著

四六判 並製・本文 272 頁／定価 1,980 円（税込）

レストランの世界は変化しています。にもかかわらず、テーブルマナーに関しては、今も、フォーク&ナイフや箸の使い方、コース料理の食べ方などに終始しているのが現実です。それらはテーブルマナーのごく一部です。根本的に重要なものが他にもたくさんあることから、「店選びの決め手は下見」「クレームにもマナーがある」「正しい化粧室の使い方」「お店のチェックポイント」「カメラのマナー」「身体の不自由なお客様へ」など、現実の場面で重要と思える話題にフォーカスし、細部にわたって解説しています。目からうろこのことも多いはずです。 　　　　（はじめにより）

**サービスのプロフェッショナル　レストランサービス技能士**
　**チーズコーディネーター/ソムリエ/バーテンダー/レセプタント**
　**サービスクリエーター**

# おもてなしの現場はここにもあります

スタッフを育て、売上げを伸ばす
日本料理の
支配人

NPO法人 日本ホテルレストラン経営研究所
理事長 大谷　晃／日本料理サービス研究会 監修

A5判 並製・本文336頁／定価3,520円（税込）

本書には日本料理の特徴である、四季の変化に応じたおもてなしの違いや、食材から読み取るメッセージ（走り、旬、名残）など、日本の食文化を理解するポイントをたくさん盛り込みました。基礎知識やマナーだけでなく、日本料理店や料亭の役割、和室の構成、立ち居振る舞いや着物の着こなしに至るまで、通り一遍ではない、「おもてなしの現場」に役立つ情報も積極的に取り入れました。支配人や料理長、調理場、サービススタッフ、それぞれの役割についても解説します。　（はじめにより）

第1章・日本料理の基本を理解する／第2章・日本料理と飲み物（日本酒・日本茶）／第3章・日本料理の作法を知る／第4章・日本料理の接遇／第5章・支配人の役割／第6章・メニュー戦略と予算管理／第7章・おもてなしの現場／第8章・本当の顧客管理／第9章・食品衛生と安全管理／第10章・お身体の不自由なお客様への対応

# スタッフを守り育て、売上げを伸ばす

中国料理サービス研究家　ICC認定国際コーチ

# 中島　將耀・遠山詳胡子 共著

A5判 並製・本文292頁／定価3,080円（税込）

今、あなたのお店は満席です。入口の外側まで、お客様が並んで、席が空くのを待っています。そんな混雑状況こそ、マネージャーの腕の見せ所です。まさに嬉しい悲鳴、の状態ではありますが、むしろそのパニックを楽しむぐらいの、心のゆとりが欲しいものです。では、そんな心のゆとりはどこから生まれるか。それには十分な知識と、多彩な経験が必要になります。経験ばかりは、教えて差し上げることはできませんが、知識と考え方なら、私の歩んできた道の中から、お伝えできることもあるでしょう。そんな気持ちで、この本を作りました。

（はじめにより）

●中国料理の常識・非常識／●素材と調味料の特徴／●調理法を知る／●飲み物を知る／●宴会料理とマナー／●料理の盛り付けと演出／●中国料理のサービス／●マネージャーの役割／●メニュー戦略と予算管理／●調理場との連携／●サービスの現場で／●本当の顧客管理／●商品衛生と安全管理／●マネージャーの人材育成／●信頼関係を構築する法則／●コーチングマネージャー／●目標設定7つのルール／●メンタルヘルス／●職場のいじめ／●ユニバーサルマナー

# 一般・婚礼・葬祭に求められる「知識と技能」

NPO法人 日本ホテルレストラン経営研究所 理事長　大谷　晃
BIAブライダルマスター　遠山詳胡子
日本葬祭アカデミー教務研究室　二村祐輔　共著

A4判 並製・本文 240 頁／定価 3,630 円（税込）

レストランや宴会でのサービスは、スタッフと共に、お客様と向き合いながらこなす仕事です。決して一人で黙々とこなせる仕事ではありません。ゆえに、一緒に仕事をする上司やスタッフと連携するための人間関係がもとめられます。お客様に十分に満足していただくための技能ももとめられます。宴会サービスは、会場設営のプラン作りから後片付けに至るまで料飲以外の業務が多く、また一度に多数のお客様のサービスを担当するので、レストランとは全く違ったスキルが加わります。お客様にとって宴会は特別な時間であるゆえに、失敗が許されないという厳しさもあります。そこでいつも感じるのは、宴会サービスの幅広さと奥深さ、そして重要性です。知識や技能を習得し、それを多くの仲間たちと共有しながらお客様に感動を与えるこの仕事ほど、人間力を高める機会に溢れた職種はないと感じます。　（はじめにより）

**第1章・サービスの基本／第2章・宴会サービス／第3章・婚礼サービス／第4章・結婚式の基礎知識／第5章・葬祭サービス**

# 「企業宴会や婚礼宴会の創り方」がここにあります

「人間関係」で決まる

**宴会セールスの極意**

（一社）日本ホテル・レストランサービス技能協会
テーブルマナー委員会 委員長
石井啓二 著

これから求められる知識と技能を
40年間の経験を基にまとめた本書は
**「企業宴会や婚礼宴会の創り方」**
にも通じるものがあります。

（一社）日本ホテル・レストランサービス技能協会
テーブルマナー委員会委員長

## 石井啓二 著

四六判 並製・本文224頁／定価1,980円（税込）

宴会セールスは、施設がおかれた場所や状況によって、ノウハウは異なります。また、地域によってローカルルールや風習による違いもあります。しかしながら細かい所は違っても、大切にすべき根幹は変わらないはずです。営業である以上、最も大きく優先されるのは売り上げを作ることです。それも持続できることが大切であって、そのためには品質の保持、向上、顧客の満足度に応じた展開、他社との差別化など、さまざまな課題が待ち受けています。本書はその問題に応えたマニュアル書で、すべての宴会関係者が、長い間待ち望んだものです。　　　　　　　　　（はじめにより）

第1章　宴会セールスは「人間関係」で決まる／第2章　宴会セールスのマーケティング／第3章　「スタッフ」を売る／第4章　宴会セールスの営業戦略／第5章　打ち合わせ／第6章　施行当日／第7章　お身体の不自由なお客様への対応／「幹事さん」のためのワンポイントアドバイス

# 女将とスタッフたちが創り出す唯一無二の「日本の宿」

## NPO法人 日本ホテルレストラン経営研究所
### 理事長 大谷　晃／上席研究員 鈴木はるみ　監修
### 「旅館ホテル」おもてなし研究会
A5判 並製　本文192頁／定価3,080円（税込）

旅館ホテルの役割は「お客様を幸せ」にすることです。特別な場所で幸せな気分を心ゆくまで味わっていただくことです。お客様が旅館ホテルに求めるものは日に日に高くなっています。「おもてなし」に磨きをかけていく旅館ホテルだけが、この先、生き残るものと思われます。基本を理解した上で、自館なりの「おもてなし」を実施することが、他館との差別化にもつながると確信しています。同時に、スタッフを大切にする職場づくりもますます重要になってきます。スタッフが心地良く働いてこその旅館ホテルです。

（はじめにより）

# 日本で働きたいと考えている留学生にお勧めの教科書です

**総ルビ**で読みやすい

## NPO法人 日本ホテルレストラン経営研究所
### 理事長 大谷　晃／上席研究員 鈴木はるみ 編
#### A4判 並製　本文184頁／定価3,080円（税込）

これから「観光大国」となる日本では、日本に来る外国人旅行者に日本らしい旅行を楽しんでもらい、また日本人にも素敵な国内旅行を体験してもらうための幅広い知識が求められている時代です。またゲストが外国人というだけでなく、一緒に働く仲間や上司が外国人というのも、珍しくない時代です。

この教科書では、日本の旅館・ホテルの代表的な特徴を学び、「日本の観光ビジネス・日本のおもてなし」を理解していくことを目的としています。日本特有のおもてなし文化を理解し、シーンに合わせた心づかいの大切さや、文化や風習の違う海外からのお客様をおもてなしする知識を身に付けます。

（はじめにより）

第1章　日本の観光ビジネスの概要／第2章　日本の宿泊施設の分類
第3章　組織とスタッフの業務／第4章　専門職に求められるスキル
第5章　実務の基礎知識／第6章　日本の作法

心から追悼や追想を巡らす「メモリアル・バンケット」を提唱

日本葬祭アカデミー教務研究室
代表 二村　祐輔 著
コーディネーター　遠山　詳胡子
A5判 並製・本文 192 頁／定価 3,080 円（税込）

本書は、新しい生活様式に合わせながら、そこに参集する人に心から哀悼や追想を巡らしていただくための場として、飲食を交えた「宴会」を考察するものです。

「メモリアル・バンケット」はこれからの葬祭ビジネスの中で、大きな位置づけをなすものです。特に「おもてなし」のサービスに精通したホテル・会館・バンケットの関係者にはそれを十分に担う実力があり、社会的にも新たな業務役割が果たせると信じています。　　　（はじめにより）

第1章　「葬祭サービス」の基礎知識／第2章　メモリアル・バンケット
第3章　「葬祭」に求められる飲食／第4章　生前葬・慰霊式典
第5章　お別れの会／第6章　施行当日／第7章　クレーム対応
第8章これからの課題と提案／附章　来場者のマナー

# 「サービス人」ができる事をぜひ知ってもらいたい！

元レストラン タテル ヨシノ総支配人

## 田中優二 著

コーディネーター　遠山 詳胡子

A5判 並製・本文200頁／定価2,200円（税込）

レストランのサービスは、奥が深い。
オーダー一つとっても、お客様の様子を感じ取り、お客様の要望を伺い、満足していただけるメニューを提案することが、求められる。そのためには、当日のメニューの把握と、それを的確に伝えるための膨大な知識とコミュニケーション能力、ワインとの組み合わせ、当然語学力も必要となる。料理を提供する時には、無駄なく美しい所作と、時には目の前で料理を仕上げる技術が必要となる。顧客ともなれば、お客様の好みや体調などを鑑みて接客するのは、当たり前のことである。
（はじめにより）

第1章　メートル・ドテルの仕事
第2章　メートル・ドテルへの道
第3章　レストラン タテル ヨシノ
第4章　田中優二を支える人々
第5章　フランス料理の世界

# フランスのレストラン文化の真髄に迫る一冊

一般社団法人 フランスレストラン文化振興協会（APGF）

## 代表 大沢晴美 著

A5判並製・本文320頁／定価2,970円（税込）

フランスにとって食は「文化」以上の意味があります。食は観光の柱であり、農業の柱。つまり経済の面からみても国力の源です。ですからフランスは、食の力を世界に普及拡大させるために国を挙げてフランス料理のノウハウを広めてきました。そして食を巡る3大要素を守り、拡大するシステムを国として作り上げ、3つの制度を確立してきたのです。AOC（原産地呼称統制制度）とMOF（最優秀職人章）と「子どもの味覚教育」です。

（本文より）

第1章　フランス食文化の基本／第2章　日本のフランス料理の源流
第3章　日本のフランス料理の現状／第4章　日本とフランスの食文化戦略
第5章　フランスレストラン文化振興協会（APGF）の結成
第6章　私のフランス食文化史